Roskilde Domkirke, beskreven af S. F.

Steen Friis

Roskilde Domkirke, beskreven af S. F.
Friis, Steen
British Library, Historical Print Editions
British Library
1851, 52
Hæft 1, 2. ; 8°.
10281.e.12.

The BiblioLife Network

This project was made possible in part by the BiblioLife Network (BLN), a project aimed at addressing some of the huge challenges facing book preservationists around the world. The BLN includes libraries, library networks, archives, subject matter experts, online communities and library service providers. We believe every book ever published should be available as a high-quality print reproduction; printed on-demand anywhere in the world. This insures the ongoing accessibility of the content and helps generate sustainable revenue for the libraries and organizations that work to preserve these important materials.

The following book is in the "public domain" and represents an authentic reproduction of the text as printed by the original publisher. While we have attempted to accurately maintain the integrity of the original work, there are sometimes problems with the original book or micro-film from which the books were digitized. This can result in minor errors in reproduction. Possible imperfections include missing and blurred pages, poor pictures, markings and other reproduction issues beyond our control. Because this work is culturally important, we have made it available as part of our commitment to protecting, preserving, and promoting the world's literature.

GUIDE TO FOLD-OUTS, MAPS and OVERSIZED IMAGES

In an online database, page images do not need to conform to the size restrictions found in a printed book. When converting these images back into a printed bound book, the page sizes are standardized in ways that maintain the detail of the original. For large images, such as fold-out maps, the original page image is split into two or more pages.

Guidelines used to determine the split of oversize pages:

- Some images are split vertically; large images require vertical and horizontal splits.
- For horizontal splits, the content is split left to right.
- For vertical splits, the content is split from top to bottom.
- For both vertical and horizontal splits, the image is processed from top left to bottom right.

Roskilde Domkirke,

beskreven

af

Steen Friis.

1ste Hæfte.

De architectoniske Forhold i Kirken og dens Tilbygninger
med 7 Afbildninger.

Kjøbenhavn.
Universitetsboghandler C. A. Reitzels Forlag.
Trykt i Thieles Bogtrykkeri.
1851.

Den her paabegyndte Beskrivelse af Roskilde Domkirke vil udkomme i tre Hæfter, hvoraf disse Blade udgjøre det første. De tvende andre — et monumentalt og historisk Hæfte — ville forhaabentlig udkomme endnu i dette Aar. Ligesom nærværende Hæfte er ledsaget med 7 værdifulde Afbildninger, saaledes er til 2det Hæfte besørget 10 Afbildninger af Kirkens mærkværdigste Monumenter.

S. Fr.

Indledende Bemærkninger.

Opførelsen af Roskilde Domkirke falder paa en Tid (c. 1050-1084), da den byzantinske Bygningskunst over Italien havde fundet Veien til Tydskland og England. Paa denne Vandring havde den optaget adskillige nye Former, hvoriblandt Rundbuen var den meest characteristiske. Den saaledes fremkomne nye Stiilart fik derfor ogsaa Navn af Rundbuestilen (1). Blandt dens andre Særkjender nævnes almindeligt: lave Kapitæler med afrundede eller bladformig afstumpede Hjørner; tærningformede Fodstykker, til hvis Hjørner udgaae næb- eller bladformige Udspring (Torne); Korshvælvinger med stærke, runde, ofte treleddede Ribber, der opbæres af Dværgsøiler; Hvælvinger, der synke i Krydspunktet, og hæve sig mod Siderne; smaa rundbuede Gesimsornamenter ꝛc. ꝛc. Hvor Materialet bestaaer af Sand- eller Qvadersteen findes ofte Sculpturarbeider paa Kapitæler og Gesimser, phantastiske Figurer af Dyr og Mennesker samt Ornamenter af Løvværk. Til Kirkebygningerne i denne Stiil høre ofte underjordiske Kapeller eller Krypter samt Taarne med Taggavle til alle Sider eller lave Spidser istedetfor Spiir. Denne Bygningsstiil optog efterhaanden nye og lettere Former,

1

der dog ofte anvendtes ved Siden af de ældre og tungere. Flere Kirkebygninger fra 11te og 12te Aarhundrede fremvise denne Afvexling i Formerne og synes at vise tilbage til en Tid, i hvilken Kunsten har været i Uvished om den skulde bibeholde det Gamle eller optage de nye Former. Hvad der fornemlig characteriserer denne sildigere Rundbuestiil — Overgangsstilen — er Tilspidsningen af den runde Bue i større eller mindre Grad; men i Almindelighed afviger denne Tilspidsning ikke meget fra Cirkelslaget. Ofte findes Buen tredeelt som et Kløverblad, og ofte ere dens indvendige Sider afdeelte ved Tværstave. Stærke Støttepiller, der ofte ere opførte med Svibbuer, sees jevnlig anbragt op til Murens Ydresider.

I. Kirkebygningen som Kunstværk.

Ifølge ovenanførte Bemærkninger tilhører Roskilde Domkirke i sin Oprindelse ganske Rundbuestilen. Den har udvendig bevaret den rene Rundbue overalt, hvor ikke senere Reparationer have fortrængt den oprindelige Form. Derimod frembyde flere Partier inde i Kirken Characteren af den silbigere Rundbuestiil med meer eller mindre Tilspidsning af Buen.

1. Beliggenhed og Grund.

Den Grund, hvorpaa Bygningen er opført, ligger omtrent 100′ over Havet, og hører til det kilderige Terrain, der omslutter den inderste Bøining af Roskildefjorden. Selve Domkirken ligger paa Kildegrund (2). Kirkegaarden, incl. Kirkens Grund, udgjør c. 29,000 □ Al., og har et temmelig stærkt Fald mod N. og V. Den omgaves tidligt i det 12te Aarh. af en Ringmuur af Steen, af hvilken Levninger endnu findes mod N. og Ø. Den vestre Ringmuur mod Skolestrædet afbrødes i Aaret 1844, og Terrainet reguleredes i Flugt med Gaden.

2. Materialet.

Materialet, der er benyttet ved Kirkens Opførelse, bestaaer af velbrændte røde Teglsteen, de saakaldte Munkesteen (3), med brede Fuger af storgruset Kalk, der ved Ælden har opnaaet Stenens Fasthed. Soklen er bygget af en dobbelt Række af tilhugget Granit, hvoraf den underste, der dog kun faa Steder er synlig, har et Fremspring af $1\frac{1}{2}$ T. Den øverste Steen har een og samme Profilering overalt under Kirkens Mure; men hvor denne er dækket af senere Tilbygninger, der er Kirkens Sokkelsteen flyttet ud under Tilbygningernes Mure. Over denne Granitsokkel er anbragt en muret Sokkel af brændte Steen, men den dertil hørende characteristiske Rundstav er paa mange Steder destrueret. Mure og Piller ere opførte paa et over 3 Al. dybtgaaende Fundament af svære utilhugne Kampsteen, der har et Underlag af grusblandet Leer og Sand.

---

3. Grundplan.

Bygningen danner en treskibet Korskirke med et halvkredsformet Høichor og Sacristi. Langhuset og Korsfløiene danne et latinsk Kors med forholdsviis korte Korsarme. Hiint ender mod V. i en Gavlfaçade, der slutter sig til tvende Taarne, mod Ø. i en halvkredsformig Chorbygning. Til Langhuset slutte sig tvende Sideskibe (4), der ogsaa fortsættes Ø. for Korsfløiene i en til Høichoret svarende halvrund Bygning, Sacristiet kaldet. Da Korsfløiene ikke springe længere ud til Siderne end Sideskibene og Taarnmurene, vil Korsformen ikke blive iøinefaldende paa hosføiede Afbildning af Kirkens Grundplan (5) saaledes som denne maa antages oprindelig at have været.

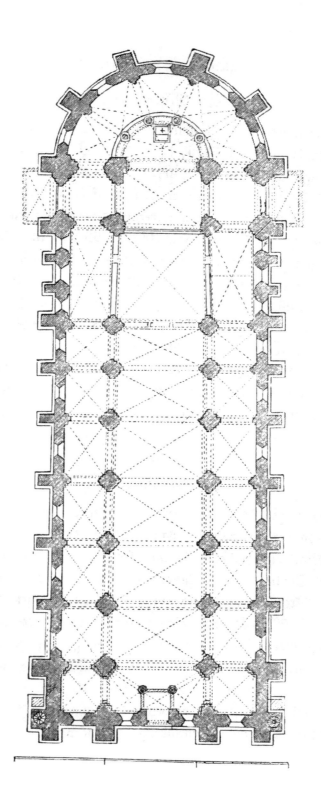

Begge de østlige Rundbygninger ere lige characteristiske for denne Kirke. Malmøe Kirke er, saavidt vides, den eneste her i Norden, hvis Høichor saaledes er ombygget, men selv der er denne Rundbygning kun eenetaget. Høikirkens Sidemure hvile paa 20 Murpiller med Fodstykker af tilhuggen Granit. Høichorets Halvrotunde bæres af 8 Granitsøiler, 4 i hver Etage. Det fremgaaer af Grundplanen, at de 2 vestligste Piller i sin Tid have erholdt en Udvidelse indad mod Taarnene. At Sideskibenes Mure ligeledes paa flere Steder ere blevne forstærkede vil Grundplanen fremdeles oplyse. Til den i Planen angivne Ordning af den vestlige Hovedportal haves tilstrækkelige Motiver i de tilbageblevne Fragmenter af samme. Grundplanens formindskede Maalestok tillader ikke i samme at angive den Eiendommelighed ved 2det 3die 4te 5te og 6te Pillepar (regnet fra Vest), at disse Parviis ikke ere stillede en face mod hinanden, men de paa Nordsiden vende noget mod Ø. og de paa Sydsiden af Høiskibet noget mod V., saaat den til hvert Pillepar hørende Gjordbue gaaer over X. Jeg overlader til mere Sagkyndige at bedømme, om hermed har været forbundet noget særegent Øiemed, eller om dette Phænomen maa føres paa Tilfældets Regning, hvilket sidste dog synes utroligt. Alle Høikirkens Piller ere ikke stillede i een ret Linie, men afvige fra denne især ved fjerde Pillepar, hvorfra er fulgt en Linie, der bøier sig Noget mod N., men Bøiningen er for ubetydelig til at kunne angives paa Grundtegningen. Derimod vil den i Retning fra V. til Ø. aftagende Breddeafstand mellem Pillerne findes angivet. Bemeldte Afstand andrager nemlig 20 Al. 10 T. mellem det 2det Pillepar, men kun 17 Al. 12 T. mellem 9de Pillepar. Denne Bygningsmaade har en tilsyneladende Forlængelse af Rummet til Følge. Sideafstanden mellem Pillerne varierer fra 9 til 20

Alen, regnet fra Kjærnen af Pillerne. Kirkens hele Længde udgjør 132½ Al. indvendig, 137½ Al. udvendig maalt. Dens hele Brede over alle tre Skibe udgjør 38 Al. 18 T. indvendig, 44 Al. udvendig maalt. Dimensionerne i Høiskibet forholde sig til dem i Sideskibene som 2 til 1. For at samle Maalene paa eet Sted i Bogen tilføies her, at Høiskibet under Hvælvingerne er 41 Al. høit. De oprindelige Taarnes Høide kan ikke angives. Nuværende nordre Taarns Vestside er 14 Al. 4 T., Nordsiden 14 Al. 2 T. bred; søndre Taarns Vestside er 15 Al. 3 T.; Sydsiden 13 Al. 1 T. bred. Nordre Taarns Muurhøide udgjør nu 68½ Al., Spiret 50 Al. og Fløistangen 9 Al.; ialt 127½ Al. Søndre Taarns Muurhøide 67 Al., Spiret 48 Al. Fløistangen 8 Al., ialt 123 Al. Tidspiret, eller det over Korset staaende Centralspir, udgjør med Fløistang 95 Alen, hvoraf Spiret selv udgjør 35 Al.

Dimensioner i flere nordiske Kirker.

	Bygningstid.	Alen i Længde.	Alen i Brede.	Alen i Høide.
Upsala D. K.	1287–1440	185	Skibet 53 Choret 64	
Lunds D. K.	1080–1150	128½	41½	24
St. Knuds K.	1247	93	32	31½
Aarhuus D. K.	c. 1200	147	37½	35
Viborg D. K.		113	31½	24
Ribe D. K.	c. 1117	102½	54½	40
Roskilde D. K.	1081	132½	38¾	41
Storkirken i Stockh.	1260	103	65	
Skara D. K.	1020–1150	93	57	
Wisby D. K.	c. 1100–1225	88	38	
Sorøe K.	afbrændt 1175 1240–1285	110	34	26
Maribo		103	36¼	38½
St. Bendts K. i Ringsted	1064–1082	nu 88 opr. 102	31	28
Lindkjøpings K.	c. 1150–1260 1500	164	46	
Westeraas K.	c. 1100	153	61	
Stregnäs K.	c. 1200	150	56	
Abo D. K.	c. 1200	150	63½	

4. Oprindelige Former udvendig.

Hosføiede Afbildning viser Roskilde Domkirkes søndre Façade i dens oprindelige Skikkelse (6). Denne Afbildning der fra Tegningens Side er udført af Hr. Muurmester Broch og siden raderet af Hr. Petersen, Elev af Kunstacademiet, ville vi i det Følgende søge stykkeviis at motivere.

Rundbuen er bevaret næsten i alle Kirkens Vinduesaabninger, saaat der ikke kunde være nogen Tvivl om dens gjennemførte Bibeholdelse i Afbildningen. De faa Vinduesbuer, der udvise en let Tilspidsning, bære umiskjendelige Spor af senere foretagne Reparationer, hvorfra denne Tilspidsning hidrører. Dette er navnlig Tilfældet i de tvende vestlige Vinduesbuer paa Høikirkens Sidemure, samt i det store Vindue paa Gavlfaçaden. Paa førstnævnte Sted hentyde ogsaa de afvigende Gesimsornamenter paa en langt senere Tid.

Vinduepartiernes oprindelige Ordning i Sideskibene, der nu næsten overalt ere dækkede af de senere opførte Kapeller og Vaabenhuse, er endnu at see inde i Kirkens Sidegange og Gallerier. Vinduernes ydre Indfatning kom frem, da Taget over de vestligste Tilbygninger paa Nordsiden afdækkedes i Aaret 1849. Det er den samme Ordning og næsten den samme Indfatning, der i sin oprindelige Reenhed er bevaret i Sacristiet og paa Choromgangen.

Af de fem Gavlspidser over Sideskibet findes endnu saa betydelige Fragmenter, at disse have afgivet en sikker Veiledning ved Afbildningen. De kom frem paa Nordsiden af Kirken ved fornævnte Reparation 1849, og ville endnu kunne tages i Øiesyn under Taget af de nordre Kapeller. Paa Sydsiden af Kirken er det Øverste af et saadant Parti endnu at see paa Loftet over

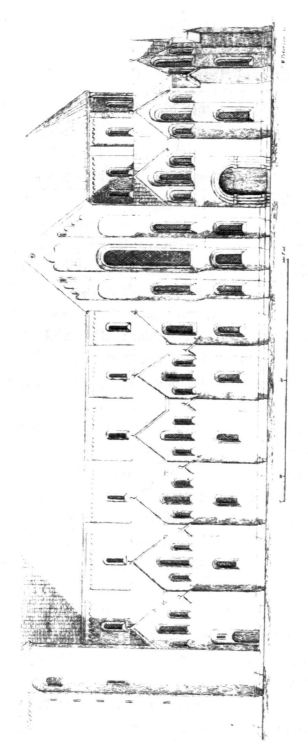

ROSKILDE DOMKIRKE c. 1084.

det sydvestre Vaabenhuus. Paa ingen af de nu i Vinkeltoppen afbrudte Gavlspidser findes Spor af Trappegavle, hvorimod der hist og her langs Gavlens Skraasider findes Fragmenter af en fremspringende Karnisse med tilhørende Rundstav og Kragesteen. Støttepillerne mellem de respective Gavlpartier ere desværre overalt afbrudte foroven. De samlede Spor tydede imidlertid hen paa den i Afbildningen givne Form.

Motivet til det med Fløigavlen sammenbyggede enkelte Vinduesparti af Sideskibet er taget fra Nordsiden af Kirken, hvor umiskjendelige Spor af denne Sammenbygning findes. Det aabne Rum, der oprindelig afskilte dette Vinduesparti fra den nærmeste Gavlspidse mod V., sees tydeligt at være udfyldt ved en senere opført Muur.

Den halvkredsformede Chorombygning, der kan betragtes som en Fortsættelse af Sideskibene Ø. for Korsfløiene, er næsten ganske bleven fritaget for Dækning af Tilbygninger, og, da hele dette Parti har alle de Kjendemærker, der tyde paa Bevarelse af det Oprindelige i Bygningsmaaden, saa tilbyder sig her bedre end noget andet Sted Leilighed til at gjøre sig bekjendt med de Detailler der høre til Kirkebygningens oprindelige Stiil i Almindelighed og Sideskibenes i Særdeleshed. Til Kjendemærker af anførte Slags henregne vi først og fremmest Rundbuen med dens yderste Garnering af Løbere (de Muursteen, der ligge paa langs), Hjørnestavene, de slanke Søilestænger med det tærnede Fremspring paa Søilefoden, og endelig den characteristiske Muurstenssokkel oven over den profilerede Granitsokkel (7). Ikkun Tagpartiet er ganske forandret ved Afbrydelsen af de oprindelige Taggavle og den mellem disse opførte Muur, hvis Forbindelse med Gavlmurene overalt viser sig som senere iværksat. Saavel de under Tagskjægget afbrudte Søilestænger som de afbrudte Muurornamenter omkring det østligste Vinduesparti vise tydelig hen til de i Afbildningen angivne Former for det oprindelige Tagparti.

Motivet til den sydøstlige Portal er hentet fra de Fragmenter af samme, der gjenfandtes, da Kapitelhusets laveste Parti modtog en Hovedreparation i Aaret 1849 for at indrettes til Forsamlingsværelse ved Landemødet. Ved at gjennembryde Kirkemuren stødte man paa Fragmenter af en Dørindfatning med Hjørnesøiler og retvinklede Fremspring samt en Halvsøile i Midten af Karmen af samme Bygning som dem i Kirkens Sidegange og følgelig af samme Ælde. Denne Indfatning overskares paa Murens Ydreside af en raa Hvælving, der i en Høide af 4½ Al. over Gulvet er spændt over det mellem Kirken og Kapitlet liggende Rum. Oven over bemældte Hvælving i det saakaldte Karcer sees endnu det øverste Parti af Dørindfatningen med tilhørende Kapitæl og Hovedbue. Efter disse Fragmenter er nærværende Portal afbildet. Det er vel meer end sandsynligt, at det uden for Portalen liggende Rum, der nu er overskaaret af fornævnte lave Hvælvinger, oprindelig har dannet en Slags Vestibule, men da til Gjengivelsen af dennes Ydre ingen tilstrækkelige Motiver haves, findes dette Rum kun angivet paa Grundplanen. Af de tvende Partier, der fremkom ved Overskjæringen, har det øverste ifølge Sagnet tjent til Fængsel og kaldes endnu Karceret; det underste har dannet en Forstue til Kapitlets Forsamlingsværelse. Karceret har en Hvælving med stærke, runde, treleddede Ribber. Hele Rummet har sandsynlig været aabent baade mod S. og V. Ved at gjennembryde den lave Hvælving vilde man kunne have restitueret baade Portalen og Vestibulen i deres oprindelige Form hvad det Indvendige angaaer. Vel er det sandt, at det tilstødende Kapitelhuus maatte forhindre enhver Restitution af Vestibulens Ydre, og ikke tilstedet nogen almindelig Afbenyttelse, men dette Parties Restauration vilde dog altid have været af stor Interesse for enhver, der med os er enig i at betragte det som et af Domkirkens oprindelige Partier. Umiskjendelige Spor af en tilsvarende Portal paa Kirkens Nordside findes i det nordøstlige Vaabenhuus, navnlig sees endnu Noget af de tvende Halvsøiler, der have hørt til Indfatningen. Begge disse Chorindgange have udelukkende været for Geistligheden, til hvis Processioner deres betydelige Vidde synes at være afpasset.

Der er vel ingen Muurforbindelse mellem Vestibulen og den mod Ø. tilstødende lille Bygning, men derved omstødes ikke vor Formodning, at denne Bygning har været Sacristanens Bolig. En i Ydremuren anbragt Skorsteenspibe samt de forborgne Gjemmer, der fandtes i Muurpillerne (8), har nærmest givet Anledning til ovenanførte Mening. Hertil kommer, at Bygningen maa have staaet, da Kapitelhuset opførtes (1100-28), thi derom vidner det i Hjørnet afsluttede Muurornament med tilhørende Hjørnepille paa Kapitlets Muur. Dette Ornament vilde nemlig ikke her være sluttet, men afbrudt, hvis den lille Bygning var opført senere. Ikkun Vindueaabningen paa den søndre Muur er oprindelig. Den spidsbuede Aabning paa Østsiden er anbragt da Landsdommer Ehm lod indrette sin Familiebegravelse der (9). Skjøndt jeg saaledes ikke nærer synderlig Tvivl om at denne Bygning er opført samtidig med Kirken, har jeg ikke troet, at de herfor anførte Grunde vare tilstrækkelige til at give nogen Afbildning af samme paa Kirkens Sidefaçade.

Den ved Taarnet anbragte Indgang til Kirken findes endnu tilligemed det tilhørende Vindue, men begges oprindelige Indfatning er destrueret hvad den udvendige Side angaaer. En

Forstærkningsmuur er nemlig opført udvendig tæt op til Kirkemurens Ydreside, hvorved Vinduet tilmuredes fra denne Side. Paa Indresiden af Muren ere begge Partier endnu at see i deres oprindelige Construction. En tilsvarende Indgang med tilhørende Vindue findes paa Nordsiden af Kirken, men ogsaa her er en Forstærkningsmuur opført udvendig klods op til Muren. Disse Muurforøgelser hidrøre sandsynligviis fra Restaurationen af Taarnene efter Branden 1282.

Taggavlen paa Korsfløien er givet i samme Characteer som Lavkirkens Taggavle uden Trappemuring, der da heller ikke hører til Rundbuestilen. Hertil kommer at den nuværende Trappegavl tydeligt sees at være tilføiet senere. Characteristiske for denne Gavlmuur ere de stigende Rundbuer langs Taggavlens Skraasider samt det lilieformige Muurindspring, hvori Vinduerne ere indlagte, og hvis øverste Parti er muret som et Net. De anførte Ornamenter savnes for største Delen paa nordre Korsfløis Gavlfaçade, men vi ville siden faae at see, at ogsaa Indresiden af denne Fløi-Façade henviser til en senere meget betydelig Omkalfatring. I Forbigaaende bemærkes, at søndre Korsfløis Gavlfaçade hovedsageligen maatte afgive Motiverne til en Restitution af Kirkens vestlige Gavlfaçade.

Gesimsens rundbuede Ornamenter findes endnu næsten overalt. Derimod synes de tilhørende Lister foroven ikke at være fuldstændig gjenopførte idetmindste hvad Skibet angaaer.

Motivet til søndre Taarn er taget fra Kirkens ældste Sigil, der endnu haves paa Museet for nordiske Oldsager, udskaaret i et Stykke Hvalrostand, og findes her afbildet efter et Aftryk i Gips.

Roskilde Domkirkes ældste Segl.

Ved denne Levning fra vor christne Oldtid maa det antages for givet, at Roskilde Domkirke oprindelig har havt tvende med Høikirkens vestlige Endeparti sammenbyggede Taarne i Rundbuestiil med lave Spidser som Tagbedækning. Med Hensyn til disse Taarnes enkelte Detailler samt deres Høide kan Sigillet ikke tjene til Veiledning ved en Afbildning af Kirkens søndre Façade, deels fordi Sigillet kun har Vestfaçaden af Taarnpartiet, men fornemmelig fordi Udskjæringen kun kan ansees for at angive de raa Hovedtræk af det oprindelige Taarnparti. Lydhuller, Ornamenter ꝛc., paa Afbildningen af søndre Façade ere deels ordnede efter de Spor af samme, der endnu findes paa Sydsiden af Taarnmuren, deels ere de udførte i Overeensstemmelse med hvad, der findes i andre Bygninger, henhørende til samme Tid og Stiilart. Det er en Selvfølge at Taarnene, hvad deres Høide angaaer, maatte rette sig efter Pladsen i Sigillet, og at man altsaa heller= ikke i dette Punkt ved Afbildningen har kunnet rette sig efter Sigillet. Dets Randindskrift (10) ("Sigillum Stæ Trinitatis, domus Lucii Pappæ") har ganske Charakteren fra den Tid, da Kirkebygningen opførtes. Rundbuen i Taarnlugerne og Gavlmuren, Gavlspidsens Lighed med Sideskibets Taggavle, samt Taarnenes simple, spiirløse Bedækning ere Momenter, der alle minde om den ældre Rundbuestiil. Med den dertil hørende Tids Fremstillingsmaade svarer fremdeles den store Simpelhed, hvor= med Kirkens Skytspatron, Pave Lucius's Billede er udstyret, uden Helgenglorie, uden Krumstav og den pavelige trebobbelte Krone, alene med Bibelen og en Palmeqvist som Martyr= symbol (11).

Det første Sted, Domkirkens Taarne omtales, er uden= tvivl ved Aaret 1282. I dette Aar, hedder det hos Petrus Olai (12), nedbrændte det Klokkehuus, som stod over vor Frue Kapel. Ved Aaret 1410 omtales fremdeles søndre Taarn i Dronning Margrethes Fundationsbrev for Kapellet Bethlehem. Det søndre Taarn var altsaa til angivne Tid gjenopført efter Branden 1282. Endelig anføres ved Aaret 1443, at da af= brændte begge Taarnene tilligemed tilhørende Klokker, og senere ved Aaret 1464, at i dette Aar indviedes den restaurerede Kirke= bygning af Biskop Oluf Mortensen, der udtrykkelig siges at have sat Spiir og Tag paa Kirken igjen. Sammenholdes disse Data med hvad Taarnmurene selv fortælle, kommer man til følgende Resultater om de anførte Brandskaders Udstrækning hvad Taarnene angaaer. Ved førstnævnte Brand (1282) har ikkun søndre Taarn taget Skade, og maa da være destrueret saa langt nedad, indtil vi træffe paa Rundbuen i Aabningerne og den for Buebygningen her saa høist characteristiske Muursteen, der med Langsiden danner den yderste Buegarnering (13). De Lydhuller, hvis Indfatning mangler begge disse Kjendemærker, ere altsaa opførte ved den efter Branden 1282 foretagne Restauration af Taarnet. Hertil hører hele øverste Parti, der gjenopførtes i en større Brebde og byggedes et Stykke ud over Taarnets søndre Støttepiller, saaledes som Buen mellem bemeldte Piller viser. Ved den anden Brand 1443, da begge Taarnene toge Skade, har det nordre Taarn lidt meest, og synes paa Vestsiden at være destrueret lige ned til det øverste Vindue. Mod Nord har Muren ikke været saa langt nede ifølge de anførte Kjendemærker. Det nedbrændte Parti gjenopførtes i Stiil med hvad der var blevet staaende af søndre Taarn, men meget elegantere og med rigere Ornamenter især af glasserede Steen. Skaden, som søndre Taarn led ved samme Brand, indskrænkede sig til Muurkronen, der da gjenopførtes med samme Ornamenter af glasserede Steen som paa nordre Taarn (see søndre Taarns Nordside). Nordre Taarns Dværgpiller med tilhørende Gavl= spidser og Opsatser samt de øvrige Ornamenter minde ogsaa stærkt om Biskop Oluf Mortensens Bygningsmaade, som vi kjende fra flere af Kirkens Tilbygninger.

Efter denne Brand forandredes ogsaa Høikirkens Gavl= parti hvis store Vindue, indlagte Blændinger og Gavltrappe med Opsatser aabenbart ere samtidige med nordre Taarns øverste Parti. At Taarnene ved de dem overgangne Ildebrande ikke ere blevne aldeles destruerede og ganske fra ny gjenopførte, derom vidne flere for hele Domkirkebygningen eiendommelige Detailler, der ere bevarede i begge de underste Partier af Taarnene. Til saadanne henregnes den over Granitsokkelen anbragte Muur= steenssokkel med tilhørende Rundstav, fremdeles de characteristiske

Hjørnestave, og de rundbuede Vinduer med den paa langs liggende Steen (Løber) som Garnering over Buen. Det vil længere hen i Bogen blive omtalt, hvorledes det underste Vindue i Taarnene er blevet omkalfatret i Aaret 1410 i Dronning Margrethes Tid. Det samme er senere skeet med de tilsvarende mindre Vinduer ved Siden af Kongeporten. De i Foden af Taarnene værende Kjældere med tilhørende Lufthuller mod V. ere indrettede i Slutn. af 17de Sec. De oprindelige Opgange i Taarnene findes endnu i de tvende brede Støttepiller, hvorigjennem Vindeltrapper ere anlagte, men Indgangen til disse have oprindelig været fra den indvendige Side af Muren, hvor den i det søndre Taarn dækkes af den store adelige Vaabentavle i Kragernes Kapel. Da disse Kapeller indrettedes, benyttedes Vindeltrappen i Vaabenhuset til Opgang i Taarnene ɔc., indtil de nuværende Døraabninger paa bemeldte Pillers Ydremuur anbragtes af Kirkens nuværende Forvalter Hr. Kammerraad Hansen. Spirene ere opsatte i Christian IV. Tid.

Centralspiret over Korset er ogsaa fra det 15de Aarhundrede. Sagnet henfører det til Kong Erik af Pommerns Tid, men om endog denne Konge har ladet opføre det ældste Spiir paa dette Sted, maae vi dog antage det nærværende Spiir for opført i Biskop Oluf Mortensens Tid, eftersom Kirkens hele Tagværk nedbrændte 1443, og det om denne Biskop hedder hos Hvitfeldt (14), at han gjenopførte Kirken og satte Spiir og Tag paa. Hele Kirken var oprindelig tækket med Bly. Kobbertag fik Høikirken først i Biskop Lage Urnes Tid 1518.

Høikirkens vestlige Gavlfaçade har modtaget store Forandringer deels ved Opførelsen af Gavltrappen, deels ved Anlægget af det store spidsbuede Vindue istedetfor de tre oprindelige rundbuede, og endelig ved den i Christian 4des Stiil an-

lagte Hovedportal istedetfor den oprindelige rundbuede Døraab-
ning, af hvis Indfatning flere Fragmenter ere tilbage inde i
Kirken.

Vi have Grund til at formode, at Kirkegaarden oprindelig
har havt den samme Udstrækning som nu, eftersom det berettes,
at Biskop Arnoldus († 1124) allerede lod opføre en Steenmuur
om Kirken.

5. Oprindelige Former indvendig.

Ved de anførte Motiver for Afbildningen af den resti-
tuerede Kirkebygning troe vi at have godtgjort, at Domkirkens
ydre Former ganske have tilhørt Rundbuestilen i dens ældre og
rene Periode. At Kirkens indre Architectur oprindelig har svaret
til den ydre, derom kan der neppe være nogen Tvivl, og vi
kunne sikkert antage, at den ogsaa indvendig har havt den for-
gothiske eller romanske Stiil. At man alligevel ikke er istand til
at paavise noget Partie inde i Kirken, der gjennemgaaende har
bevaret hiin oprindelige Characteer, dette hidrører deels fra de
Ødelæggelser, der ved Kirkens Brand i Aarene 1282, 1443
og 1523 ere anrettede, saasom man ved Reparationerne ikke
søgte at gjengive de oprindelige Former, deels fra de vilkaarlige
Forandringer, man paa flere Steder har foretaget sig f. Ex. ved
at omforme Buerne fra runde til spidse og tilføie flere Led i
Buekarmen ved Udhugning i Muurværket. Derimod gives der
architectoniske Hovedstykker, der gjennem hele Kirken have be-
varet deres rene romanske Characteer, hvilket navnlig er Tilfældet
med Søiler og Piller ikke at tale om Vinduesaabningerne, der
naturligviis ogsaa indvendig maatte være rundbuede.

a. Det vestre Hovedparti eller Skibet.

Det Parti af Domkirken der fremfor de øvrige har bevaret fleest af den ældste Rundbuestiils Kjendemærker, og som vi altsaa maa antage at nærme sig meest til Kirkens ydre Characteer er uden Tvivl den Deel af Høikirken, hvori de lukkede Stole paa Gulvet ere anbragte fra 2det til 6te Pillepar. Hvad, der characteriserer dette Parti, er fornemlig de cirkelrunde Sidebuer indad mod Sideskibene. Der gives vel Rundbuer andre Steder i Kirken, men ingen i denne brede, tunge Stiilart, der ganske svarer til Kirkens ydre Stiil. Pillernes Kapitæler ere mere udførte end andetsteds i Høikirken, i hvis østre Parti de næsten forsvinde. Runde og retvinklede Hjørnefremspring afverle smagfuldt i Pilleprofilen, Dværgsøilen findes gjennemgaaende under alle Ribber. Den tidligere omtalte skjæve Stilling af Pillerne er egen for dette Parti. Ogsaa her træffe vi paa Spor af Tilspidsningsforsøg i Sidearcaderne, men man synes at være skræmmet tilbage fra Udførelsen ved det Farefulde i Foretagendet formedelst Buens store Vidde. Det skyldes vel ogsaa disse Bestræbelser for at tilspidse Buen, at Hvælvingerne ved deres Gjenopførelse efter Branden 1443 paa sine Steder ere førte saa langt ned paa Sidemuren af Høikirken, at ikke alene de der indlagte Buer, men ogsaa selve Vindueindfatningen derved er bleven forstyrret. Tilspidsningen af Høikirkens vestlige Vinduer nærmest Taarnene hidrører fra Restaurationen efter Branden 1443. Det mangler forøvrigt heller ikke paa hensynsløse Foranstaltninger fra en langt senere Tid, ved hvilke dette Parties architectoniske Forhold forstyrres. Til saadanne henhører Anbringelsen af de lukkede Kirkestole paa Gulvet og i Arcaderne. Ved hine skjules de til Pillerne hørende høist characteristiske Sokler.

Ved disse forstyrres Buerne. Piller og formodentlig ogsaa Vægge og Hvælvinger have tidligere været uden Kalkpaalægning, men de sidstnævnte have været malede (15). Den uheldige Malning af Hvælvingerne skal Biskop Lage Urne først have ladet udføre, men Marmoreringen af Pillerne er en Foranstaltning fra vort Aarhundrede. Begge ere lige forkastelige, og navnlig forstyrrer Malningen af Ribber og Gjordbuer ganske Opfattelsen af Hvælvingens Characteer og Høide. Ingen af Hvælvingerne kan antages at have bevaret den oprindelige Form. De ere vist alle gjennembrudte ved Tagværkets Nedstyrtning under de Ildebrande, der have ramt Kirken (16). De oprindelige Gjordbuer have sandsynligviis været runde. Der frembyder sig imidlertid nogen Vanskelighed ved at forklare, hvorledes den stærkere Tilspidsning er fremkommet i Sideskibenes Gjordbuer, da disse dog maae antages at være opførte samtidig med Høikirken; thi om vi end vilde antage, at Omgangens oprindelige Hvælvinger vare gjennembrudte ligesom i Høikirken, saa synes dog Muurværket i Omgangens Gulv at være for massiv til at kunne gjennembrydes af det nedstyrtende Tagværk. At antage at Sideskibene oprindelig have havt Brædderlofter er uforeneligt med de Fordringer til Sidemodstand, som Høikirkens Hvælvinger maa gjøre til Sideskibene. Dette kan kun tænkes muligt under Forudsætning af at Høikirken ogsaa havde Brædderloft, hvilket dets store Vidde synes at maatte være til Hinder for. Det er endelig uforeneligt med den herværende Spidsbues Construction at antage samme fremkommet ved Omforming af den oprindelige Rundbue saaledes som andre Steder i Kirken. Ville vi altsaa ikke antage, hvad der dog forekommer enkelte Spor af, at ogsaa Sideskibenes underste Hvælvinger ere nedstyrtede under Branden, nødes vi til at lade dette Phænomen staae uforklaret. I Sidegangene er Muren gjennembrudt ud mod de tilstødende Kapeller; men den Belysning, Kirken modtager fra disse, erstatter ingenlunde hvad, der i denne Henseende tabtes, da Sidegangenes Vinduer faldt bort. Af endnu større Indflydelse paa Kirkens Lysning har Tilmuringen af den øverste Række Vinduer i Galleriet maattet være. Belysningen paa Choromgangen vil kunne give en Forestilling herom. Disse Sidegangs Piller og Halvsøiler have alle den forgothiske Stiils Characterer, men deres Hvælvinger med de polygonformede Ribber røbe en senere Tid.

Det mellem Taarnene liggende Parti af Høikirken er stærkt medtaget ved Ildebrandene 1282 og 1443, under hvilke Taarnene afbrændte (17). Ved de paafulgte Restaurationer af dette Parti maatte de oprindelige tre Vinduer i Gavlmuren vige Pladsen for det nuværende store, spidsbuede Vindue. Det lille ovale Vindue i Buetoppen er et Misfoster af vort Aarhundrede. Muurpillen opførtes 1740 (18). Sidebuerne indtil Taarnene restaureredes i gothisk Stiil; Taarnenes øverste Parti fik en større Bredde, hvorfor deres Fundament maatte udvides og de tilstødende Mure og Støttepiller gjøres stærkere. Den vestlige Hovedportal har ogsaa indvendig undergaaet store Forandringer ved Borthugningen af flere Led, der oprindelig hørte til Dørindfatningen. Disse Forandringer ere vel foretagne samtidig med Portalens ydre Omforming, altsaa i Christian IV. Tid, og have nærmest været beregnet paa at udvide Døraabningen, der sandsynligviis alt paa den Tid fandtes for snæver for de kongelige Sarcophager. Det indenfor Døren liggende Rum indtil det nærmeste Søilepar mod Ø. dannede oprindelig et eget lille Parti med tilhørende Hvælving og Trappetrin op til Kirken. Til Gulvets lavere Beliggenhed slutte vi os deels af det tilsvarende lave Gulv i det mod S. tilstødende Kapel, deels af Biskop Oluf Daaes

Fundationsbrev til Apostelalteret, hvori det hedder, at bemældte Alter skulde have Plads vestligst i den midterste Gang ved "Trinene" (19). Bemældte Gulv i det tilstødende Kapel ligger 1¼ Alen lavere end Kirkegulvet.

Den oprindelige Forbindelse mellem Søilerne og de nærmeste Piller er endnu at see inde i de tilstødende Kapeller. De Ø. for denne Forbindelse tilføiede Partier ere opførte i Begyndelsen af 15de Aarhundrede, da alle de vestlige Kapeller indrettedes.

b. Østre Hovedparti eller Choret.

Kirkens andet Hovedparti mod Ø. eller Choret tilhører, som anført, ogsaa den romanske Stiil overalt, hvor ikke Reparationer eller vilkaarlige Forandringer af de oprindelige Former have fundet Sted. Men det er ikke den ældre romanske Stiil saaledes som denne fandtes i Høikirkens vestlige Hovedparti, men den yngre, der her er fulgt. Buerne indad mod Galleriet ere alle meer eller mindre tilspidsede og hele Bygningsmaaden er dristigere og lettere. Pillerne have ikke den skjæve Stilling mod hverandre og deres Profilering er ogsaa forskjellig fra den i Skibet. I det oprindelige Chorparti mangler Dværgsøilen (20) overalt under Ribberne. Denne Uovereenstemmelse i de tvende Hovedpartiers Architectur kunne vi kun forklare deraf, at Kirkens Opførelse, der stod paa i nogle og tredive Aar, paabegyndtes og lededes af Biskop Wilhelm indtil hans Død i Aaret 1076, men fuldendtes først under Biskop Svend Norbagge 1084, i hvilket Aar Kirkebygningens Indvielse fandt Sted. Saro, der levede et Hundrede Aar senere, beretter nemlig, at Biskop Svend Norbagge fuldførte den Deel af Bygningen, som han kalder sacellum (Choret) (21), og i hvilken Sacristanen eller Chorvogteren havde sin Bopæl (22); samt at Kong Knud var Biskoppen behjælpelig ved Opførelsen af ambitus (Choromgangen) (23). Saaledes synes Historien at bekræfte hvad den anførte Uovereensstemmelse peger hen paa, at nemlig Roskilde Domkirke er opført fra V. mod Ø. (24) eller at Biskop Wilhelm har bygget det vestlige Parti og Biskop Svend fuldført Chorpartiet. Denne Fortolkning af Saxos Ord finder fremdeles Bekræftelse hos andre troværdige Chronister for den Tid, naar det f. Ex. hedder, at Biskop Svend under Fuldførelsen af Kirkebygningen prydede den med Marmorsøiler (25), hvorved ikke kan menes andet end Granitsøilerne i Chorpartiet; samt at han byggede med smukke Ornamenter af formede Steen (26), hvorved intet Parti udmærker sig mere end Chorpartiet. Det strider ikke herimod, at Kong Svend Estridsen og Biskop Wilhelm begroves i Choret 1076, thi der siges kun om Svend, at han fuldførte Chorets Opførelse, og altsaa kan dets underste Parti gjerne være opført i Biskop Wilhelms Tid, hvortil flere Henpegninger ogsaa findes i Bygningsmaaden.

Det fremgaaer af en løs Betragtning af Chorpartiet, at det har været Bygmesterens Hensigt, at udstyre Choret med større Elegance end den øvrige Deel af Kirken, deels ved at frembringe en stærkere Lyseffect, deels ved at forøge de Architectoniske Led i alle Muurrammerne og endelig ved at udvide Buen og aabne Galleriet mere mod Høikirken.

Choret begrændsedes oprindelig mod V. af 8de Pillepar, og var heelt omgivet med en Ringmuur (27), hvoraf Sidepartierne endnu staae. Det var ved et Gitterværk (28) mellem 9de Pillepar for en Deel deelt i et østligt og vestligt Parti eller et Høichor og et Kannikechor. Det vestlige eller Kannikechoret var oprindelig indskrænket til Rummet mellem 8de og 9de Pillepar. Ringmuren mod

S., V. og N. havde paa Ydresiden Nischer til Helgenbilleder saaledes som endnu sees paa Nord- og Sydsiden. Kapitælerne under de nedløbende Pillastre paa 8de Pillepar ere Levningerne af tvende Dvergsøiler, der have staaet paa Ringmuren som Fundament. Spor af en Tverkollonade eller en Svillerække, der muligen kan have gaaet heelt over den vestre Ringmuur, ere ikke opdagede. De nuværende Indgange til Kannikechoret fra Sidegangene ere de oprindelige. En tredie Indgang var midt paa den vestre Ringmuur bag det store Alter nede i Kirken. Chorets Gulv laa ikke høiere end Kirkens. Forhøielsen af Chorgulvet (29) synes at være skeet samtidig med Chorets Udvidelse mod V. Det gamle Kannichor mellem 8de og 9de Pillepar udgjør Kirkens meest storartede Parti. Sideafstanden mellem bemældte Piller har en Vidde af 20 Alen; Sidebuerne, der ere runde, aabne sig høit og luftigt mod Korsfløiene, der foroven sammensmælte harmonisk med Chorhvælvingen til eet stort og prægtigt trehvælvet Rum, stærkt belyst fra Korsfløienes Vinduer. Disses oprindelige Indfatning er renest bevaret i den søndre Fløi; og da vi tillige antage, at den ædle Simpelhed, der er Hovedcharacteren i Kirkens Bygningsstiil, intetsteds er bedre udtrykt end her, have vi valgt dette Parti til Afbildning.

Vindueparti i søndre Fløigavl.

Træbroen, som forbinder Choromgangen med Sidegalleriet er udeladt i Afbildningen som en senere Tids Tilsætning. Skjøndt tarveligt udstyret med Hensyn til architectoniske Detailler, voxer det hele Vinduesparti dog saa let op, og just denne opadstræbende Characteer, bemærkede vi tidligere, fandtes paa samme Gavls Ydreside. Characteristiske for dette Parti ere de fire Granitsøiler, der bære Pillerne paa begge Sider af det store Vindue. De afbryde det Eensformige i Bygningsmaaden og bibrage til at give det hele Parti en høi Grad af Lethed. Deres Form røber en høi Ælde. Ved Restaurationen af nordre Korsfløi, formodentlig efter Branden 1443, har man ladet sig nøie med at gjengive disse Kolonner ved Malning paa Vinduespillen. Hvælvingerne i Korsfløiene have en noget afvigende Bygning, idet Krydspunktet synker noget mere end almindeligt og Sidebuerne derimod hæve sig. Den lille Tværribbe er eiendommelig for disse tvende Hvælvinger.

I Aaret 1420 udvidedes Kannikechoret mod V. til 7de Pillepar, hvilket erfares af den Inscription, der findes øverst paa Beklædningen af Chorets Sidemure. En flygtig Betragtning af bemældte Mures Ydreside viser tydeligt hvori denne Udvidelse har bestaaet. At Chorgulvet ved samme Leilighed er bleven forhøiet henpeges til ved den Forhøielse, Ringmuren sees at have modtaget, og som nødvendig maa være samtidig med Chorets Udvidelse. For at uniformere Buekarmen i Chorpartiet omformedes de herværende oprindelige Rundbuer. Saaledes er det yderste Indspring i Buekarmen fremkommet ved en ubehændig Murers Udhugning.

Dette Parti af Kannikechoret hørte, som sagt, oprindelig til Skibet, men udgjorde tilligemed det tilgrændsende Stykke mod V. mellem 6te og 7de Pillepar en egen Afdeling, der kaldtes

Solea eller Senatorium, fordi den var Opholdsstedet for Fyrsten og Landets Fornemste, der havde deres Sæde tæt foran Chorindgangen omkring Menighedens Høialter (30). Dette Parti, fra 6te til 8de Pillepar, afviger ogsaa fra de øvrige Dele af Høiskibet ved Pillernes nærmere Sammenrykning og deres af vigende Profilering.

De tilsvarende Partier af Sideskibene ere ligeledes eiendommeligt udstyrede. Jeg henleder Opmærksomheden paa det med søndre Korsfløi sammenbyggede Vindue med det ægte forgothiske Ornament i Indfatningen. Den hertil hørende Bue er forstyrret, hvilket tyder hen paa, at den tilstødende Hvælving har været gjennembrudt. Jeg skal imidlertid ikke vove at afgjøre, om vi heraf ere berettigede til at slutte, at dette ogsaa er skeet med Sidegangenes øvrige Hvælvinger og Gjordbuer.

I Høichoret bæres Gjordbuen af slanke treleddede Søileknipper; Sidebuernes Indfatning er udført med flere Led; Høikirkens Vinduer ere rykkede nærmere sammen for at forøge Lyseffecten og adskilles kun ved de fra Hvælvingen neblobende Ribber, der i Høide med Vinduesbrystningen ende i Kapitalagtige Consoler. Under Vinduerne er indlagt 13 Nischer (31) til Anbringelse af Helgenbilleder. Høikirkens østlige Rundbygning hviler paa 8 Kolonner af rødlig Granit, 4 i hver Etage, alle overstrøgne med en uklædelig Oliefarve. De fire underste ere meget massive og næsten raa i deres Former, der dog ikke ere væsentlig forskjellige fra dem i Sidegangenes Halvsøiler. De overskjæres høit oppe paa Søileskaftet af Chorets Gulv, der forhøiedes samtidig med det i Ydrechoret. Herved afstumpedes Søileskaftet og hele det characteristiske Fodstykke gik tabt. Da Fundamentet for disse Kolonner, der i deres Helhed ere at see i Sacristiet, ligger c. ½ Alen høiere end Kirkegulvet, slutte vi,

PARTI AF OMGANGEN

at dette Fundament angiver Chorgulvets oprindelige Høide. De fire slanke Kolonner, som høre til Galleriet, have mere cultiverede Former, navnlig frembyde deres Kapitæler nette Ornamenter af Løvværk i romansk Stiil ligesom Fodstykket har flere af de for Rundbuestilen characteristiske Attributer. Den anvendte Bygningsmaade er paafaldende dristig. Man fatter ikke strax hvad der for disse Søiler afgiver den fornødne Modstand mod den Spænding, som Hvælvingerne paa Choromgangen nødvendig maa udøve indad mod Kirken. Her maa det svære lodrette Tryk fra Høikirkens Rundmuur danne den fornødne Modvægt til hiint Sidetryk. De mellemliggende trykte Spidsbuer aabne Galleriet lyst og luftigt mod Høikirken.

Der, hvor fordum den sydøstre Chorindgang fandtes, er nu anbragt tvende smagløse Egedørre, hængende paa den indre Muurflade. Den tilmurede Portalkarms yderste Led ere endnu at see i Muren, der ogsaa angiver dens Bueform. Blandt Sacristiets Vinduer maa det østligste ansees for at have bevaret fleest af de oprindelige Former. Ligesom paa Ydresiden af Muren er det fremhævet for de Øvrige ved en noget afvigende Bygningsmaade samt ved det tilhørende Muurfags afvigende Runding. Af Choromgangen have vi til Afbildning valgt det Parti, der synes at have bevaret fleest af de Detailler, der oprindelig havde hjemme her i Kirken. Baade Tegning og Radering ere udførte af Hr. J. Kornerup, Elev af Academiet.

Halvsøilens hele Bygning, Rundstavene under de massive Ribber, den runde Gjordbue, det effectfulde Indspring i Vinduesskarmens yderste Rand ere characteristiske Momenter, der gjentage sig baade udvendig og indvendig i Kirken. Efter den givne Afbildning vil man tillige kunne gjøre sig en Forestilling om dette Parties Belysning. Choromgangen er Kirkens egentlige ambitus (32); thi Buegangene i Sideskibene kunde ikke kaldes saaledes, forinden de forenedes ved Træbroer med Choromgangen, men denne Forbindelse er en senere Tids Værk. Galleriet over Sidegangene, der paa nogle Steder kaldes triforium, fordi hver enkelt af dets Buer var tredeelt, kaldes i Østen Qvindernes Chor, fordi det var Qvindernes Opholdsted under Gudstjenesten; mod V. kaldtes det ofte Mændenes Chor, men til hvilket særligt Brug det her har været kan ikke angives. I disse Buegange er det man seer Sideskibenes tilmurede Vinduesaabninger. De ere i det nordre Galleri stillede 1 Al. høiere end i det søndre, forudsat at Gulvet i begge Gallerier er lige høit. Det er imidlertid en afgjort Sag, at søndre Side af Kirken har lidt meget mindre ved de den overgangne Ildebrande end Nordresiden.

II. Kirkens Tilbygninger.

1. Kapitelhuset.

Kapitelhuset O for søndre Korsfløi er Domkirkens ældste Tilbygning. Ved dets Opførelse bortfaldt Adgangen til den indenfor liggende Vestibüle, og det er ikke usandsynligt, at den tilsvarende Portal paa Kirkens Nordside ved denne Leilighed er bleven opført for at erstatte Tabet af hiin. Det er altsaa ikkun hvad der ligger uden for Vestibülen, der hører til Kapitelhuset. Det deler sig i et ældre og et yngre Parti, udvendig sondrede ved den svage Støttepille paa Bygningens østre Muur. Den ældste Deel af Bygningen gaaer i sin Oprindelse tilbage til Begyndelsen af 12te Sec. (33). Bygningens Façade med et Vindue til hver Etage vender mod O. Det underste Vindues oprindelige Indfatning sees tydelig paa Muurforbindelsen at være gaaet tabt under en Hovedreparation, men vi have god Grund til at tro, at den nuværende Indfatning er givet overeensstemmende med de oprindelige Former, deels fordi Characteren er den samme i Gavlvinduet paa det noget yngre Kapitelhuus, deels fordi Vinduerne i det samtidige claustrum lapideum (den nedbrudte Latinskole) netop havde samme Form. Langs det gamle Kapitelhuses Vestside er senere opført en Korridor oprindelig med Indgange til begge Etager. Her sees ogsaa Sporene af den ældste Indgang til Kapitlet, indlagt i en vid rundbuet Murramme, over hvilken Hvælvingens Ribber ere trukne ned.

Til Korridorens andet Stokværk har Opgangen oprindelig været fra selve Kirkegaarden ved en muret Trappe. De tilmurede Døraabninger med tilhørende Indfatning og Stabler ere endnu at see indvendig i Korridoren (34). Denne gamle Bygning vanzires ikke lidet ved et paahængt Tegltag i nyere Form, en høist profan Qvist paa Vestibulens Tag og et Ornament af støbt Jern i Vindueskarmen, der ikke passer til Bygningens øvrige Characteer. Det yderste og noget yngre Parti af Bygningen er udvendig holdt i samme Stiil som det ældre. De smaa fleerleddede Gluffer ere characteristiske for dette Parti.

Indvendig har hvert Parti et hvælvet Rum i hver Etage. Det gamle Kapitelhuus har forneden en Stjernhvælving med polygonformede Ribber, der lige til Aaret 1849 vare uden Kalkpuds, men ligesom Vinduesindfatningen bare Spor af tidligere Malning. Oprindeligt har dette Rum havt Krydshvælving (ligesom Karceret og den noget yngre Kapitelstue) med treleddede runde Ribber. Den nuværende Stjernehvælving er samtidig med den restaurerede Vinduesindfatning. Vinduekarmens flade Bue slutter med tvende characteristiske Tværstave, der aabenbart ere gjengivne ved Restaurationen efter de oprindelige Former. Lignende Tværstave haves i den samtidige Frue-Klosterkirke her i Byen og i Ledøie Kirke.

Tvende rundbuede, lave Aabninger førte ind til Vestibulen og den mellemliggende Muurpille hvilede paa en lav Granitkolonne ligesom dem, der oprindelig have opbaaret Chorpillastrerne. En flabbuet Dør førte ud til det yderste Rum. Dette har bevaret mere af sin oprindelige Characteer baade udvendig og indvendig. Den hertil hørende Krydshvælving med de treledbede runde Ribber og Dværgsøiler stemme ganske overeens med dem i Karceret og vidne om den gothiske Bygningskunsts ældste Periode. Gulvet, der oprindelig har været lagt med Fliser af brændte Steen, ligger ½ Alen lavere end Kirkens Gulv og næsten 1 Al. lavere end den tilstødende Deel af Kirkegaarden. Ved den i Aaret 1849 foretagne Reparation af disse Rum, der for Fremtiden skulle tjene til Forsamlingsplads ved Landemodet, har Vedkommende tildeels udslettet Præget af det Gamle i Murene ved den glatte Afpudsning og de derved fremkomne slebne Kanter i Murværket. Formerne ere blevne mere cultiverede men mindre historiske, og navnlig gjør den frembragte Symmetri i Døraabninger og de dertil hørende høie Buer ikke nogen heldig Virkning. Ogsaa det ældre Kapitelhuses øverste Rum er bleven aldeles destrueret hvad Hvælvingen angaaer, hvilken har Characteren af at være fra det 15de Aarhundrede. Derimod har det øverste Parti over den yngre Deel af Bygningen bevaret sin oprindelige Characteer lige som nedenunder.

---

2. Sacristanens Bolig.

Den lille Bygning, der mod Ø. slutter sig til Kapitelhuset formenes at have været Sacristanens Bolig. At den er ældre end "det gamle Kapitelhuus" viser aabenbart den lille Hjørnesteen, der mod V. angiver Afslutningen af det Ornament, der her standser. Den har da dannet en østlig Tilbygning til Vestibülen med et eneste rundbuet Vindue, hvis Contur endnu kan spores i den udfyldte Aabning. De senere anbragte Vindueaabninger mod S. ere fra den Tid, da det underste Locale indrettedes til Begravelsescapel, og da man gjennem det øverste Parti vilde tilveiebringe Lysning til Karceret.

3. Vor Frue Kapel.

Efter Kapitelhuset var Jomfru Mariæ Kapel Kirkens ældste Tilbygning. Det blev stiftet af Biskop Oluf I. i Aaret 1310 og stødte op til søndre Sideskibs 5te Vinduesfag. Paa en Model af Domkirken fra Begyndelsen af forrige Aarhundrede sees det som en eenetaget Bygning med trappeformet Gavlspidse mod S. og et spidsbuet Vindue paa alle tre Sider. Om Bygningsmaaden indvendig haves ingen Efterretning. Vor Frues Capel, der ligesaa ofte kaldes Olufs og senere Fundens Kapel, nedreves i Aaret 1772 for at give Plads til Frederik d. V. Begravelsescapel.

4 og 5. Nordvestre Vaabenhuus og St. Laurentii Kapel.

Derefter fulgte Opførelsen af det nordvestre Vaabenhuus og tilstødende St. Laurentii Kapel, hvorved 1ste og 2det Vinduesparti i nordre Sideskib faldt bort. Begge ere opførte til samme Tid af Biskop Niels Jepsen (1368-1395). Derom vidner Muurforbindelsen mellem begge Partier, der er at see paa Ydresiden samt det uafbrudte Ornament af sortglasserede Steen. Det er det første Sted hvor glasserede Steen ere anvendte her ved Kirken. Kapellet har en eneste Krydshvælving, et spidsbuet Vindue og et Par Nischer til Helgenfigurer. Stilen er overeensstemmende med den angivne Tid. Den har et hvælvet Gravkapel under Gulvet.

6. St. Birgittes Kapel.

Det mod Ø. tilstødende St. Birgittes Kapel berettes almindelig at være stiftet af Biskop Oluf Mortensen (1461-1485), men denne Bygning har saa at sige Intet tilfælles med de tvende Vaabenhuse, der vides at være opførte af selv samme Biskop. Muurarbeidet er bredfuget og uden Ornamenter af glasserede Steen, der i bemældte Vaabenhuse ere anvendte saa hyppigt. Ordningen af Vinduet og dets Omgivelse er unægtelig smuk men heelt igjennem eiendommelig for denne Bygning. Det saugtandformede Ornament og de i Muren indlagte Feldter ere heller ikke anvendte andetsteds. Indvendig hentyde de anvendte Dværgsøiler, der ende med Mandehoveder, paa en ældre Tid. Ved Kapellets Opførelse tildækkedes det 3die Vinduesparti paa Nordsiden.

7. Katharina Nielsdatter Kapel.

Kirkens 4de og 5te Vinduesparti paa Nordsiden faldt bort i Aaret 1470 da Catharina Nielsdatters Kapel opførtes, men hvorledes det har seet ud vides ikke. Det nedbreves i Aaret 1615, da Kong Christian d. 4de lod paabegynde Opførelsen af sit eget Gravkapel (35).

8 og 9. De hellige tre Kongers Kapel samt det dertil tilhørende sydvestlige Vaabenhuus.

De hellige tre Kongers Kapel, af hvilket hermed følger en interressant Afbildning, er opført under Kong Christian I: i Aarene fra 1662-64. Det er beliggende paa Kirkens Sydside, hvis 2det og 3die Vinduesparti bortfaldt ved dets Opførelse. Udvendig maalt udgjør det nogle Tommer over 22 Alen i Qvadrat. Det er opført med to Etager i udviklet spidsbuestiil. Materialet bestaaer af røde Munkesteen, der i Ornamenterne afverle med sorte og grøntglasserede Teglsteen. Taget er lagt med Bly, og gaaer ud med tvende Taggavle mod Sydsiden, der danner Kapellets Hovedfaçade. Vinduerne ere her ordnede ligesom i Kirkens Sideskibe, tre foroven og eet for neden under hver af Tag-Gavlene (36). Soklelstenen, der ligger over 1 Alen høiere end Kirkens, er udtagen af den gjennembrudte Kirkemuur og indsat under Kapellet. De manglende har man ikke brydt sig om at give samme Profil. Den fuldførte Bygning indviedes samtidig med den efter Branden 1443 restaurerede Kirke 1464 til Ære for den hellige Treenighed, Jomfru Maria, hellig Anna og de hellige tre Konger. Vi vide ikke, naar de nuværende Gavltrapper ere opførte, men, at de ikke ere oprindelige, derom vidner blandt andet Materialet, der her ikke bestaaer af Munkesteen men af smaa Flesborgersteen. Paa den Hr. Kammerraad Hansen tilhørende Model (37), findes istedetfor de nuværende Gavltrapper taarnformede Opsatser, liig dem, der sees paa det nordøstlige Vaabenhuus. Kapellets Taggavl er paa denne Model udsmykket med spidsbuede smale Blændinger ligesom paa Høikirkens Taggavl. Da imidlertid Kapellets Tagværk maa antages at være ombygget flere Gange, saasom

dets Brøstfældighed allerede omtales i Slutningen af 16de Aarhundrede (38), og flere Reparationer desaarsag vides at være foretagne i 16de og 17de Aarhundrede, saa kan bemældte Model ikke lede til noget Resultat om Taggavlenes oprindelige Udseende uden forsaavidt man maa antage, at de gamle Former ere saa nogenlunde gjengivne ved Reparationerne. Vinduernes Indfatning dannes hovedsagelig af Knipper af fine Rundstave med afvexlende rødt-, grønt- og sortglasserede Steen. Indfatningen er eens paa alle tre Sider af Kapellet. Den sortglasserede Steen er ogsaa afbenyttet til andre Ornamenter saasom til den Zigsak, der findes paa alle tre Muursider og til Muurlisten, der sammesteds er anbragt til Regnvands Afledning. Den midt paa Sydfaçaden anbragte lille Solskive leder Tanken uvilkaarlig hen paa vor store Tycho Brahe, som i sin Tid nød Indtægterne af det Kapellet tillagte Præbende. Paa den østre Side af Kapellet ere alle Vinduerne tilmurede. Paa vestre Side ere kun de øverste tilmurede. Paa denne Side er anbragt en muret Pille, hvorigjennem en Vindeltrappe førte ind til begge Kapellets Etager. Indgangen til denne Vindeltrappe var oprindelig fra selve Kirkegaarden, men ligger nu inde i det tilstødende Vaabenhuus. Indgangen til Kapellets øverste Etage fandtes i Toppen af bemældte Vindeltrappe men tilmuredes 1812, da Stiftsbibliotheket fik Plads paa Riddersalen, og en ny Indgang anbragtes fra Omgangen inde i Kirken. Den lavere Dør paa Vindeltrappen, der førte ind til de hellige tre Kongers Kapel i Bygningens underste Etage, har sandsynlig udelukkende været bestemt til Afbenyttelse for Medlemmerne af det af Kong Christian I. stiftede Broderskab, naar disse efterat have hørt Messe i Kapellet vilde begive sig op i Broderskabets Forsamlingssal oven paa; thi da Ordenen var halv geistlig, har man vist knyttet religiøse Handlinger til Sammenkomsterne. Bemældte Dør var anbragt midt paa Vindeltrappen i en Høide af 7½ Al. over Kapellets Gulv, til hvilket en Trappe inde i Kapellet maa have ført ned. Saavel den hertil hørende, halvtilmurede Døraabning som de til selve Døren hørende Stabler rc. ere endnu at see, hiin paa Vindeltrappen, disse paa Kapellets indre Muurside tæt inden for den nuværende Indgang fra Kirken af. Indad mod Kirken maa dette Kapel ligesom alle de øvrige i den catholske Tid antages at have været aabent uden noget Afsluffe. Det nuværende Jerngitter i den gjennembrudte Kirkemuurs Buer er ventelig anbragt, da Christian III. Sarcophag opsattes (39).

Indvendig er de hellige tre Kongers Kapel ligeledes opført i Spidsbuestiil, og har, som Følge deraf, ikke den kraftige og brede Characteer som Kirken. Hver af dets Etager har 4 Hvælvinger, der støtte sig til en Centralcolonne. Selve Kirken afgiver et forbausende Exempel paa lignende dristige Bygningsmaader i de smækkre Søiler paa Choromgangen, der synes at mangle den nødvendige Modstand fra Indresiden. Men den kyndige Bygmester har nøie beregnet Spænding og Modstand, saaat slige lette Colonner somoftest kun modtage et lodret Tryk, som de kunne trodse i Tid og Evighed. Her i Kapellet synes imidlertid at være begaaet en Feil, da Bygningens søndre Muur, for svag til at modstaae Spændingen fra de tilstødende Hvælvinger, har givet sig i en ikke ringe Grad ud ad, og har faaet flere betydelige Rævner. Den Brøstfældighed synes imidlertid at være gammel, thi det er vel nærmest med Hensyn dertil, at Tycho Brahe erholdt saa alvorlige Paamindelser af Christian IV. i Aarene 1591-94 om at lade Kapellet istandsætte. I disse hedder det blandt andet, at Kapellet er saa "bygfældigt og forfalden, at det klart vil nederfalde og udi

Grunden fordærves, saafremt ikke dertil med det første skaffes Raad og kommes til Hjælp" (40). De underste Hvælvinger udmærke sig ved megen Elegance i Bygning af Ribber og Vinduekarme, i hvilke smagfulde og fine Rundstave ere ind= lagte. Interessant er den store Granitsøile i Midten af Kapellet. Den synes at være sammensat af tvende Colonner med Basis vendt mod hinanden (41). Fodstykke og Kapitæl have byzantinske Characterer. Ved Hvælvingens Overgang til Centralcolonnen danne de nedløbende Ribber et elegant Knippe af Rundstave, og slutte sig til en rund Ring, der er anbragt over det firkantede Kapitæl. Behrmann beretter i sin Beskrivelse af Roskilde Dom= kirke, at Gulvet i Kapellet er forhøiet 2½ à 3 Tommer da det omlagdes i Aaret 1740, men hvorfra han har denne Efterretning vides ikke (42). Gulvet var oprindelig lagt med sorte og gule firkantede Leerfliser omtrent 6 Tommer i Qvadrat. Exemplarer af disse forefindes i Museet for nordiske Oldsager (43). Det nærværende Gulv af Kalkstensfliser, 15 Tom. i Qvadrat, er lagt 1740, og ligger 1 Alen høiere end Kirkens Gulv. Det passer altsaa godt til Soffelstenens Høide udvendig. Kjælderhvæl= vingerne ere indrettede, da Sarcophagerne opstilledes i Kapellet. I Ridbersalen bæres Hvælvingerne ligeledes af en Central= colonne af graa Granit uden Fodstykke, 2 Al. 13¼ Tomme høi.

Det tilstødende sydøstlige Vaabenhuus har Biskop Oluf Mortensen ladet opføre 1480. Denne Bygning synes nærmest at være beregnet paa at afgive de nødvendige Vestibüler foran Kapellets tvende Localer. Dette gjælder idetmindste utvivlsomt om det hvælvede Rum (44) paa Vaabenhusets Loft, der ikke kan have havt nogen anden Bestemmelse end at tjene som Forhalle for Ridbersalen. Vi vide ikke hvorledes det oprindelige Tagværk har seet ud, men formode, at det har dannet et Sidestykke til

Kapellet med smaa taarnagtige Opsatser i Lighed med dem, der findes paa det nordostlige Vaabenhuus, som er opført under selvsamme Biskop, Oluf Mortensen.

10. Det nordostre Vaabenhuus,

af hvilket her følger en smuk Afbildning, er opført i Slutningen af 15de Aarhundrede. Skjøndt ubetydelig i Omfang, har denne Bygning dog en særegen Fordring paa Opmærksomhed som en af de skjønneste Levninger fra den gothiske Bygningskunsts glimrende Periode, vort Fædreland eier. Ved dets Opførelse bortfaldt den oprindelige Portal paa den indenfor liggende Kirkemuur. Tvende til dens Indfatning hørende Halvsøiler sees endnu i Muren. Bygningen er opført af røde Munkesteen. I dens Ornamenter afverler den røde med gult- og grøntglasserede Muursteen. Taggavlen er prydet med 7 taarnformede Ornamenter, der opstige fra den Skraaplan, som danner Grundlinien for Taggavlen. Knipper af fine Søilestænger forskjønne deres Façadeside. De mellemliggende Blændinger ere tvedeelte ved nedløbende Knortestave. Under-Taggavlen er anbragt et med firkløverbladede Ornamenter gjennembrudt Baand. Ledføiningen i Vinduekarmen er rig og knipformig. Ornamentstenen afverler ogsaa her i de fornævnte Farver. Den rundbuede Døraabnings Indfatning dannes af Rundstave og har en spidsbuet Blænding foroven. Paa den i Muren indlagte Kobbertavle er Pave Lucius afmalet, siddende paa en Stol i fuld pavelig Dragt. En kobberstukken Afbildning heraf haves i Thuras danske Vitruvius; men den mangler Nøiagtighed. En

DET NORDOSTRE VAABENHUS

slet Kopi efter Vitruvius haves hos Behrman udskaaret i Træ. Afseet fra hvorledes dette Maleri har været udført fra Kunstens Side, hører det dog til Sjeldenhederne som anbragt paa Bygningens Ydreside. Uagtet Maleriet er restaureret i indeværende Aarhundrede, ere Enkelthederne dog vanskelige at skjelne. Kapellet har indvendig en Korshvælving, gjennem hvis ene Hjørne er opført en meget vansirende Trappe, der fører op til Omgangen. Desværre erfare vi, at dette smukke Vaabenhuus yderligere skal skamskjendes ved Opførelsen af et nyt Skuur, der skal anbringes foran Indgangen til Kirken for at forhindre Træk.

11. Christian d. 4des Gravkapel.

Opførelsen af Christian d. 4des Gravkapel er paa begyndt strax efter 29de Oct. 1614. Under denne Dato hedder det i Kong Christian d. 4des Dagbog: "Drog jeg fra Frederiksborg til Roskilde, og gav Ordinants, hvorledes de skulde begynde med det nye Kapel" (45). Det er opført af Bygmester Hans Steenwinkel i den da brugelige Stiil, og var alt færdig det følgende Aar 1615. For at give Plads til dette Kapel, der er bygget op til Kirkens 4de og 5te Gavlparti, nedbrødes Catharina Nielsdatters Kapel. Den anvente Stiilart synes kun lidet passende for et Begravelseskapel. Idetmindste vilde man af nærværende Bygnings Ydre vanskelig gjætte dens Bestemmelse. Murene hvile paa en 3 Al. høi Fod af raat tilhugget Granit. Gavlfaçaden vender mod N., og er med sine tvende Vinduer rigt udstyret med Ornamenter af Sandsteen efter den Tids Smag. Murhjørnerne ere heelt igjennem opførte med

Sandsteen, der som indlagte Baand paa alle 3 Sider afbryde for hver Alen det eensformige Muurværk af brændte Steen. Indvendig har hele Bygningen en eneste elegant Stjernehvælving, med Lynetformige Kapper over alle 4 Mure. Ribberne ere af en yderst smagfuld Construction, og samle sig smukt hver tre og tre i alle fire Hjørner. De oprindelige Sidevinduer tilmuredes i Aaret 1850 for at frembringe et roligere Lys i Rummet, hvis Restauration, der ledes af Historiemaler Eddelien, vi ville komme til at omtale i Bogens monumentale Hæfte. Under Kapellets Gulv, der ligger 2½ Al. høiere end Kirkens, er anlagt tre betydelige Gravhvælvinger med Lufthuller mod Vest. Capellet er restaureret første Gang 1715, altsaa nøiagtig 100 Aar efter dets Opførelse; og 2den Gang 1835, hvilket er anført paa Gavlfaçaden.

12. Frederik d. 5tes Gravkapel.

Frederik V. Kapel er opført mellem Aarene 1772-1825 efter Plan og Tegning af Hofbygmester Harsdorff. Ved dennes Død standsede Arbeidet indtil Thorvaldsen bevirkede, at man igjen tog fat paa det. Opførelsen fortsattes da under Conferentsraad Hansens Ledelse og Bygningen indviedes den 12te Septbr. 1825 af Biskop Münter. Kapellet bestaaer af tvende Partier, hvoraf det mindre er bygget op til Kirkens Muur og dækker dens 4de og 5te Gavlpartie i en Strækning af 40 Al. og med en Dybde af 18 Al. udvendig Maal. Vestre Endepartie er bygget op til Christian I. Kapel, hvis Lufthuller til Kjælderhvælvingerne derved tillukkedes. Det største yderste Parti af Kapellet er bygget i Form af et græsk Kors, hvis Arme ikkun springe svagt frem. Ved den nordre Korsarm forbindes Hovedpartiet med det mindre. Hovedbygningen har trende halvmaaneformede Vinduer, hvert paa sin Side. Taget er hjelmformet og lagt med Kobber, Murene ere opførte med røde Flensborgersteen og hvile paa en Sokkel af Sandsteen. Fra Hjelmtoppen til Grunden er 31½ Al. Bygningens Ydre har den alvorlige og rolige Characteer, der svarer til dens Bestemmelse som Begravelseskapel, men dette Ydre har Intet som hentyder til den romerske Stiilart, der saa gedigent er gjennemført indvendig; ja den kan udvendig ikke siges at henhøre til nogen bestemt Stiilart, og man undres med Rette over, at der er taget saa lidet Hensyn til dens Plads ved Siden af den gamle Domkirke. Indvendig afstilles de to Rum ved tvende Søiler af ionisk Orden. Det Parti, der ligger nærmest Kirken, danner en Rechtangel, hvis Endepartier mod Ø. og V. ere bestemte til at afgive Pladser for Sarcophager. Disse Endepartiers Loft og Frise ere smagfuldt decorerede med Structuurarbeide. Døraabningen indad mod Kirken har til begge Sider den reen romerske Characteer, og man sporer ogsaa heri Mangel paa Hensynstagelse til Kirkens Architectur. Lissenerne ere cannellerede, men Søileskafterne aldeles runde og glat afpudsede. Denne Uovereenstemmelse turde maaskee, hvad Søileskaftet angaaer, hidrøre fra en ufuldendt Udførelse af Harsdorffs Tegning. Under hele denne Deel af Kapellet er anlagt Kjelderhvælvinger. I det større Parti af Kapellet tillader jeg mig først og fremmest at henlede Opmærksomheden paa Kuppelens smagfulde Bygning og Ornering lige indtil det fine a la Grecce-Ornament, hvormed den slutter forneden. Jeg henviser fremdeles til Buerne over Korsarmene med de indlagte Kassetter og pragtfulde Baand af stiliseret Egeløv. Det er ogsaa værd at betragte det kraftfuldt fremspringende Gesims med tilhørende Led i Æg- og Tandsnitform. See den hertil hørende Platte med Festons og Englehoveder. Mærkelige ere de mellem Lissenerne anbragte tvende Tværbaand, der maaskee ere bestemte til at dæmpe Indtrykket af det svære Gesimsfremspring. Det hele er udført i en elegant romersk Stiil, og vidner om Harsdorffs store Dygtighed. Under dette Parti er ingen Kjælder.

Slutningsbemærkninger.

Skjøndt Roskilde Domkirke i de 8 Secler, den næsten har staaet, har modtaget betydelige Forandringer, saa har den dog i sin Heelhed bevaret den Characteer af ædel Simpelhed og religieus Høihed, der udgjør Særkjendet for alle de Partier af Bygningen, der have bevaret deres oprindelige Former. De Ødelæggelser, som Brandene medførte, have ikke udstrakt sig meget videre end til Tag og Hvælvinger, og en høiere Haand har hvilet over dette herlige Monument i de Tider, da Sansen for det Skjønne og Ophøiede i Middelalderens Bygningskunst var aldeles forsvunden. Denne Tid maa vel nu ansees for stærkt at nærme sig sin Afslutning. Sansen er idetmindste vakt for hiin Kunst, om den end ikke er meget almindelig. Betryggelsen for store Forgribelser paa Levninger af Middelalderens Kunstværker er derved vel bleven større, men ingenlunde tilstrækkelig. Hvad Roskilde Domkirke angaaer, da maa jeg betragte det som en Lykke, at den i de sidste 30 Aar har staaet under Kammerraad Hansens Værge. Hans varme Interesse for dette Monument har fremkaldt mangfoldige heldige Foranstaltninger, sigtende til Bygningens Conservation, og man kan vel sige, at han var den Første af dens Værger, der har opfattet betydningen af deres Kald og med Kjærlighed pleiet disse ærværdige Mure saaledes, som de billig have Krav paa. Naar vi derfor tillade os her at anføre hvad vi troe fremdeles kunde være at foretage til Kirkens Tarv, da skeer dette med den oprigtigste Anerkjendelse af Kammerraad Hansens for denne Bygning høist gavnlige Embedsvirksomhed, der nærmere vil blive omtalt i den Part af Bogen, der behandler dens Historie.

Vi vide vel, at oeconomiske og andre Hensyn ofte lægge Hindringer i Veien for Bygmesteren at udføre de ham paaliggende Arbeider efter sit eget Hoved, og at man paa Grund deraf ofte maa undskylde det Forkerte, der foretages; men vi kunne dog ikke forbølge den Overbeviisning, at mangt et architectonisk Feilgreb vilde være undgaaet baade her i Kirken og andetsteds, hvis der ved Siden af den almindeligviis bygningskyndige Mester havde været stillet en med vore Kirkebygningers Architectur fortrolig Lærd, naar Spørgsmaalet var om at foretage Forandringer i Kirken. Til Paaagtelse ved given Leilighed tillade vi os at gjøre opmærksom paa følgende Punkter:

1. Christian d. 4des Portal paa Kirkens vestlige Gavlfaçade hører unægtelig blandt den gamle Kirkemuurs allerværste Pletter; og det forekommer os, at man skylder denne store Regents Minde at rette en saa iøinefaldende Feiltagelse, og give Kirken en Hovedportal, der svarer til den oprindelige Bygnings Stiil. At man i dets Sted i disse Dage har anbragt en ny meget kostbar Dør inden for den gamle, medens man lader dennes barokke Indfatning staae uforandret, det er saa meget mere at undre over, som dette Foretagende skal have været meget kostbart for Kirken.

2. Det lille ovale Vindue paa samme Gavlfaçade er høist smagløst, og burde enten aldeles bortfalde eller formes rundt.

3. Den saakaldte Absalonsbue mellem Kirken og Palaiet burde afbrydes. Anseer man den endelig for uundværlig, give man Tag og Vinduer en mindre afstikkende Form.

4. Taget paa Kapitelhuset lægges med Bly eller Munkesteen, og det lille spidsborgerlige Tagvindue bortskaffes.

5. Biskop Oluf Mortensens Vaabenhuus paa Nordsiden af Kirken trænger paa flere Steder til en varsom Reparation, navnlig hvad angaaer Belægning paa de taarnlige Opsatser.

6. Man vogte sig for at lægge Farver paa den gamle røde Munkesteen i Kirkens Muur samt at stryge Fugerne op ligesom fra ny. Alle vide at Domkirkens Mure ere gamle, og de bør beholde Ældens Præg. Den røde Munkesteen erholder ved Ælden en interessant Afverling af Farver og det er netop dette Farvespil, som ingen ny Farvepaalægning formaaer at erstatte, og som vi bede for Fremtiden maa blive bevaret. Man glæder sig, naar man paa den gamle Muur seer en enkelt ny Steen indsat, thi man seer i den at en kjærlig Haand heger om Kirken. At ville uniformere Muren for at udslette Sporene af saadanne Reparationer kan aldrig være rigtigt.

7. Det forekommer mig farefuldt for Domkirken ved Ildebrandstilfælde, at Aabningen mellem Tag og Mur er lukket ved Brædder samt at Lydhullerne i Taarnene ere lukkede ved Brædbeluger. Kunne disse som hine ikke beslaaes med tynde Plader af Jernblik?

8. De i Arcaderne anbragte Kirkestole vanzire i den Grad Kirken, at man vel tør nære det Haab, at Kirkens Bestyrelse vil gjøre de fornødne Skridt for at fjerne de Hindringer, der siges at stille sig i Veien for deres Removering. Vi henstille

til Vedkommende, om det ikke maatte ansees for ønskeligt ogsaa at frigjøre den Bue hvori Christian d. 4des Stol er anbragt.

9. De tvende Gravkapeller nærmest Kongeporten, hvor nu Hahnernes og Krabbernes Familiebegravelser ere, burde nedbrydes, og denne Plads gjenforenes med Kirken saa vidt som muligt i oprindelig Form. Det er en Selvfølge, at det over disse og Indgangen anbragte Bræddegulv derved faldt bort.

10. Malning af Søiler, Hvælvinger ɔc. burde tilintetgjøres, og Stolene paa Gulvet om muligt bortskaffes. Derved vilde Hvælvingens Bygning bedre kunne opfattes og Kirkens Høide vise sig i et klarere Lys. Ved sidstnævnte Foranstaltning vilde Pillebygningen komme frem i dens Heelhed, inclussive Pillefoden, der nu ganske skjules af Stolene.

11. De hæslige Figurer ved Klokken burde bortskaffes tilligemed Bræddebestillerummet i de vestlige Arcader i Taarnpartierne paa Omgangen.

12. Vaabenhusene navnlig det nordøstre burde rænses for de hæslige Bræddeskuur. De ere rigtignok høist mærkelige Erindringer fra Aaret 1851, men jeg er overbeviist om, at selv den høitagtede Kunstner, som har rakt Haanden til dette Foretagende, gjerne saa sit Vaabenhuusværk tilintetgjort jo før jo hellere. Vore Forfædre, der med saa megen Omhu opførte disse Smaabygninger ved deres Kirker, søgte at give dem en Characteer, der passende svarede til deres Bestemmelse som Vestibüler til Helligdommen. Istedetfor fremdeles at respectere disse høitidelige Smaabygninger ved Kirkerne synes vor Tid at ringeagte dem i den Grad, at de ikke værdiges nogen Hensynstagelse naar Spørgsmaalet er om at træffe Foranstaltninger i en eller anden Henseende. Vi indrømme gjerne det Ønskelige i at frigjøre Kirken saa meget som muligt for Træk, men deels

troe vi den forøgede Træk her i Kirken foranlediges ved at flere Vinduer ere ituslagne i Kong Christian 4des Kapel, og at altsaa denne Ulempe først vil kunne hæves, naar Kapellets Restitution er færdig, deels mene vi at dobbelte Brædevægge, anbragte i Buerne mellem Christian 4des Kapel og Kirken, havde været en mere passende og langt hensigtsmæssigere Foranstaltning for at hæve den midlertidige stærke Træk i Kirken.

13. De uheldige Døre, der ere anbragte paa Kirkens indre Murside ind til Kapitelhuset og de andre Rum burde vistnok lægges ind i Muren og Dørkarmen profileres i Kirkens Stiil. Selve Dørrene burde have været lavere og deres Ydre lidt mere cultiveret. Havde man givet den nye Port ved Hovedindgangen den runde Form, og ladet Muurbuen staae foroven som et spidsbuet Feldt, troe vi, at man bedre var gaaet ind i den Stiilart, som tilhører Kirken. Med Glæde anerkjende vi Kunstnerens Bestræbelser for at ornere Dørfeldterne i gothisk Stiil, af hvilken vi ikke finde Spor paa hine tvende Døre til Kapitlet. Vi vide imidlertid ikke, hvorfor man ikke hellere valgte den rene Rundbuestiils Charakterer, der jo oprindelig høre hjemme her i Kirken. Jeg benytter Leiligheden her til at underrette Læserne om, at de Led af den oprindelige Dørindfatning, der hidindtil fandtes i Rummet mellem den gamle og nye Dør, og som jeg har beraabt mig paa i Anledning af dette Parties Afbildning paa Grundplanen, ved denne Leilighed ere gangne tabt.

14. Den sydvestre Granitsøile paa Choromgangen synes at kræve Vedkommendes særdeles Opmærksomhed. Dens Stilling lader befrygte det Værste.

15. Den lille Hjørnedværgsøile, der opbærer Krydsribberne i Kapitelhusets yderste Rum, har man i disse Dage forlænget ned til Gulvet uden at underlægge noget Fodstykke. Hvor ube-

tydelig denne og lignende Forandringer end maa forekomme at være, saa anseer jeg dem dog for saadanne, der ikke bør forbigaaes, naar man vil gjøre opmærksom paa den Mangel paa Hensyn, der nu og da spores ved de Forandringer, der i vore Dage foretages her i Kirken. Man synes at være end mere berettiget til at paavise det Urigtige i saadanne Foranstaltninger, naar ingen tænkelig Fordeel derved opnaaes.

Anmærkninger.

1. Denne Stiilart har ogsaa faaet Navn af den romanske eller forgothiske. I dens yngre Periode kaldes den ofte Overgangsstilen, fordi den optog Characterer der forberedte Overgangen til den gothiske Bygningsmaade.

2. I Efteraaret 1819 strømmede Vander pludselig ind i Kapellet under Høichoret og steg 1½ Al. i 24 Timer. Kirkens Forvalter, Hr. Kammerraad Hansen, var imidlertid saa heldig snart at opdage, at det hidrørte fra Sammensynkningen af de Render, der skulle tage mod Vandet fra de i Grunden værende Kildevald. Ved Eftergravning fandt man en muret Kanal under bemeldte Kapels 4 Mure, der bøiede sig mod N. med en Arm ud gjennem Kirkemurens Fundament. Pøsttrærne, der herfra skulde lede Vandet over Kirkegaarden, fandtes Sammenfaldne af Ælde. Ved at efterspore Tilløbene til Hovedkanalen opdagedes et hidtil ukjendt Kildevald S. O. for Choret, der nu gaves Afløb. Trærenderne fik et stærkere Fald over Kirkegaarden og flere hensigtsmæssige Foranstaltninger bleve trufne til Gavn for Fundamentets Conservation.

3. I Teglhaven, en Grusbanke N. V. for Roskilde, findes flere Indgravninger, hvor ifølge Sagnet Teglstenene til Roskilde Domkirke skulle være brændte.

4. Sideskibenes Mure ere ganske skjulte af de senere opbyggede Kapeller og Vaabenhuse. Vil man altsaa gjøre sig en Forestilling om Kirkens oprindelige Udseende, maa man allerførst tænke

sig disse Bygninger borte. Alt, hvad der springer længere ud til Siderne o: mod S. og N. end Taarnmurene og Fløigavlene, er senere tilføiet som Kapeller og Vaabenhuse.

5. Denne Grundplan er taget med stor Nøiagtighed af Muurmester Broch her i Roskilde. De ældre Afbildninger af Kirkens Grundplan ere alle meer eller mindre unøiagtige. Den ældste os bekjendte i den danske Vitruvius har ikke Maalene nøiagtigt, og denne Grundplan synes de senere Afbildere at have styret efter idetmindste hvad Maalene angaaer. Man vil ved at sammenligne nærværende Blad med Kunstforeningens, der dog hidtil var det bedste, kunne skjønne den høiere Grad af Nøiagtighed, der her er anvendt. Denne vilde naturligviis endnu have været mere iøinefaldende, dersom Bogens Format havde tilladt at give Afbildningen efter en større Maalestok. Ved en Misforstaaelse fra Tegnerens Side ere Vindeltrapperne i de store Støttepiller ved Taarnene blevne anlagte i Pillernes vestre istedetfor i deres østre Parti og meerbemældte Piller deelte i et yngre og et ældre Parti, medens hele Pillen dog antages for at være oprindelig.

6. Det eneste mig bekjendte Forsøg, der er gjort paa at afbilde Kirken i sin oprindelige Form, er af "Jubellærernes" Forfatter, forhenværende Cantor Gjessing her i Roskilde. De tre Blade af Domk., han har leveret, ere tegnede af ham selv og graverede af G. C. Schule i Aarene fra 1778-87. De forestille den vestlige eller Taarnfaçaden, den søndre Façade og en perspectivisk Afbildning af Kirkens Indre, men de ere alle aldeles vilkaarlige og uden Værd.

7. Flere af Kirkens meget yngre Tilbygninger have vel Sokkelsteen med samme Profilering som Kirken, men dette hidrører derfra, at man har benyttet de Sokkelsteen, der udtoges fra Kirkens Sidemure, da disse gjennembrødes og Buer anlagdes ind til de opførte Kapeller. (See de hellige tre Kongers Kapel og flere af Vaabenhusene).

8. Det var nærmest Sacristanens Hverv at bevare Kirkens Skatte.

9. Dette Gravkapel indrettedes 1701 "i den saakaldte Mynt", hvorom siden skal blive talt.

10. Et Crucifix, der er skaaret i Hvalrostand omtrent ved Aaret 1050, findes paa Museet for nord. Oldsager, og er afbildet hos Suhm i hans Historie af Danmark 4, 466. Kunstneren navngiver sig i Indskriften, og er formodentlig den samme Liutgerus, der omtales i en Mindebog om Kannikerne i Lund. Hele denne Indskrifts Characteer stemmer ganske med Sigilindskriften. Da imidlertid Rosk. Domks. Indvielse til Pave Lucius falder efter Liutgeri Død, kan Sigillet ikke være skaaret af ham. En anden jevnaldrende Indskrift findes paa den Steen, som fordum sad over Indgangen til Kapitlet. Den er indsat c. 1128 for en af Kong Nielses Raader ved Navn Helgi (Suhm 5, 454), og har ganske samme Characteer i Bogstaver *c.

11. Man sammenligne hermed den samme Paves Billede paa Kobbertavlen over Indgangen til Biskop Oluf Mortensens Vaabenhuus.

12. Script. rer. dan. I, 189. Domus campanarum, quæ tunc stabat super capella beatæ virginis. Ved Rosk. Domk. stiftedes Jomfru Mariæ Kapel i Aaret 1310 af Biskop Oluf I. Det var beliggende op til Sydsiden af Kirken, hvor det dækkede det 5te Gulvparti, og nedreves 1772 for at give Plads til Frederik d. V. Begravelseskapel. Ovenanførte Sted af Petrus Olai kan imidlertid ikke passe paa dette Kapel, der ikke var bygget, da Klokkehuset nedbrædte 1282. Kirkemuren bærer desuden Spor af de tilmurede Vinduesaabninger i begge Etager just paa det Sted hvor Klokkehuset ifølge Petrus Olai skal have staaet, men disse Vinduer havde man ikke anbragt, hvis et Klokketaarn oprindelig der var bygget op til Muren. Petrus Olai maa altsaa have feilet, hvis vi ikke ville antage, at Kapellet Bethlehem, der var indrettet i Foden af søndre Taarn og indviet til Jomfru Maria og hendes Søn er det af bemældte Chronist omtalte Jomfru Mariæ Kapel. Det er ikke sjeldent hos Forfattere at Bethlehem benævnes "vor Frue Kapel" (see Paludans Afhandlinger de templo, quod Roskildiæ est) ligesom det ogsaa er almindeligt at see det i Aaret 1310 stiftede "vor

Frue Kapel" benævnt Olufs Kapel, og siden, da Døbefunden flyttedes derhen, "Funtens Kapel".

13. Den anførte Garnering findes imidlertid ogsaa paa Steder, hvor man ved Restaurationen har gjengivet den, saasom over de vestlige Sidevinduer i Høistibet. Kun hvor den savnes kunne vi sikkert slutte, at Buen ikke er i sin oprindelige Form.

14. Hvitfeldts B. K. p. 109.

15. Scrip. rer. dan. I, 379 .... murum tamen lapideum circa monasterium Roskildense (Roskilde Mynster ɔ: Domkirken) construxit, picturam etiam ejusdem monasterii renovavit.

16. Paludan: de templo q. R. e. 16 .... 1443, quo tempore tecta plombea destillavere, quinque etiam corruere testudines etc. Kirken har altsaa paa den Tid været tækket med Bly, hvilket Tag vi maa antage at være oprindelig, eftersom Taarnbedækningen i Sigillet aabenbart er et Blytag. Blandt de faae Hvælvinger, hvis eiendommelige Construction kunde vække Formodning om at de oprindelige Former vare bevarede er den over Høichoret. Medens Ribbernes Krydspunkt synker lavt ned, have dens runde Buer over Vinduerne sig høiere. Dens polygonformede Ribber pege derimod mindre hen til de oprindelige Former.

17. Script. rer. dan. I, 188 og III, 275.

18. Michel Hansen Jernskjæg omtaler de bekostelige Reparationer, dette Vindue krævede i sin Beskrivelse af R. D. 1685 saaledes:

Ja mit paa Muren er et Vindue høyt og breden
Net mange Læster Korn det alle Aar foræder.

19. Suhms Conjectur, at man istedetfor "Trenene" skal læse "Taarnen" er altsaa urigtig.

20. Professor Høyens Bemærkninger om Sorøe Kirke i Nyt hist. Tidsskrift 1 B. 1 H. p. 258 .... "men der er tillige en anden Enkelthed, der taber sig i den senere Gothik, det er den lille Dværgsøile, der i alle disse Kirker (Sorøe, Ringsted, Roskilde) anvendes til at bære Kryds= og Tværribberne."

21. Saxo 576 .... Interea Sveno Roskildensis templi ædificationem, a Wilhelmo coeptam, saxeo opere presecutus cum perfecto

sacello, solas locandi pulpiti angustias, quo minus dedicatio peragere- tur, obstare conspiceret, condendi ejus gratia Wilhelmi monumentum summovit etc. Paludan l. c. siger, at Høichoret almindelig kaldtes sacellum Haraldi.

22. Saxo 577 "quanquam cubile ejus (sc. sacristæ) cadenti materiæ contiguum fuerit. Sacristanens Bolig var, som bekjendt, ved Choret, hvis Vogter han var.

23. Saxo 598 . . . . in exædificando ejus ambitu Canutum religiosi operis socium habuit (sc. Busno). Ambitus betyder Choromgangen. Korsgang, som Notens Forfatter vil have det skal være, var jo ingen Ambitus eller Omgang. Script. rer. dan. 4, 259. Her forklares Ordene "Solum obruere conatur in ambitu" ved: in Monasterii circuitu cum ipso circumambulabat. Vel har Langebek i den herhen hørende Note forklaret Ordet "monasterium" ved det af Svend Norbagge opførte claustrum lapideum, men det er aabenbart urigtigt; monasterium betyder her ligesom l. c. 179 Mynster eller Domkirke.

Den samme Forfatter har i Noten til Saxo p. 726 oversat Ordet atrium efter Ducange ved en af Korsgangen omgiven Plads, medens Saxo selv beskriver atrium som den Plads, der omgiver Domkirken, altsaa Kirkegaarden, hvilken Betydning atrium ogsaa har efter Ducange. Kommer nu hertil at den i Noten nævnte Korsgang med dertil hørende Plads (atrium) intetsteds udtrykkelig nævnes som existerende her ved Kirken, samt at Svend Nordbagges claustrum lapideum efter al Rimelighed var den nu nedrevne Skolebygning; saa troe vi med Etatsraad Estrup (See hans "Absalon" p. 11) at burde forstaae Saxo saaledes, at Absalon standsedes, da han var kommen til søndre Port paa Domkirkegaardens Ringmuur.

24. Blandt flere Middelalderens Kirkebygninger, om hvilke det vides, at deres vestlige Parti er bygget først, nævne vi her Domkirken i Lybeck, der paabegyndtes 1170. See: Merkwürdigkeiten der Dom=Kirche in Lübeck 1834 p. 5. Dens østre Parti eller Choret byggedes først i 14de Sec. Det samme vides om flere gotlandske Kirker.

25. Script. rer. dan. I, 378 . . . . quam sc. ecclesiam egregia corona et marmoreis columnis omnibusque ornamentis decoravit.

26. Script. rer. dan. I, 378 . . . . insigni lapideo tabulatu. Chorpartiet indeholder uomtvistelig det skjønneste Muurværk i hele Kirken og navnlig kunne Korsfløienes Gavle med den anvendte Netmuring m. m. fortjene at kaldes insignis tabulatus.

27. See Fortegnelse over Begravelser i Domkirken. Thottske Saml. Nr. 1406 Msc.

28. Suhms Saml. 1, 2, 166 hvor Biskop Jens Pedersen siges at være begravet i Choret "mellem Liusestagen og Splinder= daren" ɔ: Døren i Gitteret mellem Høichoret og Kannikechoret. Fremdeles siges i samme Fortegnelse at Absalons Crucifix hængte over Skillerummet mellem bemældte Chorpartier.

29. Chorgulvets Forhøielse maa føres tilbage til Aaret 1420, da Biskop Jens Andersen ombyggede Kannikechoret. Ringmurens Ydreside udviser, at en Forhøielse af Muren da maa have fundet Sted.

30. See herom Augusti Handbuch der christliche Archæologie I, 384 (1836).

31. 13 tilsvarende Nischer ere anbragte paa Rundmurens Ydreside. Disse udvendige Nischer ere ikke kjendte af Mange, da de skjules af det nedløbende Halvtag over Choromgangens Hvælvinger, over hvilke de ikke ligge høiere end 18 Tommer. Indfatningen gaaer retvinklet ind i Muren med en 10 à 12 Tommers Muur= dybde. Brystningens horizontale Stilling tyder ikke hen paa at de nogensinde have været frie.

32. Mscr. Nr. 1406 i Thottske Samlg. begynder saaledes: Omkring det gamle Chor er Omgangen . . . . grundet paa 4 tykke Kampesteens Piller; confr. Saxo 598.

33. Paa den omtalte Steen, der var indmuret ved Ind= gangen til Kapitlet fra Kirken af, og som endnu haves paa Mu= seet for nord. Oldsager, er indhugget Aaret 1128 som Dødsaar for den Mand, Kapitelhuset skylder sin Tilblivelse. Ved hvilken Leilighed den er udtaget af Muren kan ikke angives, men Suhm i H. af D. 5, 454 feiler vistnok ved at fortælle at denne Steen

udtoges, da Kapitelhuset nedbrødes, thi i anførte Mscr., der er ikke yngre end fra 1685, nævnes "det gamle Kapitelhuus" som endnu existerende, og at det ikke er nedrevet efter den Tid, derom vidner Murens Charakteer baade indvendig og udvendig. Forinden Kapitlets Restauration i Aaret 1849 saaes endnu den firkantede Fordybning i Muren, hvori Stenen havde siddet.

34. At denne Bygningsmaade var almindelig paa den Tid, derom vidner det med Kapitelhuset jevnaldrende claustrum lapideum, ved hvis Nedbrydelse i Aaret 1843 lignende Døraabninger fandtes i anden Etage paa begge dens Gavle. Den forslidte Sandsteen, der laa som Fodstykke i Dørkarmen vidnede noksom om Udgangens tidligere Afbenyttelse.

35. Forfatteren i Danske Mag. 3 Række 3 H. p. 213, har ved at anføre Inscriptionen paa Catharina Nielsdatters Liigsteen bemærket, at denne Dame maa ansees som den anden Stifter af St. Laurentii Kapel, eftersom hun paa bemeldte Liigsteen kaldes fundatrix hujus capellæ ɔ: det Kapel, hvori denne Steen oprindelig fandtes. Men det af denne Dame stiftede Kapel, der ganske rigtig laa der, hvor Kong Christian IV. Gravkapel nu staaer, kaldtes ikke St. Laurentii men Catharinas Kapel. St. Laurentii Kapel, der er sammenbygget med det nordvestre Vaabenhuus, og altsaa er opført samtidig med dette, er stiftet af Niels Jepsen, Biskop i Roskilde fra 1368-1395. I dette Kapel blev ogsaa dets Stifter, fornævnte Biskop, begravet og den prægtige Messingplade, af hvilken Abildgaards Tegning endnu haves paa Museet, lagt over hans Grav. Naar den herfra er flyttet til Høichoret kan ikke med Bestemthed angives, men vi formene, at dette er skeet i Reformationens Tid forat bevare den for en Overlast, den muligen vilde være udsat for i den Deel af Kirken, hvortil Almuen daglig havde Adgang. At dette Øiemed ogsaa er opnaaet, derom vidne de Beretninger vi have om at Høichorets Helgenaltere m. m. fra den reen katholske Tid, forbleve urørte lige til Aarene 1689-94, da Høichoret indrettedes til kongeligt Gravkapel. Her fandtes bemeldte Messingplade indlagt i en Steen. Catharina Nielsdatters Liigsteen flyttedes derimod først i Aaret 1615 fra det af hende stiftede og

efter hende opkaldte Kapel, der i bemældte Aar nedreves for at give Plads til Christian IV. Gravkapel. Blandt Andre anfører Janus Paludan i hans Afhandlinger om Roskilde Domkirke 1721, St. Laurentii Kapel som beliggende nordvestligst ved Kirken. Saaledes bortfalder da ogsaa den Modsigelse, der ligger deri, at baade Biskop Niels Jepsen og Catharina Nielsdatter skulle være Stiftere af eet og samme Kapel, skjøndt den Første af disse er død 1395, og den Sidste 1470.

36. Vor Formening om, at Treenighedsideen muligen har havt Indflydelse paa Kirkevinduernes Ordning i Sideskibene finder nogen Bestyrkelse ved at træffe paa samme Ordning i et Kapel, der ligesom Kirken har været indviet til den hellige Treenighed.

37. Da Kong Frederik d. 4des Monument sees inde i Høichoret og Biskop Olufs Kapel sees paa Sydsiden af Kirken, maa denne Model være forfærdiget mellem Aarene 1730-72, i hvilket sidste Aar bemældte Kapel nedreves.

38. "De hellige tre Kongers Kapel" af Conferentsraad Werlauff p. 18-19.

39. Det var tidligere aabent foroven i Muurbuens Top. Gjennem denne Aabning pleiede Drengene for en Menneskealder siden at krybe ind i Kapellet og derfra ned i Kjælderhvælvingerne, der ikke vare aflaasede, hvor de udtoge Sølvnagler m. m. af de derstaaende Kister.

40. Sjællandske Tegnelser i Werlauffs de hell. 3 K. K.

41. Professor Høyen i samme Skrift p. 9.

42. Gulvets Tykkelse over Gravhvælvingerne andrager kun 6 Tommer. Det bliver af denne Grund end mere ubegribeligt, at Gulvet skulde være forhøiet c. 3 Tommer. Meget taler for det Modsatte.

43. Werlauff l. c. p. 72.

44. Levninger af den ved Skraatagets Anbringelse afbrudte Hvælving sees endnu i alle 4 Hjørner af Loftsrummet.

45. See Nyt hist. Tidsskr. 4 B. 1 Hæfte p. 230.

8 MA60

Hos C. A. Reitzel faaes:

De hellige tre Kongers Kapel,

stiftet af

Kong Christian d. 1ste og Dronning Dorothea

i Roskilde Domkirke.

En historisk-antiquarisk Beskrivelse

af

E. C. Werlauff.

Med Afbildninger.

4to. 1850. 1 Rbd. 48 ß.

Afbildningerne.

                                                                                  Pag.

1. Grundplan til den oprindelige Kirkebygning, tegnet af Muurmester M. Broch i Roskilde, chemityperet af Kittendorff & Aagaard 5
2. Domkirkens søndre Façade c. 1084, tegnet geometrisk af M. Broch, raderet af Petersen, Elev af Kunstacademiet 8
3. Domkirkens ældste Segl, tegnet af Henriksen, skaaret i Træ af Kittendorff & Aagaard 13
4. Parti af søndre Korsfløi, tegnet geometrisk af M. Broch, chemityperet af Kittendorff & Aagaard 24
5. Parti af Choromgangen, tegnet og raderet af J. Kornerup, Elev af Kunstacademiet 27
6. De hellige tre Kongers Kapel, tegnet og raderet af J. Kornerup . 34
7. Det nordøstre Vaabenhuus, tegnet og raderet af J. Kornerup . 38

Roskilde Domkirke,

beskreven

af

Steen Friis.

2det Hæfte.

Om Monumenterne i Kirken og dens Tilbygninger med 13 Afbildninger.

―――

Kjøbenhavn.
Universitetsboghandler C. A. Reitzels Forlag.
Trykt i Thieles Bogtrykkeri.
1852.

Paa C. A. Reitzels Forlag er udkommet:

De hellige tre Kongers Kapel,

stiftet af

Kong Christian d. 1ste og Dronning Dorothea i Roskilde Domkirke.

En historisk-antiquarisk Beskrivelse

af

E. C. Werlauff.

Med Afbildninger.

4to. 1850. 1 Rbd. 48 Sk.

8 MA60

PROFIL AF ROSKILDE DOMKIRKE

Indledende Bemærkninger.

Vi have i det foregaaende Hæfte søgt at vise, at Roskilde Domkirke, hvad Bygningsstilen angaaer, for største Delen er bevaret i sin oprindelige Skikkelse, samt at næsten alle de nu forsvundne architectoniske Detailler lade sig eftervise og gjengive (1). Anderledes forholder det sig med Kirkens ældste Monumenter og Inventarium, saasom Altere, Crucifixer, Helgenbilleder, Malerier, Gravmonumenter, hellige Kar ɔc. ɔc. Af saadanne Gjenstande haves ingen tilbage fra Kirkens første trende Aarhundreder, naar undtages en enkelt Liigsteen, som den over Saxo Grammaticus. De faa fra hiin Tid endnu existerende Oldsager her fra Kirken maae søges i Museet i Kjøbenhavn for nordiske Oldsagers Opbevaring (2). Selv fra det 14de Seculum haves kun et eneste Monument her i Kirken, nemlig den i Marmor hugne Figur, som Conferentsraad Werlauff nylig har viist skal forestille Hertug Christoffer Waldemarsen. Fra 15de Aarhundrede er her i Kirken bevaret tvende værdifulde Mindesmærker i Dronning Margrethes Gravmonument og Billedsnitværket med tilhørende Ornamenter i Kannike- eller Ybrechoret, udførte i den Tids gothiske Stiilart. Først fra det 16de Aarhundrede findes her en interessant lille Kreds af Monumenter, hvortil henhøre Biskopperne Niels Skaves og Lago Urnes Chorstole fra Gothikens sidste Tid, Altertavlen, Kong Christian III. og Frederik II. Gravmonumenter fra Renaisencens ældste og reneste Tid samt Prædikestolen og Kongestolen fra en senere Renaisencetid. Som værdige Repræsentanter for det 18de Aarhundredes Rococo eller den med Ornamenter overlæssede Kunst kunne Høichorets 4 Marmorsarcophager ansees, ligesom Kong Frederik III. og Dronning Sophie Amalies sueforgyldte Kobberkister i Christian IV. Gravkapel vidne om, at denne Stiilart ogsaa har havt sine store Mestere hos os. Til den nyere Tids betydeligste Frembringelser høre Wiedewelbts Marmorsarcophager over Kongerne Christian VI og Frederik V i det Kapel, der bærer sidstnævnte Konges Navn, og endelig er der i vore Dage paabegyndt et storartet Billedværk al fresco med tilhørende Ornamentering i Renaisencestiil af Historiemaler Eddelien i Christian IV. Gravkapel, hvor ogsaa denne Konges af Hofgjørtler Dahlhoff i Bronce støbte Statue efter Thorwaldsens Model vil erholde Plads. Det var herved at vor nylig afdøde Kong Christian VIII vilde indfri en Fordring, som 4de Christians Minde alt længe synes at have havt til Fædrelandet. Ved hans Død har det danske Folk arvet denne hans nationale Plan, og, skjøndt Tiderne have tynget haardt paa Nationen siden Kong Christian VIII. Død, er Arbeidet dog ikke standset, men gaaer stabig sin Fuldendelse imøde under den nævnte Kunstners Ledelse.

I. Om Kirkens nu forsvundne Monumenter.

Blandt de i Kirken foretagne Forandringer, der have havt væsentlig Indflydelse paa ældre Monumenters Forsvinden, maae vi ansee dem, der staae i Forbindelse med Chorforandringen i Aaret 1420, med Reformationsværket og med Chorpartiernes Ombannelse i Aarene 1690—94, for de vigtigste. I førstnævnte Aar lod Biskop Jens Andersen Choret udvide mod Vest fra 8de til 10de Pillepar og Chorgulvet forhøie omtrent 1 Alen (3). Den oprindelige Tværmuur, der afstilte Choret fra Kirken, og som var opført mellem 8de Pillepar, afbrødes, og en ny opførtes hvor nu Messinggelænderet staaer (4). Ved Chorgulvets Forhøielse maatte alle de i samme anbragte Begravelser forstyrres, og, forsaavidt man ønskede fremdeles at bevare Mindet om de Afdødes Hvilested, anbringes andre Steder. Blandt de i Høichorets Gulv begravne nævner Historien Harald Blaatand, Svend Tveskjæg (5), Svend Estridsen, denne Kirkes Bygmester Biskop Wilhelm og Hertug Christopher, en Søn af Waldemar IV. Det er høist sandsynligt, at Haralds, Svend

Estridsens og Wilhelms jordiske Levninger ved Chorgulvets Forhøielse ere opgravede og indmurede i de ved deres ældste Gravsteder nærmest staaende Piller; thi at denne Indmuring, saaledes som Gravstederne nu forefindes, skulde være skeet strax efter deres Død, derimod strider saavel de i Pillerne anlagte Graves indskrænkede Rum (6), som selve Efterretningerne om Kong Svend Estridsens og Biskop Wilhelms Begravelsesmaade i Domkirkens Chor. Men det er dog fornemlig Saxos Beretning (7) om de foretagne Flytninger af Biskop Wilhelms Grav, der maa hæve al Tvivl om, at hans Liig fra først af har været begravet i Jorden under Høichorets Gulv; thi ved den sidste af disse Flytninger, der foregik i Saxos egen Tid, omtales udtrykkeligen den af Graven opkastede Jord, hvilket ikke vil kunne forstaaes, hvis hans Grav alt den Gang havde været anbragt i en af Pillerne. Heller ikke kan Saxo med nogen Rimelighed forklares saaledes, at det var ved en af disse Omflytninger at Indmuringen havde fundet Sted; og, da ingen senere Flytning af hans Grav omtales hos nogen Forfatter, saa synes Chorgulvets Forhøielse i Aaret 1420 at være Tiden, til hvilken man med høieste Grad af Sandsynlighed henfører Anlægget af Biskop Wilhelms og samtlige Gravgjæmmer i Høichorets Piller.

Blandt fornævnte fyrstelige Gravsteder i Høichoret ere Kong Svend Tveskjægs og Hertug Christophers forsvundne. Maaskee har den almindelig antagne Mening om Førstnævntes Medskyld i Mordet paa hans kongelige Fader foranlediget, at man ved Chorets Ombygning ikke har brydt sig om at bevare Mindet om hans Hvilested. Derimod kan Hertug Christophers Grav næppe være tilintetgjort i Aaret 1420 saa kort efter hans († 1363) og hans Søster Dronning Margrethes Død († 1412). Sandsynligviis har denne Prindses i Marmor udhugne Billede, der lige til Høichorets Omdannelse til kongeligt Gravkapel havde sin Plads sammesteds, oprindelig ligget over hans Grav i Høichoret ved det af Dronning Margrethe stiftede Trefoldighedsalter (8), men da man senere feilagtigen antog dette Marmorbillede for Kong Oluf Hagensens (9), og man tillige vidste, at denne Konge var begraven i Sorøe Klosterkirke hos sin Morfader Kong Waldemar Atterdag; saa maatte Hertug Christophers Gravsted som Følge af denne Misforstaaelse være hjemfalden til Forglemmelse.

I Høichoret fandtes fremdeles før dets Ombygning 1420 trende Altere. Disse lod Biskop Jens Andersen beholde deres Plads. Høialteret eller St. Lucii Alter stod mellem de tvende østligste Granitsviler; Maria Magdelenas Alter havde sin Plads op til den søndre, og Trefoldighedsalteret til den nordre Pille i Høichoret. Disse Altere stode her endnu længe efter Reformationen, og nedbrødes først i Aaret 1694, da Begravelseskapellet indrettedes sammesteds. De hertil hørende Altertavler ophængtes i Vor Frue Kapel, men flyttedes senere tilligemed meget andet af Høichorets ældre Inventarium til Ridbersalen over Christian den 1stes Kapel. Her henstode de til Aaret 1806, da de bortsolgtes ved en af Kirkens daværende Bestyrelse foranstaltet offentlig Auction over flere værdifulde Gjenstande, henhørende til Kirkens ældre Inventarium.

Om St. Lucii Alters Stiftelse haves ingen historiske Efterretninger, men vi have Grund til at antage, at dette Alter er lige saa gammelt som Optagelsen af denne Helgen til Skytspatron for Kirken, hvilket gaaer tilbage til Kirkens ældste Tider (10). Det 1806 bortsolgte St. Lucii Alter var imidlertid ikke det oprindelige Høialter af dette Navn. Saavel dets Construction som dets Malerier (11), af hvilke flere ere afcopierede i danske

Vitruv, tyde ikke hen paa en høiere Alder end fra Begyndelsen af 15de Aarhundrede, hvilket lader formode, at det hidrører fra Biskop Jens Andersens Tid. Alterskabets underste Parti var deelt i flere Rum, i hvilke de 12 Apostle af Sølv og en Christusfigur af Guld skulle have staaet. Disse Kostbarheder siges Kong Erik af Pommern at have berøvet Kirken (12). Dette Alter antages ogsaa at have været Gjemmestedet for Pave Lucius's med Guld og Ædelstene besatte Hovedskal, der var en af Kirkens meest anseete Reliquier, og som kun udstilledes paa Kirkens store Festdage. — Maria Magdalenas Alter havde sin Plads ved den søndre Pille. Heller ikke dette Alters Stiftelsesaar er bekjendt, men det omtales længe før Chorforandringen 1420. Paa dets Tavle var malet et Magdalenabillede, og i Alterskabet bevaredes flere kostbare Reliquier (13). — Trefoldighedsalteret, der var stiftet af Dronning Margrethe i Aaret 1396 (14), stod lige over for det forrige op til den nordre Pille. Paa Altertavlen saaes et Billede af Dronningen, knælende for den hellige Jomfru.

Blandt andre, ved Auctionen 1806 solgte Sager nævnes tvende vistnok meget gamle Træbilleder, der hængte hver paa sin Side af Høialteret. De forestilte Cherubim og Seraphim (15).

Ved Høialterets søndre Side stod Biskoppens tresædige Chorstol. Af de ældste Chorstole af dette Slags haves ingen tilbage her i Kirken. Biskopperne Niels Skaves og Lago Urnes Stole i nordre Sidegang og Sacristiet ere begge fra Begyndelsen af 16de Aarhundrede.

Høichoret var baade før og efter Aaret 1420 afskilt fra Kannikechoret ved et Trægitter mellem 9de Pillepar, dog saaledes, at Kong Haralds og Biskop Wilhelms Gravsteder efter deres Anbringelse i Pillerne hørte til Kannikechoret, og ikke som nu til Høichoret (16). Midt paa Gitteret var en Døraabning, over hvilken var anbragt et stort Crucifix, der hvilede paa Gitterets Hovedbjelke, og ved en Jernkjæde var gjort fast til Hvælvingen (17). Da dette Crucifix solgtes ved Auctionen 1806, og Kjøberen lod det ituslaa for at benytte Veddet til Brændsel, fandtes i Hulheden af Hovedet et prægtigt Guldkors med vedhængende Snor af sammenslynget Guld- og Silketraad. Mellem de tvende sammenlagte Plader, hvoraf Korset bestaaer, laa en Træsplint. Dets Forside er prydet med forskjellige Ædelstene, men det er uden nogen Indskrift eller Aarstal. Man henfører det almindeligt til Absalons Tid. Det kjøbtes af Regjeringen, og bevares nu paa Museet for nordiske Oldsager. Levningerne af det ituslagne Crucifix, hvoraf det halve Hoved endnu haves, tyde ikke hen paa en høiere Alder end fra Begyndelsen af 15de Aarhundrede. Det synes saaledes at være samtidig med Chorombygningen under Jens Andersen. Indtil for nogle og tyve Aar siden hængte en Pergamentstavle under hvert af de paa Pillerne malede Billeder. De indeholdt Epitaphier, affattede i latinske Vers, og tilskrives i Almindelighed Biskop Lago Urne. De ville blive anførte, hvor disse Pillegrave beskrives.

Ved Høichorets Indretning til kongel. Begravelses-Kapel, 1689—94, blev, som anført, det her nævnte Inventarium flyttet over i vor Frue Kapel. Det gamle Muursteensgulv maatte vige Pladsen for det moderne Flisegulv; Trægitteret mellem begge Chorpartierne afbrødes, og Gravhvælvinger anlagdes under Gulvet (18). I Gulvet fandtes dengang kun 5 Gravplader, der dog alle have ligget i Kapellerne eller nede i Kirken, og sandsynligviis ere flyttede til Høichoret (19) i Reformationens Dage, for at sikre dem mod mulig Overlast.

Det mærkeligste af disse Monumenter var en stor Messingplade med Indskrift og riig Ornamentering af drevet Arbeide. Den vides at have ligget over Biskop Niels Jepsens Grav i det af ham opførte St. Laurentii Kapel (20), og solgtes ved den ofte omtalte Auction 1806. Biskop Lago Urnes Liigsteen med Familievaaben og Randindskrift er flyttet fra samme Kapel, hvor ogsaa han laa begravet (21); og Catharina Nielsdatters Liigsteen med en qvindelig Figur og tvende Børn ved hver Side samt Randindskrift (22) er flyttet fra det af hende opførte Kapel, der bar hendes Navn, men som nedbrødes i Aaret 1617, for at give Plads til Christian IV. Gravkapel.

Ydre- eller Kannikechoret vides ikke at have havt noget Alter i den catholske Tid. En stor trearmet Messing Lysestage stod midt paa Chorgulvet (23), der indtil 1420 ligesom Høichorets Gulv var Begravelsessted for de meest ansete verdslige og geistlige Embedsmænd. Ved Forandringen i Aarene 1689—94 fandtes ikkun trende Liigsteen (24) i Chorgulvet foruden den, der endnu ligger der over Christopher Urne til Aagmark. Vi finde heller ikke synderlig flere angivne at være begravne paa dette Sted efter Aaret 1420. Foran Chorstolene stod Læsepulte med Bogskabe. Den af Biskop Jens Andersen opførte Muurbeklædning dækker vist meer end eet gammelt Kalkmaleri. Indtil Aaret 1694 fandtes en Tavle over Døren midt paa den vestre Tværmuur, hvorpaa Pave Lucius's Henrettelse var afbildet (25), og over begge Sideindgangene til Choret var anbragt et kunstigt Snitværk med Urnernes og Kirkens Vaabenmærker mellem tvende Hvalrostænder. Høit oppe paa den 9de Pille paa Sydsiden hængte tilforn Slibesteenen, som den svenske Konge sendte Dronning Margrethe, og paa den tilsvarende nordre Pille var anbragt en Jernstang med det Banner af Vadmel, den samme Konge sendte hende. Begge Antiquiteter nedtoges i Aaret 1659 af de Svenske, og forevises nu i Upsala Domkirke. I samme Pille var anbragt et lidet Skab, hvori Dronning Margrethes rigt broderede Kjortel forvaredes. Kannikechorets Gulv er først i 17de Aarhundrede lagt med Fliser, og i samme Aarhundrede anlagdes de derunder værende Gravhvælvinger. Ydresiden af den vestre Tværmuur var indtil dens Nedbrydelse i Aaret 1694 decoreret med 17 forgyldte, i Træ udskaarne Billeder af Apostle og andre Helgener, siddende i Stole (26). Længst mod Nord paa Muren hængte en Trætavle, hvorpaa St. Knud i fuld Rustning og med en rød Kaabe var afbildet. Omkring Hovedet stod: Sanctus Canutus Dux et Martyr. Paa tilsvarende Sted mod Syd hængte et Billede, der forestillede Jomfru Maria med det diende Christusbarn, ved hvis Fødder saaes tvende knælende Personer med Krone paa Hovedet (27). Ogsaa Sidemurene have udvendig været forsynede med Malerier af Helgener. Blandt saadanne fandtes endnu længe efter Reformationen uden paa den søndre Ringmuur tvende Billeder af St. Martinus Touronensis, af hvilke det ene forestiller Legenden om hans Bispevalg, det andet om hvorledes han skar en Flig af sin Kjortel, og gav den til en Krøbling. Et tredie Billede sammesteds forestillede den hellige Catharina med Hjulet (28).

Det kunde ikke være anderledes, end at Reformationsværkets Udførelse hos os maatte kræve sine Offere blandt de kirkelige Monumenter og Apparater; navnlig ved Fjernelse af Crucifixer, Monstrantser, Madonna- og Helgenbilleder, Vievands- og Røgelsekar. Ved Synoden i Antvorskov 24. Oct. 1546 bestemtes, at ikkun eet Alter med de for samme tilladelige Prydelser maatte taales i hver Kirke. Denne Bestemmelse blev ogsaa fulgt nede i Kirken og i dens Kapeller, hvorimod man ikke ansaa det for nødvendigt i denne Henseende at røre ved Chorpartierne, der da heller ikke benyttedes ved Gudstjenesten, og ved Ringmure vare ganske afsondrede fra den øvrige Kirke. Det eneste for Fremtiden benyttede Alter fik sin Plads nede i Kirken lige foran den vestre Opgang til Kannikechoret. Dette Alter, om hvis Udseende vi forøvrigt ikke have fundet nogen Efterretning, maatte i Begyndelsen af 17de Aarhundrede vige Pladsen for det af Kong Christian IV til Kirken skjænkede Alter, der efter Chormurens Nedbrydelse i Aaret 1694 (29) fik Plads i Ydrechoret, hvor det endnu staaer. Saa let det er at paavise de Steder i Kirken, hvor dets mangfoldige Altere have havt deres Plads (30), lige saa vanskeligt er det at navngive dem paa hvert af disse Steder, og, hvad selve Kirkens ældre Altere angaaer, formaae vi kun bestemt at angive Pladsen for St. Annæ Alter bag Choret, Apostelalteret og Vor Frue Alter. Det første havde sin Plads i Sacristiet op til Ydremurens østligste Pille, hvor Krogen til Altertavlens Anbringelse endnu sees paa Pillen, hvis Basis er borthugget for at anbringe Alterfoden. Apostelalteret, stiftet af Oluf Daa 1452, havde sin Plads vestligt i den midterste Gang ved Opgangen fra Vestibulen til Kirken (31); Vor Frue Alter, stiftet af Biskop Niels Skave 1494, havde sin Plads i Kirkens søndre Sidegang ved Kapitelhuusdøren, hvor endnu denne Biskops forgyldte Skjoldmærke hænger paa Muren og hans Liigsteen ligger neden for i Kirkegulvet. Hvad Helgenbillederne angaaer, da synes det, som om man her i Kirken har gaaet skaansommere tilværks. Foruden de allerede nævnte udskaarne og malede Billeder af dette Slags, der lige indtil Aaret 1694 havde deres Plads paa Ydresiden af Chorets Ringmuur, bevaredes til for nogle Aar siden Levningerne af et stort Glasmaleri i det nordre Korsvindue, forestillende den hellige Pave Lucius med Sværdet over den høire Skulder, hvilket tyder hen paa den Maade, hvorpaa han led Martyrdøden. Ja denne Helgens Billede er bevaret til vore Dage paa en Kobbertavle over Indgangen til det nordøstre Vaabenhuus (32). Indtil Reformationens Dage bevaredes fremdeles et kolossalt i Træ udskaaret Billede af samme Helgen, og da Biskop P. Plade bød, at dette Afgudsbillede skulde føres ud af Kirken, gik det Menigheden og især Dom= herrerne saa nær til Hjærte, at de tilskreve Kongen og bade om, at han vilde rædde denne deres Helgen og Skytspatron, formenende at dette Billede maatte henregnes til Kirkens Pry= delser, dem Kongen jo havde forbudt at borttage (33). Et andet stort Træbillede stod paa Omgangen ved Uhrskiven lige til for faa Aar siden. Det forestillede St. Georg i fuld Rust= ning til Hest, og stod saaledes i Forbindelse med Uhrværket, at Hesten stampede paa den nedenunder liggende Drage hver= gang Klokken slog. I Aaret 1694 afbrødes den vestre Tvær= muur mellem Choret og Kirken, Alteret flyttedes ind i Kannike= choret, der rensedes fra sit ældre Inventarium paa Chorstolene nær. Af dets ældre Gravmonumenter blev kun det over Dron= ning Margrethe tilbage, og Gulvet lagdes med Fliser, det gamle Trægitter tilligemed det derpaa hvilende Crucifix mellem begge Chorpartier borttoges, og det nuværende Gitter af Partisaner opsattes; Snitværket over Sideindgangene nedtoges, og begge Chorpartierne erholdt deres nuværende Udseende.

Af Kirkens ældste Maluing (34) findes intet Spor mere tilbage. Den ligger dybt skjult paa Mure og Piller under mange Lag Kalk. Disse ældste Kirkemalerier have hovedsage= ligen bestaaet i Billeder af Madonna, Christus, Apostle og Helgener, malede paa tør Kalk eller vel endog paa den af=

polerede Muurstensflade, saaledes som Christusfiguren, der ved sidste Restauration af Ringsted Klosterkirke kom frem paa en af Pillerne i Hovedskibet (35). De ældste Kirkemalerier af det Slags udmærke sig almindeligt ved Udtrykket af en from, religiøs Troe, og en naiv Fremstilling af Gjenstanden.

Foruden de anførte Klenodier og Kostbarheder, som Kong Erik af Pommern skal have berøvet Kirken, og som hverken Kong Christian I. Reclamation eller den tydske Keisers derom udstedte Befaling til Kong Erik var istand til at skaffe Kirken tilbage (36), omtales flere betydelige Reqvisitioner af Kirkens Skatte baade før og efter denne Tid. Saaledes erholdt Christopher I, Konge i Danmark 1252—59, flere Kostbarheder fra Roskilde Domkirke medens Jacob Erlandsen der var Biskop (37), men det var dog først under og efter Reformationen, at enhver Skaansel i denne Retning tilsidesattes af Regenterne. Kong Christian II requirerede saaledes Domkirkens Skatte i Aaret 1520 i Anledning af hans Rustninger til den svenske Krig, og kort derpaa gjorde Kong Frederik I og Grev Christopher af Oldenborg lignende Reqvisitioner (38). Hvad disse have levnet blev siden efter affordret Kirken i Aaret 1563 i Anledning af den forestaaende svenske Krig. Den 24. Mai indfandt sig 4 høitstaaende Embedsmænd med en kongelig Skrivelse og Trudsel til Kapitlets Medlemmer at lade dem lægge paa Pinebænken eller som det hed, "Ved Bøddelen at lade gjøre hver i Capitlet en Fod længere end de nu ere", hvis Nogen fordulgte hvor Kirkens liggende Fæ var skjult. Sacristanen Jens Nielsen tilstod da, at det var ham betroet af en dengang afdød Kannik at nogle af Kirkens Klenodier i Grevens Feides Tid vare indmurede i en gammel Skorsteenspibe "in vestibulo Sacristiæ", hvilket Sted da blev randsaget og det der forefundne "Guld,

Sølv og ædle Stene i Klenodier" borttaget, uden at Kapitlet engang fik at vide, hvormeget eller hvad der var forefundet og bortført (39). Ved samme Leilighed bortførtes Kirkens Pengeskrin, der havde sin Plads i Sacristiet, tilligemed hele den forefundne Pengebeholdning, der beløb sig til 4000 Daler "medt Guld och Sœillegaffue". Hermed skulde det imidlertid ikke blive, thi 4 Dage derefter d. 28. Mai indfandt sig atter tvende fra Kongen udsendte Mænd, som lode Kapitlet vide, at Kongen var kommet til Kundskab om, at der endnu skulde findes et Skrin i Kirken, der ikke var tømt. Underretningen herom havde man den Gang faaet fra en af Kapitels Brødre, "som Gud forlade hannom bode thette oc andet mere, som hand i lang tiid beviist haffuer" (40). Nok — Sacristanen maatte atter give den fornødne Underretning og paavise hvor dette repositorium var (41). Det Forefundne borttoges, uden at Kongen vilde give nogen Qvittering for Modtagelsen, da "hand ey haffuer Behoff att giffue Breff eller Quittants paa thet hannom self tillhöör"; hvorimod Kongens Secretair Lauge Brokkenhuus til Kapitlets Beroligelse siden underskrev en Fortegnelse paa det Borttagne, hvilken Sacristanen havde. I Gjemmet fandtes nogen Tid efter Cantor Hans Olsens Fortegnelse over de Klenodier, han i Grevens Feide havde nedsat i samme, nemlig et mærkeligt forgyldt Kors cum magna parte sanctæ crucis et multis aliis reliquiis; en forgyldt stor Fod, som hørte til Mariæ Magdalenæ Monstrants og veiede 7 løbig Mk. Sølv; et lidet Monstrants, veier 6 Mk. Sølv; et forgyldt Kors med Fod og mange dyrebare Stene, veier 92 Lod; en forgyldt Kalk og Disk 41 Lod, tilhørende St. Annæ Alter. Fremdeles følgende Klenodier i et Skrin: en Guldkrone med mange store og smaae Ædelstene, 33 Lod og 12 til samme Krone henhørende Stykker, V. $22\frac{1}{2}$ Lod;

et forgyldt Reliquiarium V. 92 Lod; et lidet Reliquiarium V. 5½ Lod; en forgyldt Kalk, V. 36 Lod; to store med Sølv beslagne Glas, hvori nogle Stene, som høre til den Monstrants Mariæ Magdalenæ Haand stod i. Fremdeles fandtes en anden Fortegnelse af en Kannik Albrett, der var med Hans Olsen i Grevens Feidetid at forvare Kirkens Skatte. Paa samme var anført som her i Skorsteenspiben indsat: Imago aurea, tabula aurea Reginæ Dorotheæ, Reliquiarium aureum, particula Domini, Reliquiarium manus Magdalenæ præter pedem. Item III annuli pontificales. Item parva massa aurea cum multis partibus aureis deplanatis, &c. &c. Ifølge den af Sacristanen Jens Nielsen i Forening med Kannik Søren Olsen affattede Fortegnelse over hvad de skjønnede ved denne Leilighed var bortkommet fra Kirken uden at kunne erholde nogen Qvittering derfor, udgiorde de rede Penge alene over 4000 Rbd.

Man skulde formode at alle Kirkens Skatte ved disse Udplyndringer vare udtømte, og dog gjordes siden et betydeligt Fund i Aaret 1571. I anførte Aar fandtes nemlig i et Hul i Muren en Guldkrone og 6 forgyldte Sølvkalke og Diske (42), men hermed synes ogsaa Kirkens sidste Levninger af Kostbarheder at være forsvundne, thi hvad Carl v. Mandern erholdt til Kunstkammeret i Frederik III. Tid indskrænkede sig nok til Oldsager, der kun havde historisk Værd (43). Det tidligere omtalte i Aaret 1805 tilfældigviis fundne Guldkors viser dog, at et enkelt værdifuldt Stykke kan være skjult saa godt, at ingen Efterforskning har kunnet komme paa Spor efter det.

En Mængde Reliquier vare i Tidernes Løb samlede her i Kirken. Biskop Svend Norbagge sendte adskillige dyrebare Gaver hjem til sin Kirke, da han paa sin Reise til det hellige Land var kommet til Constantinopel (44); og om Kong Erik Eiegod siger Saro, at da Keiseren i Constantinopel mærkede, at Kong Erik ønskede at erholde hellige Mænds Been, gav han ham adskillige Gaver beseglede med det keiserlige Segl, hvilke Kong Erik modtog med Taksigelse og sendte hjem til Danmark til Lund og Roskilde Kirke (45). Blandt de følgende Konger nævnes især Kong Christian I som gavmild mod Kirken i denne Retning. De Reliquier, som Pave Sirtus IV forærede ham under hans Ophold i Rom i Aaret 1474, saasom nogle Guldkors, Agnus Dei, et Stykke Træ af det hellige Kors samt mangfoldig Helligdom, Aflad, viede Haandklæder, Næseduge ɔc. ɔc. skjenkede han til det af ham stiftede hellig tre Kongers Kapel her i Kirken (46) og 10 Aar efter førte Enkedronningen tvende Hoveder af de 11,000 Jomfruer til samme Kapel.

II. Monumenter og aabne Begravelser i Kirken.

a. Hoichoret.

De fire Pillegrave.

Harald Blaatands jordiske Levninger siges at have hvilet i Hoichorets nordvestre Pille. Det eneste historiske Vidnesbyrd vi have herfor, er en af Biskop Lago Urne paa Pillen ophængt Pergamentstavle med Epitaphium i latinske Vers (47), og forudsat at denne Indmuring har fundet Sted i Aaret 1420, saaledes som vi i det Foregaaende have søgt at vise, kan Biskop Lago Urne, der næppe levede 100 Aar silbigere, ikke antages at have været ubekjendt med det for Kong Harald 1420 indrettede Hvilested. Men i denne Pille findes ikke mere Spor af noget Liig. Ved en for noget over 20 Aar siden anstillet Undersøgelse, siger Behrmann i sin Roskilde Domkirkes Beskrivelse, fandtes et fiirkantet Rum anlagt i Pillen neden under Billedet, men deri fandtes intet Spor af noget Liig. Aabningen ind til dette Rum var tilmuret med Flensborger=

steen, hvilket Materiale ikke ret længe har været i Brug her. Graven har vel været aabnet i det attende Aarhundrede, ved hvilken Leilighed de indmurede Levninger af Kong Haralds Liig m. m. sandsynligviis ere forsvundne. Udvendig paa Pillen har Biskop Lago Urne ladet Kong Haralds Billede male paa tør Kalk. Han sees i staaende Stilling med Krone og Scepter. Hovedhaar og Skjæg er lysebrunt, et over Skulderen hængende Skjærf brandguult, Vaabenkjortelen kastaniebrun, Bæltet himmelblaat og Strømperne brunrøde. Det afhugne Hoved foroven er et Symbol paa Kongens Martyrdød, og Figurerne ved Siden skulle forestille Christendommen og Hedenskabet. Ihvorvel de her angivne Farver hidrøre fra silbigere Reparationer, der kunne være foretagne med meer eller mindre Omhu, tyder dog Fremstillingsmaaden i Formerne hen paa Begyndelsen af det 16de Aarhundrede, i hvilken Tid fornævnte Biskop virkede saa troligt for de kirkelige Monumenters Bevarelse og Forskjønnelse. Neden under Billedet læses: Haraldus rex Daniæ, Angliæ et Norvegiæ, primus fundator hujus ecclesiæ, men denne saavelsom de andre Indskrifter paa Pillerne er næppe ældre end et Hundrede Aar, og hidrører sandsynlig fra Kirkens Opmaling i Aaret 1735.

Harald Blaatand, Søn af Gorm den Gamle og Thyra Dannebod, der begge bleve hvisatte i Jellinge ved Veile, er født c. 911, blev Konge ved Faderens Død c. 941, døbt 972, erobrede Norge 978 og dræbtes af Palnatoke Allehelgensdag d. 1. Nov. i eet af Aarene 985—91.

Den qvindelige Figur paa den nordøstre Pille i Høichoret skal forestille Kong Niels's Gemalinde Margrethe. Det fiirkantede Rum i Pillen, der dækkes af en blaa Sandsteen, formodes at indeslutte hendes Been. Ved ovenanførte Undersøgelse befandtes Rummet at være 10½ T. dybt, 20 T. høit og 29 T. bredt. De forefundne Been erkjendtes at tilhøre et qvindeligt Skelet. De vare fuldkommen hvide og laa i en vis Orden. Alle Tænderne vare tilstede i Kjævebenet og ubeskadigede. Overarmen bar Spor af et Brud, der var slet lægt. For denne Dronnings Begravelse her i Domkirken haves intet andet Beviis end et Epitaphie paa en Pergamentstavle, som Lago Urne ogsaa har ladet opsætte paa denne Pille (48), og selv i dette Epitaphie er denne Dronning forverlet med Knud den Stores Søster Estrith, saasom Dronning Margrethe ikke vides at have baaret dette Navn. Under Billedet paa Muurpillen staaer: Margretha, alias Estrith dicta, Regina Danorum. Om denne Forverling af tvende Fyrstinder, der vistnok begge ere begravne her i Kirken, hidrører fra Biskop Jens Andersens eller nogen andens (af Lago Urne benyttede) Overlevering, kan ikke afgjøres.

Margretha var en Datter af Kong Ingo i Sverrig, kaldtes Fredkulla (Fredspigen), fordi hun ved at ægte Kong Magnus Barfod i Norge stiftede Fred mellem denne Konge og hendes Fader. Efter Magnus Barfods Død 1103 ægtede hun 1105 Niels. Hun døde af Vattersoet d. 4. Nov. 1130. Paa sit Dødsleie formanede hun sin Søn Magnus, og tog det Løfte af ham ikke at bryde Freden med sin Frende Knud Lavard. Vi vide hvorledes han holdt dette Løfte.

Billedet paa den sydøstre Pille skal forestille Kong Svend Estridsen. Om denne Konges Begravelse her i Domkirken have vi historiske Vidnesbyrd, der berette, at han blev jordet i Høichoret samtidig med og ved Siden af Biskop Wilhelm (49). Ved den fornævnte Undersøgelse af Gravstederne her fandtes det i Pillen værende Rum at være 26 T. høit, 29 T. bredt og 15 T. dybt. Blandt de forefundne Been var Hovedet godt conserveret og i Underkjæven manglede kun een Tand. Laar- og Armbeen vare fuldstændige. I Rummet fandtes fremdeles en dreiet Træbaase med Laag, hvori laa nogle Træspaaner o: Reliqvier. — Under hans Billede staaer: Sveno Magnus, Rex Daniæ et Norvegiæ. Ogsaa hertil hører en af Lago Urne anbragt Pergamentstavle med Epitaphie i latinske Vers (50).

Svend Estridsen, Søn af Ulf Sprakeleg og Kong Knud den Stores Søster Estrith, og Stamfader til den følgende danske Kongeslægt, der paa Sværdsiden uddøde med Waldemar IV Atterdag, er født 1019, blev Jarl i Danmark 1042 og antog samme Aar Kongenavn; men kom først i Besiddelse af hele Riget ved Kong Magnus den Godes Død 1047; død Natten mellem 28de og 29de April 1074 eller 1076 i Landsbyen Subatorp eller Søderup i Slesvig, hvorfra hans Liig førtes til Roskilde og begroves 13 Dage efter hans Død her i Høichoret.

Billedet paa den sydvestre Pille i Høichoret skal forestille Biskop Wilhelm, hvem denne Kirke skylder sin Tilblivelse. Under Billedet staaer: Wilhelmus Episcopus Roskildensis. For Aabningen ind til Gravstedet i Pillen er anbragt en blaa Sandsteen, mellem hvilken og Muren der har dannet sig en Spræffe, hvorigjennem de indenfor liggende Been kunne sees (51). Ved den ommældte Undersøgelse fandtes disse samlede i en Tinkiste, omtrent saa stor som den indmurede Sandsteen. Det af Lago Urne opsatte Epitaphium (52), var her, ligesom dem paa de andre Piller, for nogle Aar siden saa strøbeligt af Ælde, at Kirkens Forvalter nedtog dem alle og tilstillede daværende Biskop Münter dem.

6*

Biskop Wilhelm, en Englænder, Kantsler og Kappellan hos Kong Knud den Store, Biskop i Roskilde 1047, fuldførte Kirkebygningen paa Choret nær, død 8de Mai 1074 eller 1076 i Skoven ved Topshøi, nær ved Ringsted, hvorhen han var draget Kong Svend Estridsens Liigtog imøde.

De fire Marmorsarcophager.

Kong Christian V havde den Plan at lade opstille Monumenter her i Choret for hans Forældre og Bedsteforældre. Til Christian IV. Monument havde Thura allerede gjort Modellen og en Tegning til Frederik III. Monument, men de politiske Forviklinger hindrede Christian V i at udføre denne sin Plan. Hans Søn og Efterfølger, Kong Frederik IV, forandrede Planen derhen, at lade opstille Monumenter for sine Forældre i det allerede da indrettede Gravkapel, medens det først blev vor Tid givet at udføre Kong Christian V. Plan og sætte Kong Christian IV et velfortjent Minde.

De 4 her opstillede Monumenter ere ægte Børn af det 17de Aarhundredes Kunst. De ere udførte i Rococostiil og udstyrede med al den svulstige Pragt, som fulgte Datidens fyrstelige Personer lige til deres sidste Hvilested. Fama holder de fyrstelige Portraitter og udbasuner deres Død. Deres Dyder og Bedrifter ere afbildede i Basreliefs og fritstaaende Figurer. Sørgende Engle og Qvinder med brændende Hjerter i Hænderne udtrykke den almindelige Landesorg. Overalt, hvor Kunstneren lader den souveraine Konge træde frem, er Kongemagtens ophøiede Storhed udtrykt i den dybe Ærbødighed, der vises hans Person. Alle 4 Sarcophager ere afbildede i danske Vitruvius, de tvende bagerste findes ogsaa afbildede hos Behrmann.

Figurerne, der ere anbragte paa de bagerste Monumenter, ere alle ustjønne, endog plumpe. Den jordiske Storheds Forgjængelighed er sindbilledlig givet ved et kronet Dødningehoved med Flagermusevinger, en Idee, der nærmer sig til det barokke (53). Selve Sarcophagernes Form er storartet og smuk. Det Decorative udmærker sig ved en flot Udførelse og røber stor teknisk Dygtighed. Portraitterne, der ere udførte i Relief paa tvende ovale Marmorplader med Bort af Egeløv, ere vel trufne. Arbeidet synes at være af nederlandsk Oprindelse, men Mesterens Navn vides ikke.

Paa Laaget over Christian V, der hviler i det sydøstre Monument (paa Tab. I betegnet ved Tallet 2), ligger et Crucifix samt en Pude med Rigsinsignierne. De tvende Figurer, der holde Portraitet forestille Retfærdighed og Overflødighed. Basrelifferne paa Nordsiden af Monumentet forestille Søslagene i Kjøgebugt og ved Marstrand, paa Sydsiden Wismars Erobring og Hamborgs Beleiring. Ved Hovedenden er anbragt det danske Rigsvaaben, ved Fodenden en Marmorplade med følgende Indskrift:

Augustissimus et Potentissimus Monarcha
Christianus Qvintus
Orbis Arctoi Gloria Felicitas-Gloia et Columen
Pietate et Justitia
Quarum Assertor Optimus, Ecclesiam Ædificiis ornatissimis,
Regna Incomparabili Universo orbi in videndo simul et venerando
Jure,
Supremum Regnorum Tribunal Purpura et ornatu splendido,
Civium mores Politiâ exquisitissimâ, urbem Regiam
Structurâ, amplitudine Commertiisque auxit et
Condecoravit, Virtutem ipsam nobili in Regia

Equestri Academia Educatione excultiorem
Certis in publico et statis Honorum gradibus erecti-
orem illustrissimi ordinis Dannebrogici Restitu-
tione, excelsoque simul generosæ Æmula-
tionis, Spiritu coelo digniorem præstitit
Fortitudine
qua pace et bello Maximus, fortissima in Imperii
securitatem Munimenta erexit,
Rura ipsa Borealia armis et ad Trophæa parato instruxit
Aratore,
Hostes superiorum temporum audacia plurimisque simul
Provinciis exutos strenue coercuit et in æquum redegit
Sociisque bellorum ab omnibus etiam desertus neminem
Deserens summa intrepidi pectoris constantia
Fidem ad miraculum usque religiossime
servavit
Omnibus denique virtutibus
Coelum propitians, terram emendans, seculum exornans
Anno
Imperii Trigesimo, Ætatis Quinquagesimo Quarto
Salutis mundi MDCXCIX
Mortalitatem explevit
Fama
Sideribus et Seculis
Vix circumscripta
Cineres
Hic inclusi.

Christian V, Søn af Frederik III og Sophia Amalia af Lauenburg, født i Flensborg 15. April 1646, hyldet som Thron=

følger paa Kjøbenhavns Slotsplads 12. Juli 1655, og i Norge 21. Juli 1656; modtog Arvehyldingen paa Faderens Vegne i Christiania 15. August 1661; blev Konge ved Faderens Død 9. Februar 1670; kronet og salvet i Frederiksborg Slotskirke af Biskop Wandal 7. Juni 1671, død efter 4 Aars Svagelighed (54) 25. Aug. 1699 i sit 54de Aar efter 29 Aars Regjering paa Kjøbenhavns Slot. Under den skaanske Krig 1675-79 indtoges Wismar med Storm 13. Dec. 1675; Slag ved Lund 4. Dec. 1676 og ved Landscrone 14. Juli 1677, begge under Kongens egen Anførsel. Niels Juuls Seier i Kjøgebugt 1. Juli 1677, Marstrands Erobring ved Kongens Halvbroder, Grev Ulrik Frederik Gyldenløve 23. Juli 1677. Hamborg cerneres af en dansk Hær i Mai 1686, Elephant- og Dannebrogsordenen oprettes 1. Dec. 1693. Alle ere enige i at rose denne Konge for personligt Mod og Tapperhed, samt for ædel, ridderlig Tænkemaade. Han dadles for hans altfor store Hang til Forlystelser, for Ødselhed og Uselvstændighed. Hoffet var under ham tydsk heelt igjennem.

Charlotte Amalias Sarcophag (Nr. 1) ved Siden mod Nord er ligesom hendes Gemals udført i hvidt Marmor og af samme Mester. Figurerne og den øvrige Ornamentering er udført paa samme Maade som hist. Hendes Portrait holdes af Gavmildhed og Selvprøvelse. Slangen og Dødningehovedet, der holdes af sidstnævnte allegoriske Figur ere Sindbilleder paa Synden og Døden. Paa den nordre Side af Monumentet forestilles i Relief Moderkjærlighed og Medlidenhed, uddelende Lægemidler til de Syge. Paa den modsatte Side: Gudsfrygt og Gavmildhed. Ved Hovedenden er anbragt det danske og hessiske Rigsvaaben i eet Skjold, ved Fodenden en Mamorplade med Epitaphium:

Charlotta Amalia

Celsissimi Principis Wilhelmi quarti Hassiæ
Cassellanæ Landgravi Filia
quam omnium gratiarum decore ditaverat natura
a
Christiano Quinto
in partem Coronæ et Thori associata
Anno MDCLXVII
Conjugio triginta duorum annorum
Regina optima Uxor suavissima
Exoptatissima in perenne Domus Augustissimæ Imperiique
Columen et Fulcrum Foecunditate
Mater fortunatissima
Sincero pietatis Amore, Celsitudine Animi Beneficentiâ.
Prudentia et inimitabili omnium virtutum
Heroicarum exercitio
Heroina maxima
Anno Ætatis sexagesimo quarto
Christi MDCCXIV
Prout a Coelo terris commodata ita Coelo recepta,
De atrata, erepto Rege conjuge desideratissimo bis septem
Annorum solitudine tristissimisque quas memini
Unquam mortalium in Terra voluit
Lacrymis;
Nunc inter coelites æternum triumphans
Anima Beatissima
Mortales,
Quæ hic conditæ sunt,
Terris reliquit
Exuvias.

Charlotte Amalia, Datter af Landgrev Wilhelm VI af Hessen-Cassel og Hedevig Sophie af Brandenburg; født 27. April 1650; ægtede Kronprinds Christian 25. Juni 1667 (Brylluppet stod paa Nykjøbing Slot uden al Pragt); død paa Charlottenborg Slot, som hun havde kjøbt af Gyldenløve, 27. Marts 1714. Riegels siger om hende, at hun besad Alt, hvad der hos Qvinden udfordres til at grundfæste huuslig Lykke. Hendes Gemals Forhold til Sophie Amalie Moth, og den Maade, hvorpaa Svigermoderen, Sophia Amalia, behandlede hende, bidrog ikke til at gjøre hendes Dage blide.

De forreste Sarcophager ere forfærdigede af Billedhugger Didrik Gerken efter Generalbygmester Laurids Thuras Tegning (55), men staae i kunstnerisk Henseende ikke lidet tilbage for de bagerste. De større Figurer ere høist affecterede; de smaa Engle-figurer derimod ret indtagende og de allegoriske Figurer paa Foden af Kisterne ere tiltalende og udmærke sig ved en vis kokét Ynde. Sarcophagernes Form er mindre storartet og Orna-menteringen smaalig i Sammenligning med de bagerste Kister. Udførelsen vidner i det Hele taget om Kunstens Forfald. De ere udførte i hvidt Marmor og stillede paa Fodstykker af sort og rødt indsprængt Marmor. Endnu i Aaret 1734 vare disse Sar-cophager ikke opsatte (56).

Frederik IV. Monument paa Sydsiden (Nr. 4) har paa Laaget en sørgende Engel med Tavle og Kongens Navnetræk. Fama holder Kongens Portrait udført i Relief paa en oval Marmortavle, hvorved Rigsinsignierne ligge. Et Crucifix ligger ligesom paa de bagerste. Relieferne, der ere udførte med en vis Fiinhed, fremstille paa Sydsiden: Victoria, udbasunende Seire til Lands og til Vands og Vornedskabets Ophævelse; paa Nordsiden: Oprettelsen af Landmilitsen og Landsbyskolerne. Nedenfor paa Foden er anbragt allegoriske Figurer, passende til Reliefferne. Paa Hovedenden sees en sørgende Qvinde med et brændende Hjerte. Paa Fodenden er anbragt en Figur, der forestiller Tiden, holdende en Marmorplade med følgende Indskrift:

Regii cineres
Augustissimi et Potentissimi Domini
Frederici Quarti,
Dan. Norveg. Vandalor. Gothorumque Regis,
Etc. etc. etc.
Pii, Invicti, Patris Patriæ
Bello Gloriosi, Victoria Æqui, Pace Indulgentissimi,
Qui In Omnibus
Domini Sibi Adjutoris
Præsidio Nixus,
Ut suorum Salutem Procuraret,
Nulli Laborum Magnitudini,
Nulli Fortunæ Inconstantiæ
Succubuit:
Postque
Imperium Amplificatum,
Regnorum Jura Vindicata,
Æterni Dei Cultum Ad Dissitissimas Gentes
Propagatum,
In Optatissima Pace
Et Pari Populorum Veneratione,
Illud Senectutis Confecit Spatium,
Quod Illustrium Factorum Potius, Quam Annorum
Multitudine Æstimandum,
Consumata Demum Virtus Absolvit.

Natus die XI Octobr. Anno MDCLXXI
Decessit Nocte Natalem suum insecuta Anno MDCCXXX
Completo Ætatis LIX.
Regnavit Annos XXXI. Mensem I. Dies XVI.

Frederik IV, Søn af Christian V og Charlotte Amalie af Hessen, født paa Kjøbenhavns Slot 11. October 1671 og døbt samme Dag af Hofpræsten, Mag. H. Leth, i hvilken Anledning Kongen udnævnte de første 19 Riddere af Dannebroge. Hans Opdragelse var mere tydsk end dansk; Konge efter Faderens Død 25. Aug. 1699; krones og salves af Bistop Bornemann paa Frederiksborg 25. April 1700; død efter en treaarig Sygdom af Vattersoet Natten mellem 11. og 12. October 1730 i Odense paa Tilbagereisen fra Holsteen. En troværdig Samtidig (57) skildrer Kongen saaledes: "Han er mild, menneskekjærlig, ordholdende og gudfrygtig, men han er mistænkelig, ubestemt, gjerrig, let at komme i Gunst hos, men vil selv regiere. Siden sit andet Ægteskab (1721) er han ikke mere usædelig og forlystelsessyg".

Dronning Louises Monument, paa Tab. I betegnet ved Tallet 3, er ligesom hendes Gemals udført efter Christian VI. Ordre. Relieferne paa Sydsiden forestille Gudsfrygt (Dronningen sees nedlæggende den jordiske, og gribende efter den himmelske Krone) og Medlidenhed; og paa Nordsiden: Gavmildhed og Ædelmodighed. Forøvrigt er Monumentet ligesom Frederik den Fjerdes. Paa Fodenden læses følgende Indskrift:

D. O. M.
Augustissima et Serenissima Domina
Lovisa,
Reginarum Optima et Sanctissima,

Gustavi Adolphi Megapolitani
Ac
Magdalenæ Sibyllæ Holsaticæ
Filia,
Frederici Quarti,
Dan. Norveg. Vandal. Gothorumque Regis
Conjux,
Christiani Sexti,
Dan. Norveg. Vandal. Gothorumque Regis,
Et
Charlottæ Amaliæ
Dan. Norveg. etc. Principis Hereditariæ,
Quos solos ex XXV Annorum matrimonio superstites habuit,
Mater,
Regnorum Populorumque delicium viva,
Mortua desiderium ineffabile,
Religione incomparabilis,
Pietate admiranda,
Cunctis regalibus virtutibus fulgentissima
Mortalitatis reliquias
Hic deposuit.
Nata Gustroviæ Anno MDCLXVII die XXVIII Augusti
Obiit Hafniæ Anno MDCCXXI die XV Martii.

Dronning Louise, Datter af Gustaf Adolf, Hertug af Mecklenborg-Güstrow og Magdalena Sibylle af Holsteen-Gottorp, er født 28. Aug. 1667; holdt Bryllup med Kronprinds Frederik 5. December 1695 i Kjøbenhavn; kronet med Kongen 15. April 1700; døb i sit 54de Aar 15. Marts 1721; bisat her i Kirken 2. April s. A., efterladende sig et dyrebart Minde hos det danske Folk. Historieskriveren, Andreas Höyer, skildrer Dronningen som et Mynster paa alle Dyder. Kongens Forhold til Viereck, Schindel og Anna Sophia bar hun med Taalmod.

Helgenbillederne i Høichoret.

De under Halvrotundens Vinduer anbragte 17 Billeder, omsnoede med Viinløv, ere næppe ældre end fra Lago Urnes Tid, men restaurerede i Aarene 1736 og 1828 (58). De forestille, naar man begynder fra Sydsiden: a) Pave Lucius med tredobbelt Krone, Bispestav og Bog; b) Matthias med Øxen; c) Apostlen Thomas med Spydet; d) Apostlen Matthæus med Bog og Pen; e) Apostlen Jacob den Ældre med Concastaven; f) Evangel. Johannes med Bægeret; g) Apostlen Peter med Nøglen; h) Maria; i) Apostlen Bartholomæus med Kniven; k) Christus med Kalk og Disk; l) Apostlen Paulus med Sværdet; m) Apostlen Andreas med Andreaskorset; n) Barnabas med Stenen i Haanden; o) Apostlen Simon med Saugen; p) Apostlen Philip med Philipskorset; q) Apostlen Jacob den Yngre med Stav og Flaske; r) Knud den Hellige med Scepter og Rigsæble.

Gravhvælvingerne under Høichoret.

Nedgangen til Begravelserne under Høichoret er i Sacristiet.

I den forreste Række af de her staaende Kister hvile 2 Sønner og 4 Døttre af Kong Frederik VI og Dronning Maria Frederikke, samt en Datter af Frederik IV og Louise (Tab. II).

Christian, f. 22. Sept. 1791; død den følgende Dag.
Maria Louise, f. 19. Nov. 1792; død 12. Oct. 1793.
Louise, f. 21. Aug. 1795; død 7. Dec. s. A.
Christian, f. 1. Sept. 1797; død 5. Sept. s. A.

Louise Juliane, f. 12. Febr. 1802; død 23. f. M.

Frederikke Maria, for tidlig født 3. Juni 1805; d. 14. Juli f. A.

Kisterne ere af Træ; de 5 ere overtrukne med Fløiel med Ornamenter af Guldbrokade. Sølvplader med Epitaphier ere anbragte paa alle Laagene. Prindsesse Louises Kiste er overtrukken med hvidt Atlask.

Længst mod Nord i samme Række ligger Prindsesse Charlotte Amalia, en Datter af Frederik IV og Dronning Louise, født 6. Oct. 1706; død 28. Oct. 1782; bisat her i Kirken 18. Nov. f. A. Hun var almindelig afholdt for sin Velgjørenhed. Stiftelsen til Opdragelse af trængende Børn af alle Stænder i Kjøbenhavn skyldes hende. Kisten er af Træ, overtrukket med Fløiel med Ornamenter af Guldbrokade. Hendes Navnetræk og det danske Vaaben i Guld- og Sølvbrokade ere anbragte paa Siderne.

I anden Række (fra Nord mod Syd):

3 Børn af Frederik IV og Louise:

Christian, f. 28. Juni 1697; død 1. Oct. 1798.

Frederik Carl, f. 23. Oct. 1701; død 7. Jan. 1702.

Georg, f. 6. Jan. 1704; død 4. Marts f. A.

De tre smaa Kister ere overtrukne med Fløiel, men uden Epitaphier og Ornamenter.

Louise, Datter af Christian VI, født 29. Juni 1724; død 21. Dec. f. A. Paa Kistelaaget er anbragt Navnetræk med Krone ɔc. af Sølv.

Derefter følge 3 Døttre af Arveprinds Frederik og Sophie Frederikke.

Den Ældste, født og død 19. Sept. 1781.

Den Næstældste, født og død 4. Marts 1783 og

Juliane Maria, f. 2. Mai 1784; død 28. Oct. f. A.

De tre smaa Trækister ere betrukne med Fløiel og ornerede med Guldbrokade. Sølvplader med Epitaphier ere anbragte paa Laagene.

Dernæst følge 2 Børn af Frederik V og Louise:

Christian, Kronprinds; f. 7. Juli 1745; død 3. Juni 1747.

En dødfødt Søn 19. Dec. 1751. Denne Fødsel kostede Dronningen Livet.

I bagerste Række ligge fra Syd mod Nord:

Sophie Christiane, Markgrevinde af Brandenburg-Culmbach, Moder til Christian VI. Dronning, født 24. Oct. 1667; død 23. Aug. 1737. Kisten er af Tin, betrukket med Fløiel, orneret med Guldbrokade. Paa Laaget ligger det brandenburgske Vaaben med Krands og Krone, Grevindens Navnetræk, en Plade med Indskrift og en Figur, forestillende Døden med Lee og Timeglas, Alt af Sølv, stærkt forgyldt.

Sophie Caroline, en Datter af Fornævnte og altsaa Dronningens Søster, født 31. Marts 1707, død som Enkefyrstinde af Ostfriesland 7. Juni 1764. Kisten er betrukket med Fløiel og garneret med Sølvgalloner. Paa Laaget et kronet Navnetræk og en Sølvplade med Epitaphium.

Herefter følge 4 Børn af Christian V og Charlotte Amalia:

Christian, f. 25. Marts 1675; død paa en Reise til Italien
    i Ulm af Børnekopper 27. Juni 1695; bisat her i Kirken 11. Sept. s. A. Kisten er af Tin.

Wilhelm, født 21. Febr. 1687; død paa Kjøbenhavns Slot
    i Meslinger 23. Nov. 1705. Kisten er overtrukket med Fløiel.

Carl, født 26. Oct. 1680; reiste udenlands 1694—99; valgt
    til Coadjutor i Stiftet Lübeck 1701 og til Bistop 1705, men kom aldrig i Besiddelse af Stiftet. Død ugift paa

Wemmetofte, hvor han tilbragte sine sidste Aar under vedvarende Svagelighed, 8. Juli 1729; bisat her i Kirken 28. Juli s. A. Kisten er betrukken med Fløiel. Paa Laaget er anbragt en Sølvplade med Epitaphium.

Sophie Hedevig, født 28. Aug. 1677, død ugift paa Charlottenborg Slot 13. Marts 1735. Hun henlevede sin meste Tid med Broderen, Carl, paa Wemmetofte, hvilket Gods de skjenkede til deraf at oprette et adeligt Frøkenkloster. Hun var stedse ugunstig stemt mod sin Stedmoder, Dronning Anna Sophie, og bidrog tillige med sin Yndling, Carl Ples, sit til den haarde Skjæbne, der siden ramte denne Dronning.

b. Ydre- eller Kannikechoret.

Den eneste Liigsteen, der blev liggende i det ydre Chorgulv efter Forandringen i Aaret 1694, er den over Christopher Urnes murede Gravsted. Paa Stenen er udhugget hans og hans Hustru Fred. Sophie Lindenows Familievaabner og Navne. Under Stenen er en muret Trappe ned til Gravhvælvingen, der har et Lufthul gjennem Chorets søndre Muur. Foruden disse staaer her en tredie Kiste, der gjemmer Støvet af deres Datterdatter, Sophie Cathrine Friis. I Epitaphiet over Chr. Urne kaldes han Herre til Aagmark, Ridder og Danmarks Riges Raad, kongel. Majestæts Befalingsmand over Halsted Kloster udi Laalland; død 1663. Han var tilstede ved Arvehyldingen 18. Octbr. 1660, og bar Kongekronen ved Processionen. Hans Hustru var en Datter af Hans Lindenow, Herre

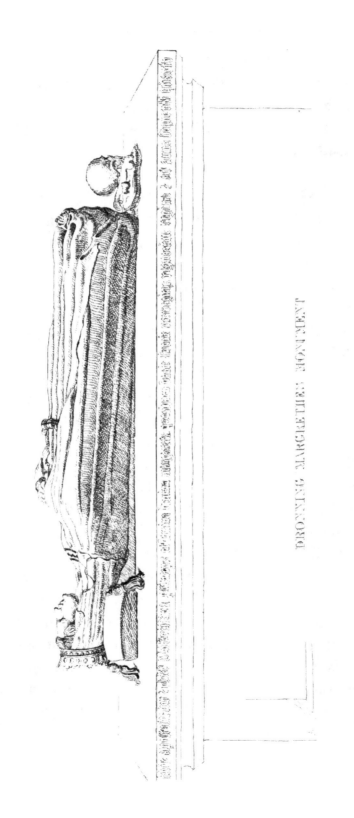

DRONNING MARGRETHES MONUMENT

til Hundslunds Kloster, kongel. Befalingsmand paa Hindsgavl og Sophie Rantzow til Søgaard. Datterdatteren, Sophie Cathrina Friis, blev kun 1 Aar 4 Maaneder gl., og var en Datter af Jürgen Friis til Lindholm, kongel. Befalingsmand paa Vardøhuus og Helvig Sophie Urne.

Dronning Margrethes Monument (Tab. I, 5).

Dette Monument har Kong Erik af Pommern ladet forfærdige og opsætte i Aaret 1423, og er saaledes det ældste fyrstelige Gravmonument, der haves her i Kirken.

Sarcophagen, hvori Liget ligger, er bygget i Form af en Piedestal, paa hvis Laag Dronning Margrethe, udhugget i en graaagtig Marmor, sees liggende med Krone paa Hovedet og forslagte Hænder som paa lit de parade. Piedestalen er sammensat af blaaagtige Marmorplader, overstrøgne med sort Oliefarve. Figuren er 63 Tommer lang; Laaget, hvorpaa den hviler, er 4 Al. 3 Tommer langt og 1 Al. 19 Tommer bredt. Hosføiede Afbildning viser Monumentet i sin nærværende Tilstand. Ansigt og Hænder ere udførte med en Fiinhed, der røber en øvet Kunstner; Hovedlinet, Kappen og Kjortelen ere i den Tids Stiil med stive Folder, der ikke rette sig efter Figurens liggende Stilling. Mesterens Navn vides ikke. Den beskadigede Deel af Ansigt og Kappe er med Omhu restaureret 1847. Kappens Folder bære Spor af betydelige Beskadigelser samt en forsvunden med Guld belagt Bræmme langs Ydrekanten. Den fremragende høire Fodspidse maa antages at være en senere Tids Tilsætning, thi Fødderne pleie at være bedækkede paa det bedre Sculpturarbeide fra den Tid, hvortil dette Monument maa henregnes. Afbildninger af lignende Monumenter kunne sees i Forsters Histoire de Pologne. Figuren har tidligere ligget længere op mod Hovedenden af Piedestalen. Dertil henvise idetmindste Sporene af den Ramme, som tidligere omgav Figuren og som mod Hovedenden sluttede sig til en Baldakin, af hvilken Levninger sees paa den i den danske Vitruvius givne Afbildning af Monumentet. Af det danske Rigsvaaben, som ifølge en Fortegnelse af Monumenter i Roskilde Domkirke fra c. 1680 skal have staaet henimod Hovedenden, er Intet tilbage. Et tilkittet Hul, hvor det ved en Nagle har været befæstet paa Laaget, minder endnu om Stedet, hvor det har været anbragt. Paa anførte Sted hedder det nemlig: "Ved hendis Hoved, som hun ligger, er en Krone, og ved Enden over er Danmarkis Vaaben afmalit, tre Kroner i blaa fældt, tre Løver og Hjærter i gul fældt, Griffer udi rødt fældt, to Løver udi gul fældt og tvert over alt et rødt Kors. Neden runden om Monumentet er to Rader af Alabast Billeder, hvoraf en stor Deel er udi stycker og nogle borte". Ifølge en i Træ udskaaren meget gammel Afbildning af Monumentet, der haves i Museet, har Figurens Hoved hvilet paa tvende korslagte Puder. Den nuværende Pude med de snoede, forgyldte Qvaster røber ogsaa en senere Tid, hvilket ligeledes er Tilfældet med det for Fodenden anbragte Dødningehoved. Alle fire Sider af Sarcophagen have oprindelig været prydede med Sculpturarbeider i en gulagtig Alabast. Efter de Levninger, der heraf ere tilbage, har Hr. Billedhugger Scholl 1847 udført et fuldstændigt Udkast til Monumentets Restauration, som dengang var paatænkt. Det vilde tilvisse være af stor Interesse, hvis dette Forarbeide kunde blive benyttet og en Restauration af Monumentet komme til Udførelse, saameget mere som det gjorte Udkast ifølge Kjenderes Dom er udført med Talent og Sagkyndighed. Det oprindelige Sculpturarbeide har dannet tvende Rækker Alabast-

Figurer i Hautrelief, 8 i hver Række paa begge Siderne. Den underste Række har ifølge de tilbageværende Levninger bestaaet af Apostle og nogle af Christi Disciple; den øverste Række af Helgener. Paa Hovedendestykket synes Emnet til Figurerne i alle fire Feldter at være taget af Christi Lidelseshistorie. Paa Fødendestykket har Hr. Scholl anbragt saadanne Helgenfigurer, der hos os vare meest bekjendte, hvortil de tilbageværende Levninger ogsaa vise hen. De anførte Figurer have været anbragte i gothiske Indfatninger med taarndannede Rammestykker, hvis Ledføininger vare udhævede ved paalagt Guld og Farver. Rigsvaabnet savnes paa Hr. Scholls Udkast. Omkring alle fire Sider har været anbragt et Jerngitter, der dog ikke har kunnet beskytte disse Ornamenter for Tilintetgjørelse. Ved Fodenden af Monumentet sees i den danske Vitruvius en Stang opsat. I Michel Hansen Jernskjægs "Roskilde Domkirkes Beskrivelse saadan som den war at see Anno 1685" omtales Monumentet med disse Ord:

"Med runde smidet Jern ret runden om bestichet
Foruden seer jeg Monch og Monch ved Monchen sidе
De Allebaster Mænd, med Messesærcher vide
Med Monche Huer paa dog nogle Er forstötte
Som Rönningsmænd de her af disse Lande flötte
De sjunger Messe nu med Steen forstummet Vise
De kand ei Himmerig eiheller skers Ild priße
Dog staar de Rad i Rad om dig du Dronning mægtig
De have været vist i Pavens tro sambrægtig
Ved dine Föder staar en Jernstang spiß og höyet
Hvorpaa saa mangt et Lius for dig er bleven bröyet."

Paa Platten af Monumentets Laag læses følgende Inscription, der er malet med forgyldte Munkebogstaver:

Anno domini millesimo quadringentesimo duodecimo, in die sanctorum symonis & iude apostolorum, obiit illustrissima princeps et domina domina margareta quondam dacie swecie norwegieque regnorum regina, at anno sequenti quarto nonas iulii hic sepulta est, quam cum tota posteritas digne ut meruit simul honorare nequeat, hoc opus in eius memoriam magnifici principis erici regis moderni sumptibus est constructum. 1423.

Dronning Margrethe, en Datter af Kong Waldemar Atterdag og Helvig eller Hedevig af Slesvig er født 1353 paa Søborghuus og døbt sammesteds af Biskop Henrik af Roskilde; trolovet 1359 og gift 1363 med Kong Hakon VI i Norge; Formynderske for sin Søn Kong Oluf indtil hans Død 1387; valgt af de danske Stænder og hyldet til regjerende Dronning paa Landsthinget ved Lund og i Domkirken sammesteds, ligeledes i Norge 1388; vandt Sverrig i Slaget ved Falkjøping 1389; stiftede Calmarforeningen 1397; fik sin Søsters Dattersøn Erik af Pommern valgt til Medregent og Efterfølger i alle tre Riger; død 28. Oct. 1412 ombord paa et Skib i Flensborg Havn. Margrethe synes selv at have bestemt at ville hvile hos sin Faber og sin Søn i Sorøe Klosterkirke, og derhen bragtes ogsaa hendes Liig strax efter hendes Død; men Aaret efter lod den roskildske Biskop, Peter Jensen, det med Magt bortføre uden Abbedens og Conventets Minde og hensatte i Roskilde Domkirkes Chor (59), hvor Kong Erik i Aaret 1423 lod hende sætte nærværende Gravmonument. Hun var Nordens første og eneste af Folket hyldede herskende Dronning. "Døden", siger en svensk Historieskriver, "gjorde Ende paa hendes Liv, men ikke paa hendes Berømmelse, der vil leve til evige Tider."

M460

SNITVERK OVER CHORSTOLENE

Chorstolene med tilhørende Snitværk.

De tvende Rader Chorstole, 21 paa hver Side, med tilhørende Rygbeklædning, Ornamenter og Billedtavler, Alt af Egetræ, har Biskop Jens Andersen ladet opsætte i Aaret 1420. Stolene ere indtappede i Fodstykket og Rygbeklædningen og have gjennembrudte Sidestykker med gothiske Ornamenter. Armstykkerne ende i Menneske- og Dyrehoveder; Rygbeklædning er afdeelt i Felter, svarende til Stolene, og ende foroven med et gjennembrudt Ornament, der varierer i smagfulde Mynstre. Over dette Ornament er stillet en Række af tilsvarende Tavler med bibelske Billeder i stærkt ophøiet Arbeide, heldende ud over Stolene som Smaahimle eller Baldakiner. Dette Snitværk er vel blottet for Cultur, men det bugner af en Naivitet, hvis ofte comiske Virkning vistnok ligger i Arbeidets Plan. Mesteren, der vel har været en blandt Kirkens Tjenere, har i dette Arbeide gjengivet sin Tidsalders fromme Tro, og saa lidet har han kunnet rive sig løs fra sin Tid, at han gjennemgaaende har klædt sine bibelske Figurer i Datidens Dragter og givet de bibelske Billeder reent catholske Characterer. Riddere og Præster ere klædte i Middelalderens Dragter, og Hoffolk ere iførte udskaarne Klæder, som de omtales i vore Kjæmpeviser. Hosføiede Radering giver ikke alene et tro Billede af tvende blandt disse Tavler, men udtrykker tilmed Characteren, der gaaer gjennem dem alle. De til Afbildning valgte Tavler forestille Davids og Salomons Kroning samt Salomons Dom. David er iført en Hofdragt med udskaarne Ærmer. Til Høire i samme Ramme sees han som Olding paa Dødsleiet at krone Salomon, der knæler foran Leiet med foldede Hænder. Bathseba knæler ved Sønnens Side og understøtter den unge Konge med begge Hænder. Hun bærer om

Livet et Bælte med Smykker af samme Slags, som dem, der sees paa Dronning Margrethes Marmorfigur, henhørende til den Tids Prydelser. De tvende Figurer paa den modsatte Side af Leiet, der folde Hænderne paa Datidens Viis, skulle vist forestille Geistlige. I den anden Billedtavle, der forestiller Salomons Dom, er den kongelige Persons Figur bleven et Offer for Mesterens naive Lune, og det Samme gjælder om den hosstaaende Rettens Tjener, der bereder sig til at fuldbyrde Dommen. — Billedgrupperne paa den nordre Side af Choret høre alle til det nye Testamente og fremstille navnlig de vigtigste Momenter af Christi eget Levnetsløb lige til Himmelfarten og Overtagelsen af hans himmelske Dommerembede. Efter disse Momenter synes Valget af Emnerne, der ere hentede fra det gamle Testamente, at rette sig, saaledes at hver af Billedtavlerne paa den søndre Side ifølge en allegorisk Fortolkning svarer til en af Tavlerne paa Nordsiden. Saaledes skal Kobberslangens Ophøielse være en Allegori paa Christi Korsfæstelse; Joseph, som drages op af Brønden, paa Christi Opstandelse; Samson, som bærer Assa's Porte, paa Korsbøret; Daniel i Løvekulen paa Christi Nedfart til Helvede ɔc. ɔc. Paa den nordre Side ere Billedgrupperne indlagte i rosetformige Rammer og gjennemslyngede af Baand, hvorpaa er anbragt 4 Bibelsprog af det gamle Testament efter Vulgata. I hvert Hjørne sees Billedet af den hellige Skribent, hvis Ord, udgaaende fra hans Mund, ere anbragte paa Baandet. Paa den søndre Side ere følgende Emner, tagne af det gamle Testamente, behandlede af Kunstneren: 1) Englenes Skabelse; 2) Evas Skabelse; 3) Abels Mord og Cains Straf; 4) Noahs Ark; 5) Abraham, der vil ofre Isac; 6) Jacob brydes med en Engel; 7) Joseph drages op af Brønden og hans blodige Kjortel vises frem for Faderen;

8) Moses slaaer paa Klippen og Vandet udstrømmer; han modtager Lovens Tavler af Jehova; 9) Aron erholder Guldringene; Guldkalven tilbedes; 10) Israeliterne bides af Slanger, men frelses ved Kobberslangen, som ophænges og tilbedes; 11) Samson dræber Løven og bortbærer Assas Porte; 12) Saul falder i sit Sværd, hans Hoved bringes til David; 13) David og Salomon krones; 14) Salomons Dom; 15) Elias farer til Himlen, Elisæus opvækker Enkens Søn; 16) Holophernes beværtes, Judith afhugger hans Hoved; 17) Esther antages af Ahasverus, Vasti gaaer bedrøvet bort; 18) Lynilden dræber Jobs Børn, Jobs Sygdom; 19) Daniel i Løvekulen; Habakuk føres ved Haaret af en Engel til Daniel; 20) Jonas udkastes af Hvalfisken; 21) Jødernes Kamp under Maccabærne, deres Fjender bruge Elephanter i Kampen; 22) Marias Bebudelse; 23) Johannes fremviser Lammet. Paa Endestykkernes indvendige Side staaer Moses med Lovens Tavler mod Øst; Christi Daab mod Vest. I Glorien omkring Herrens Hoved læses: ille est filius meus primigenitus &c. Paa Ydresiderne er Syndefaldet og Uddrivelsen af Edens Have fremstillet paa det østre Endestykke, Pave Lucius og Kirkens Vaaben paa det vestre.

Billedtavlerne paa den nordre Side af Choret fremstille følgende Momenter af Christi Levnetsløb: 1) Christi Fødsel; 2) Jesubarnets Tilbedelse af de tre Konger; 3) Marias Rænsdselse, Offeret bestaaer i tvende Duer og paa Alteret ligger en opslagen Bog hvori staaer: suscepimus &c.; 4) Barnemordet i Bethlehem; 5) Maria Magdalena tvætter Herrens Fødder; til Simon siger han: habeo tibi aliquid dicere; 6) Lazarus's Opvækkelse; 7) Jesus holder sit Indtog i Jerusalem, ridende paa et Æsel; 8) Tempelrændselsen; 9) Nadveren; 10) Judaskysset og Christi Paagribelse, Petrus og Malchus; 11) Tornekroningen; 12) Korsbyret; 13) Korsfæstelsen; 14) Gravlægningen; 15) Nedfarten til Helvede; 16) Opstandelsen; 17) Christus som Urtegaardsmanden med Spaden i Haanden, talende til Maria Magdalena; 18) Thomas's Vantroe; 19) Himmelfarten; 20) Pintsefesten; 21) Christi Ophøielse ved Faderens høire Haand; 22) Christus som Dommer og Verdensherre. Paa Endestykket mod Øst sees indvendig Johannes med Bog og Pen (60), udvendig den store Christoffer vadende gjennem Vandet med Jesubarnet paa sine Skuldre. Paa Indresiden af det vestlige Endestykke forestilles St. Michaels Kamp med Dragen, paa Ydresiden St. Knud med Danmarks Vaabenskjold. De tvende Taarne i udviklet gothisk Stiil, der slutte sig hertil mod Vest, siges at være udskaarne af en blind Kunstner. Over Billedtavlerne læses følgende Indskrift med gothiske Bogstaver i ophøiet Arbeide:

In honorem sancte et individue trinitatis ac beati Lucii Pape et martyris sacrosancte hujus ecclesiæ patroni de ordinatione pariter et expensis venerabilis in Christo patris et domini Johannis dei gratia episcopi roskildencis completus est chorus iste anno ab incarnacione Dm. milesimo quadringentesimo vicesimo, pontificatus sui anno quarto ob remedium animarum sue illustrissime Regine margarete totius cleri fautricis hic sepulte et carissimi patrui sui domini petri episcopi predecessoris sui recolende memorie, hac quippe regina regnante regnorum incolis ubique succes. erat valeat igit. et valeant, qui nos valere velint (61).

Alteret.

Det nærværende Alter havde sin Plads nede i Kirken, foran Opgangen til Ydrechoret indtil den vestre Tværmuur nedbrødes i Aaret 1694, da det fik sin nærværende Plads. Det er skjænket her til Kirken af Kong Christian IV og stod tidligere i Frederiksborg Slotskirke (62). Af de enkelte Bogstaver og Tal, som hist og her findes paa Figurerne, har man hidindtil ikke været istand til at udfinde Mesterens Navn eller dette Kunstværks Ælde, men af den Stiil at dømme, som gaaer gjennem hele Kunstværket, er det næppe ældre end fra Begyndelsen af 16de Aarhundrede. Figurerne saavelsom selve Tavlerne ere af Egetræ, overtrukket med en Kruste af Gips eller Kridt, hvorpaa er anbragt en stærk Forgyldning og Farver. Det øverste og større Parti af Alterskabet er lukket ved dobbelte, det underste og mindre Parti ved enkelte Fløidørre. De inderste Fløidørre ere indvendig og udvendig decorerede med Stykker i Basreliefs af bibelsk Indhold. Den udvendige Sides Billedtavler have ingen Farvedecoration, og adskille sig derved fra de øvrige til Alteret hørende Billedfeldter. Det underste Parties Fløidørre have kun Billedtavler paa Indresiden. I sidstnævnte Parti af Altertavlen er indlagt tre Billedtavler, henhørende til Fødselshistorien, nemlig: 1) Christi Fødsel, 2) Omskjærelsen og 3) de hellige tre Kongers Besøg. De fritstaaende Figurer i Nischerne ved Siden forestille de fire Evangelister med deres sædvanlige Attributter. Paa de hertil hørende Fløidørres Indreside er anbragt 4 Billedtavler. De tvende til Venstre forestille: 1) Elisabeths Besøg hos Maria og 2) Mariæ Bebudelse; de tvende til Høire forestille: 3) Barnemordet i Bethlehem og 4) Mariæ Flugt til Ægypten. Paa det Klædningsstykke, som Elisabeth ved Indtrædelsen har kastet tilbage fra Hovedet, er anbragt hendes Navn samt Bogstaverne VABI. Det øverste Parti af Altertavlen er deelt i 6 Feldter med bibelske Billedgrupper, henhørende til Lidelseshistorien, nemlig: 1) Christus for sine Dommere, 2) Hudstrygelsen, 3) Tornekroningen, 4) Korsbøret, 5) Korsfæstelsen og 6) Nedtagelsen af Korset. Disse 6 Billedtavler hæve sig i kunstnerisk Henseende hvit over det Øvrige. Det hellige Emne, der her er behandlet, bærer Præget af at være dybt følt af Kunstneren; Figurernes Gruppering er effectfuld, Stillingerne plastisk skjønne, Hovederne fulde af Udtryk, Dragterne rige, og disses Bræmmer udførte i smagfulde fine Mynstre. Det er saa langt fra at Guld- og Farvepaalægningen har indvirket forstyrrende paa Conturen af Figurer og Draperier, at dennes Nyancer netop derved lettere opfattes, ikke at tale om, at hele Kunstværket herved uomtvistelig har modtaget Udtrykket af en Cultur, der vilde savnes hvis Træets naturlige Farve var bibeholdt. Stilen i dette Kunstværk bærer umiskjendelig Præget af national nederlandsk Kunst og sættes almindeligt blandt de allerbedste Frembringelser i sit Slags. I den øverste Gruppe til Høire, der forestiller Nedtagelsen af Korset, og som ansees for at staae høiest i kunstnerisk Henseende, har Maleren hensat nogle Bogstaver paa Bræmmen af en Kappe, der sandsynlig ere hans Mærkebogstaver, men hvortil Nøglen ikke vides at være funden. Paa et Sted staaer: DXXMƎ✱XXEHD, og paa et andet Sted: HMAD... XXMHR, fremdeles XXM.

De 5 Billedtavler paa den nordre Fløiders Indreside forestille: 1) Christi Paagribelse, 2) Christus for Pilatus, 3) Pilatus vasker sine Hænder og erklærer sig uskyldig, 4) Pilatus sønderriver sine Klæder, og 5) Herrens Aabenbarelse for Maria Magdalena. Paa Indresiden af den søndre Fløider: 1) Christi Nedfart til Helvede, 2) Opstandelsen, 3) Gravlægningen, 4) Himmelfarten, 5) Fodvaskningen. Ved at sammenligne dette Arbeide med Altertavlen er det let at skjønne, at begge ikke hidrøre fra samme Haand. Figurerne staae her langt tilbage for hine baade i Udtryk og Form; Drapperiet er forskjelligt, Turbanen mere moderne og Farverne raat paalagte. — Paa nordre Fløidørs Ydreside ere ligeledes 5 Billedtavler, nemlig: 1) Apostlenes Kaldelse, 2) de fem kloge Jomfruer og de fem Daarer, 3) Høvidsmandens Komme til Jesus, 4) den Blindes Helbredelse, 5) den faldne Qvinde føres for Jesus. Paa søndre Dørs Ydreside: 1) Tempelrændselsen, 2) Indtoget, 3) Skattens Mynt, 4) Høvidsmandens Samtale med Jesus, 5) Bjergtalen. Skjøndt ogsaa disse Tavler vise hen til en anden Haand end den, der har skaaret Billederne i selve Altertavlen, thi Figurerne ere unægtelig givne her i en langt strængere og stivere Maneer, saa bærer dog ogsaa dette Arbeide Præg af at være af nederlandsk Oprindelse. Det staaer i enhver Henseende over Billedtavlerne paa samme Fløidørres Indreside, hvor de synes at være tilsatte senere.

Messinggelænderet mellem 7de Pillepar har Kong Frederik IV ladet opsætte. Kongens Navnetræk er anbragt midt i Gelænderet.

Begravelserne under Ydrechorets Gulv

ere alle yngre end fra det 17de Aarhundrede. I de tre søndre Gravhvælvinger, hvortil Nedgangen er i Kirkens søndre Sidegang, ere følgende Liig nedsatte:

1ste eller østligste Hvælving. Generallieutenant Andreas Harboe, øverste Befalingsmand over de danske Tropper i Keiser Leopold I. Tjeneste mod Tyrkerne; omkom ved Vaadeskud af en vagthavende dansk Soldat i Nærheden af Groswardein i Ungarn; født i Christiania 18. Mai 1648; død 28. Januar 1706. Han hviler i en prægtig Marmorkiste, paa hvis Laag er udhugget Epitaphium og Vaabenskjold. Diderik Gerken skal have udført Arbeidet, der dog ikke i fjerneste Maade ligner Kong Frederik IV. og Dronning Louises Monumenter.

I samme Gravhvælving staaer en simpel Trækiste, der formodes at gjemme de jordiske Levninger af Landsdommer Hjort.

2den Gravhvælving er indrettet til Familiebegravelse for Peter Wibe til Gjerdrup; født af borgerlige Forældre; sendt af Christian IV til det franske Hof; nobiliteret af Ludvig XIII; optaget i den danske Adelstand ved sin Tilbagekomst, og udnævnt til Befalingsmand over Trondhjems Lehn; død 7. Aug. 1658. En Messingplade med Epitaphium er anbragt paa hans Kiste.

Anne Cathrine Budde, født paa hendes Fædrenegaard Tolost paa Øsel 8. Jan. 1619; død i Kjøbenhavn 6. Aug. 1665; gift første Gang med Peter Wibe, anden Gang med Joachim Frederik Wind til Grundit. Paa Kistelaaget er anbragt en Messingplade med Epitaphium.

Peter Wibes Døttre Sophie Amalia og Magdalena Sibylle, den første 4, den anden 3 Aar gml. Messingplader med Epitaphier findes paa begge Kister.

I den 3die eller vestre Gravhvælving ligger Hans Rasmussen Lange og hans Hustru, Stifter og Stifterinde af Langes Stiftelse for Enker her i Byen. Gravstedet tilhørte tidligere Borgermester Hans Jacobsen Korlp ifølge Skjødebrev af dennes Arvinger til Raadmand Lange 1734.

I de tre nordre Gravhvælvinger under Ydrechoret med Nedgang fra Kirkens nordre Sidegang ere følgende Liig nedsatte:

I den 1ste eller østligste Gravhvælving: Ove Gjedde til Tommerup, Rigsraad, Rigets Admiral og Befalingsmand paa Hald. Ifølge Epitaphiet paa Kistelaaget er han født 17. Dec. 1594; død i Kjøbenhavn 17. Dec. 1660. Hans Mission

til Ostindien og Kjøb af Tranquebar aabnede den danske Sø=
handel en ny Vei.

Dorothea Urne; født paa Halsted Kloster 19. Juli 1600;
død paa Næsbyholm 6. Juli 1667; gift med Ove Gjedde. Paa
Kistelaaget ligger en Messingplade med Epitaphium.

Jomfru Marete Wind; Datterdatter af Ove Gjedde og
Datter af Holger Wind til Gundestrup; Assessor i Høiesteret
og Margrethe Gedde til Geddesdal; født 11. Aug. 1661; død
28. Sept. 1672.

En dødfødt Datter af ovenanførte Forældre. Paa Kiste=
laaget ligger en forgyldt Sølvplade med Epitaphium.

Skjødet til denne aabne Begravelse er først udstedt 1681
og betaltes af Vicecantzler Holger Wind med 485 Rd. 10 β.

I den 2den Gravhvælving:

Marie Sophie Bielche, Admiral Christian Bielches
anden Hustru; født 8. Jan. 1657; død 1. Febr. 1686. Kisten
er overtrukket med Fløil og beslaget med Messing.

Just Juul, Viceadmiral; født i Viborg 14. Oct. 1664;
faldt i Søslaget ved Pronevig (Rygen), truffen af en tolv=
pundig Lænkekugle 8. Aug. 1715, der er indmuret over Ned=
gangen. Hertil hører den sortpolerede Marmortavle over Ned=
gangen med følgende Epitaphium:

Offert tibi, Spectator! hoc monumentum invito quamvis de-
functo positum illustre et hujus seculi pulcherrimum, posteris
immitandum, tuaque; si nescis, scientia dignum prudentiæ
simul ac fortitudinis specimen, cineres videlicet et mortales
reliquias Fortissimi et generosissimi natalium splendore sed
neque minus propriis virtutibus imprimis intaminata et con-

stante in Deum, Regem, Patriam, Amicos, immo optimis quosque pietate et fide præclari

Dⁿⁱ Justi Juell

sacræ Regiæ Majestatis Daniæ et Norvegiæ Friderici quarti Pro-Archithalassi, quondam ad sacram Tsaream Majestatem tutius Russiæ extra ordinem ablegati, Consilio manuque expeditissimi in proelio navali accerrimo et cruentissimo juxta Rugiam insulam in sinu vulgo Pronoviig, inter vividos ardentissimosque strenui et experti Ducis conatus, postquam hostem præcipitem fugam parantem viderat, nimis properantibus fatis ictu tormentario exstincti die VIII Augusti Anno Dei MDCCXV, ætatis Lmo.

> Sic cecidit Justus, victorius, victima pugnæ
> Sed mortis moriens Ultor et ipse suæ
> Dum Regi et Patriæ protendit pectus et artus
> Fortiter exemplum posteritatis obit
> Cernitur hic Juelæ dignissima gentis imago
> Hoc nullus Justo justior esse potest.

Hisce veteris et infucatæ cum Defuncto Amicitiæ svavissimam memoriam quamvis debito minus testatur.

C. Schested.

Den Afdødes Kaarde og Komandostav er ophængt paa den nærmeste Pille.

Christian Bielche til Basnes og Edelsgafve; Admiral; født paa Sarelund i Norge 8. Febr. 1645; død i Kjøbenhavn 13. Jan. 1694. Han hviler i en prægtig Kobberkiste med forgyldt Messingbeslag.

Edele Bielche, Chr. Bielches Datter med sin anden Kone, og Just Juuls Hustru; født i Kjøbenhavn 11. Nov. 1684; død 15. Juni 1706 sammesteds.

Hans Bielche, Søn af Admiral Christian Bielche og Vibecke Juul; født 24. Jan. 1690; død 23. Dec. 1694.

Niels Bielche, Broder til den Forrige; født 16. Mai 1688, død 24. Mai 1694.

Eiler Bielche til Sarelund, Søn af Hans Bielche og Anne Rytter til Øsby; Major ved Kongens Livregiment til Fods; faldt i Slaget ved Helsingborg 30. Oct. 1676.

Claus Christoffer Bielche, Søn af Admiral Chr. Bielche og Maria Sophie Bielche; født 28. Jan. 1686; død 5. Mai 1694.

Ove Skade til Kjærbygaard; Kronprinds Christians (Christian V) Lærer og Hofmarschal; Befalingsmand over Nykjøbing Slot og hele Falster. Hertil hører det over Nedgangen anbragte Marmorepitaphium, der lyder saaledes:

Favore æterni numinis et benignitate ac autoritate Augustissimi Daniæ et Norvegiæ Regis, Frederici III^{tii} Dominus Otto Schade, Hæreditarius in Kierbye-Gaard, inclyti Principis educationi Præfectus, Regiæque ejusdem Celcitudinis Aulæ Gubernator, Arcis Nicopiensis totiusque Falstriæ præses Regius, hoc, quod in cathedralis hujus Templi parte superiore, quam Chorum appellant, quodque binis hisce fenestris patet sepulchrum sibi, optimæ ac nobilissimæ conjugi D^{næ} Augustæ Margarethæ Marschalch, liberisque gratissimis vivus fieri fecit, felicibus suis suorumque cineribus et defunctorum corporum exuviis prospiciens ut optata quiete fruentes desyderatum magni illius Dei et Domini nostri Jesu Christi adventum et beatam animarum conjunctionem heic expectent anno Christiano MDCLVI. Quisnam aurum vel argentum perire dixerit, qum liquescit, et statua ex eo funditur, non perit, sed honestatur. Idem fit in nobis, cum post hanc vitam vi meriti Christi ex infirmis et informibus corporibus in splendidam illam imaginem Dei transimus.

En lueforgyldt Messingplade med Epitaphium ligger paa Kistelaaget. Han er født i Katterup i Sjælland 22. Aug. 1609 og død paa Christianshavn 19. Oct. 1664. Paa Kisten ligger fremdeles en Kaarde og tvende forgyldte Sporer (63).

Augusta Margretha Marschalch, Ove Schades Hustru, født 19. Sept. 1617 i Bremen; død 20. Sept. 1654 i Flensborg. Paa Kistelaaget ligger en Messingplade med Epitaphium paa Tydsk.

Judithe Cathrine Schade, Datter af Fornævnte; Viceadmiral Chr. Bielches første Hustru; født i Helsingør 4. Juni 1649; død i Kjøbenhavn 5. Aug. 1678.

Anne Sophie Bielche, Fornævntes Datter; født i Kbh. 7. Dec. 1676; død sammesteds 4. April 1681.

Henrik Bielche, Broder til Fornævnte; født i Kjøbenhavn 29. Juli 1678; død 15. Aug. s. A. Hans Fødsel kostede Moderen Livet.

I den 3die Gravhvælving:

Stiftsskriver Otto Funch. Skjødet paa denne aabne Begravelse er udstedt 22. Oct. 1708.

c. Midterste Gang.

I den catholske Tid fandtes ingen lukkede Stole paa Gulvet. Disse ere fremkomne efter Reformationen. Aarstallet 1567, der findes over den danske Krone paa tredie Stol samt paa flere af Kirkestolenes Endestykker, maa antages at være det Aar, da de første Gang ere opsatte. De bære mangfoldige Spor af, at de nedbrudte Altere ere benyttede snart til Bagklædning snart til Forstykke i Samme (64). Det er en Selvfølge at mangen en Liigsteen er skjult under Stolene, men disse ville først komme for Dagens Lys, naar man engang kommer til den Erkjendelse, at disse Kirken vanzirende Stole bør nedbrydes.

Døbefonten havde oprindelig sin Plads vestligst i Hahnernes Kapel, og var afslukket indad mod Kongeporten ved en Dør (65). Ved Indretningen af Hahnernes Begravelseskapel i Aaret 1680 flyttedes Døbefonten til vor Frue Kapel, hvor den forblev indtil dette Kapel nedreves i Aaret 1772. Fra den Tid af har Døbefonten bestandig staaet, hvor den nu staaer, ved Hovedopgangen til Kannikechoret. Den nuværende Døbefont er af Malm og er rimeligviis skjænket Kirken af Frederich Godske og Jacob Vind, hvis Vaaben og Navne tilligemed Kirkens Vaaben findes indstøbte paa Siden. Omkring Randen læses: Quicunque crediderit et baptizatus fuerit salvus erit, qui vero non crediderit condemnabitur. Evangelisterne, siddende i Stole med opslagne Bøger, danne dens 4 Fødder. Paa Platten har Kunstneren anbragt sine Mærkebogstaver. I Aaret 1806 solgtes det Malmlaag (66), der hængte i en Jernkjæde over Fonten mens den stod inde i Kapellet.

Prædikestolen er skjænket her til Kirken af Kong Christian IV. Den skal være forfærdiget 1609 i Kjøbenhavn af en for sin Tid berømt Kunstner Johannes Brochman. Ifølge Indskriften paa Døren er den malet og forgyldt i Aaret 1613 af Peter de Mejer. Omkostningerne herved ere afholdte af de adelige Herrer, Christian Holk og Niels Krag samt Præsterne, Mag. Paul Pedersen og Mag. Daniel Knoff. Den er heelt igjennem opført af Sandsteen, men udvendig beklædt med Ornamenter af Marmor og Allabast. Ikkun Opgangen er udvendig beklædt med Egetræ og indbeelt i Billedfeldter, men det hertil hørende Billedsnitværk er ikkun maadeligt, hvist manereret og næsten barrokt. De i Allabast udhugne Figurer paa selve Prædikestolen og sammes Himmel have sig heller ikke over det Middelmaadige. De fire Evangelister ere saaledes næppe andet end Vanskabninger af Menneskefiguren. Derimod er alt det Techniske i den rige Ornamentering udført med Smag. Søilen, Conchaen, den convexe Frise omkring Himlen med tilhørende Garnering i Struck m. m. vidne om Mesterens Dygtighed med Hensyn til den Deel af Arbeidet.

Paa Pillevæggen i selve Stolen er anbragt Rigsvaabenet i Allabast. Det danske Vaaben danner Midterfeldtet; Norges, Slesvigs, Holsteens, Ditmarskens, Oldenborgs ɔc. ɔc. Vaaben i 13 mindre Feldter ere anbragte i en Kreds om Førstnævnte. Prædikestolen er det andet kostbare Monument, Kong Christian IV har skjænket her til Kirken. Den store Messingarm til Anbringelse af Lys ved Siden af Prædikestolen er skjænket 1612 af Holger Gagge, Kirkens Provst og Værge. Paa Endepladen staaer: Anno CIƆIƆCXII Holgerus Gagge, Præpositus et Tutor temp. F. F.

Orgelet er fra først af bygget i Aaret 1555 af en bekjendt duelig Orgelbygger, Hermann Raphaelis. Det repareredes første Gang i Aaret 1611 ved Niels Maas; anden Gang 43 Aar derefter paa Niels Trolles og Hille Rosenkrantzes Bekostning og tredie Gang 1814 af Orgelbygger Rapp for 3000 Rbd. Den fjerde og sidste Reparation foretoges i Aarene 1832 og 33 af Orgelbyggerne Marcussen og Reuter fra Apenrade. Denne Reparation kostede Kirken 9376 Rbd. Blandt de Forbedringer og Udvidelser, Værket fik ved denne Leilighed, ere følgende de vigtigste: 1) Hovedværket udvidedes fra 7 til 13 Registre; 2) en ny Pedal construeredes, men anbragtes uheldigviis bag Værket, hvorved dens Virkning svækkes; 3) nye Bælge anskaffedes; 4) et nyt Overværk indrettedes over Hovedværket og forsynedes med Crescendo og Diminuendo; 5) Rygpositivet gaves samme Omfang som det nye Manuale fra C til F̳. Efter denne Reparation henregnes Værket blandt de bedste, der findes. Det er forsynet med 37 Stemmer, blandt hvilke Rørstemmerne Dulcian 8 Fod, Oboe 8 Fod, Fagott 16 Fod, Viola de Gamba 8 Fod, Fugara 8 Fod, samt Fløitestemmerne og Spidsfløitestemmerne, 8 og 4 Fod, ere alle i høi Grad effectfulde. Værket har 3 Klaviaturer, Pedal og 5 Bælge af nyeste Construction. Manualets Omfang gaaer, som sagt, fra C til F̳, Pedalens fra C til D̳.

Af ældre Orgeler her i Kirken omtales et, som Biskop Oluf Mortensen († 1485) lod male (67), men naar dette Værk er anskaffet, eller af hvilken Construction det har været, derom haves ingen Efterretninger.

At det nuværende Orgels Opstilling i en af Kirkens Arkader maa indvirke skadeligt i architectonisk Henseende er en Selvfølge. Men da Kirkens vestlige Vindue ikke kan luftes for

8*

Lysningens Skyld, kan det ikke anvises nogen mere passende Plads. Derimod troe vi, at Værket hverken med Hensyn til Form eller Farver behøvede at være saa dominerende.

Chorsangerne, der i den catholske Tid vare placerede paa Pulpituret over Tværmuren for Ydrechoret (68), have nu deres Plads ved Siden af Orgelet mod Øst.

Kong Christian IV. Stol, lige over for Orgelet (69), er det smukkeste Stykke, Kirken eier i den Stiil. Dens rige Ornamenter i udskaaret Træarbeide falde ikke i Øiet, deels fordi de sees fra et for fjernt Standpunkt, deels fordi Forgyldning og Farver ere afblegede, men de ere ligefuldt af Værd, og vidne om Datidens kunstneriske Standpunkt i denne Retning. I det gjennembrudte Snitværk sees Dronningens og Kongens Navnetræk med tilhørende Familievaabner. Paa Fodstykket under Dronningens eller det brandenburgske Vaaben staaer hendes Valgsprog: Rege me Dne spiritu sancto tuo, og under Kongens Vaaben: Regna firmat pietas. Over Indgangen til Stolen læses: Non est hic aliud, nisi domus Dei et porta coeli. Gen. 24. Ogsaa denne Stol har erholdt en Plads i Kirken, der vanzirer Arcadepartiet.

Blandt de Gravmonumenter, der her i Kirken ere opsatte for Private, fortjener det smukke Marmormonument paa Kirkens fjerde Hovedpille særdeles Opmærksomhed. Skjøndt det tilhører en Tid, da Ornamenteringen var udartet, har dette Monument bevaret en ædel Simpelhed forbunden med en smagfuld og fiin Udførelse af det Techniske i Arbeidet. Man behage at kaste et Øie paa de elegante Søiler med tilhørende Kapitæler samt paa den Afdødes herlige Brystbillede i hvidt Marmor. Den sortpolerede Marmortavle har følgende Epitaphium:

D. O. M. S.
Jonæ Charisio Nicop. J. U. et M. Dr.
Serenissimo Regi Christiano Qvarto a Conciliis
Templi hujus Canonico,
Lingvarum et rerum peritia
Adque S. Rom. Imperii principes et civitates
Hispaniæ Magnæque Britanniæ Reges Belgiique
Fæderati ordines fideliter obitis legationibus
Clarissimo
A laborioso curriculo
In perennem gloriæ stationem præmisso
Anno MDCXIX ætatis XLVIII
Marito suo optatissimo
Anna Severina Petri filia liberis quatuor
Superstes, sibi quod voluisset B M P C M
Una omnibus hominibus felicitatis est causa
Deus propitius.

Hertil hører den nedenfor liggende Liigsteen, hvorunder ogsaa hans Hustru hviler. Dr. Jonas Charisius var en berømt Retslærd og Diplomat under Kong Christian IV.

Den ligeoverfor dette Epitaphium hængende Pergamentstavle med Biskop Jens Jepsens Vaaben har følgende Indskrift:

Johannes Jacobi F. Dei gratiâ quondam Episcopus Roeschildensis reversus ex studio bonarum literarum, quod magna laude et multorum Doctorum commendatione in germania confecerat primum ob morum probitatem et ingenii singularem eruditionem et facultatem tum omnium rerum experientiam admirabilem adsumptus est in Archigrammateum Johannis Regis Daniæ &c. ejus nominis primi. Interea in Angliam et Schotiam missus est, qua in Legatione ita se gessit, ut jucundissima et gloriosissima sit ejus nominis memoria et apud Anglos et apud Schotos, quos ipsos etiam eodem tempore cum inter se maximum bellum gessissent et starent jam utrinque instructi exercitus infestis animis et signis, alter in alterius perniciem accincti, in concordiam dissidentes reconciliavit, factum omnibus seculis memorandum. Tanta erat viri illius apud peregrinos homines quædam vocis et vultus augusta Majestas et gravissimis in rebus nominis auctoritas, mox in patriam reversus a Canonicis Roeschildensibus Episcopus designatus est. Vir erat præterea maximis rebus gestis clarus, natus equestri ordine, erat admodum prudens, facundus, comis, gravis, benignus, liberalis, adeo ut a sordidis hominibus et quasi aridis pumicibus et inexplebilibus voraginibus prodigus notaretur. Erat vir constans, fortis et invictus, justus, clemens, pauperum amantissimus patronus et asylum, omnibus denique charus et aspectu venerandus. Mortuus est in arce Hjortholm Anno ætatis suæ plus minus sexagesimo, Pontificatus vero sui undecimo, a. Christo autem nato anno salutis nostræ millesimo quingentesimo duodecimo (?) tertia Feriarum Paschalium, sepultus hic Roeschildiæ in æde D. Lucii (70).

Den hertil hørende Liigsteen, der tillige dækker Støvet af Bispoppens Broder, vil nærmere blive omtalt i et Tillæg om Kirkens Liigsteen.

Paa den tredie Hovedpille paa Sydsiden af Kirken er anbragt en støbt Kobbertavle med følgende Epitaphie:

Elias Eisenberg Frederici II Daniæ Norveg. Regis &c. potentiss. Secretarius multis arduis in aula laboribus et difficillimis duabus ad Johannem Basilidem Magnum Moscoviæ Ducem compluribus ad alias gentes legationibus opt. fide ad Regis procerumque arbitrium XXI annorum spacio Deo favente prospere in inclyti hujus regni æmolumentum perfunctus tandem ob morborum vim ingruentem clementer dimissus VII An. hic pie peractis uxore et VI liberis relictis sancte expiravit Anno gratiæ MDXC prid. Kal. Maji Anno Ætatis LVI.

Marito meritis meritissimo Thala Holstenia, vidua moestissima. F. F.

Indskrifterne paa Taolerne over Kirkens trende Blokke (71) ere næppe ældre end fra 18de Seculum.

---

d. Søndre Sidegang.

Ved søndre Indgang til Kirken hænger paa Muren en Trætavle med følgende Indskrift:

Soli Deo gloria.

Memoriæ Joh. Hartmanni Holsati, qui pie educatus in aula Ducis Holsatiæ Adolphi, deinde sub Daniele Rantzovio Duce exercitus in bello svetico, finitoque eo, in arce Flensburgensi scribæ officio dextre perfunctus, eaque de causa ab inclytissimo Daniæ Rege Christiano IVto ipsi Flensbugensi Præfecturæ, post a serenissima Regina, Vidua Sophia quæsturæ aulicæ adhibitus, tandemque clementer demissus, Flensburgumque tendens ut mortuus uxori Annæ Keilinghusiæ sepulchro jungeretur, hic Roschildiæ morte interceptus Anno Dni 1606 Ætatis 72 munificentiaque S. Reginæ hic sepultus est hoc monumentum consecratur.

Ave lector Lethi memor.

112 Monumenter og aabne Begravelser i Kirken.

c. Nordre Sidegang.

Biskop Niels Skawes Chorstol har, som anført, tidligere staaet i Høichoret. Hosstaaende Afbildning er tegnet af Hr. Henriksen og skaaret i Træ i Dhrr. Kittendorff & Aagaards Etablissement.

Dens Ornamentering er fra Gothikens Glandsperiode, men mange af Ornamenterne ere stærkt beskadigede. Biskoppens Vaaben er anbragt paa et af Endestykkerne.

Længere mod Øst i samme Gang har Biskop Lago Urne ladet opsætte en Tavle med Epitaphium i latinske Vers over Saxo Grammaticus. Det lyder saaledes:

Renovatum 1728.

Epitaphium Saxonis Grammatici, Gravissimi Dannorum Historiographi, hujus Ecclesiæ olim Præpositi (72), qui obiit Anno 1190.

 Qui vivens alios æternum vivere fecit
  Saxo Grammaticus mortuus hic recubat.
 Mortuus, exstincto sed tantum corpore, mente
  Qua valuit, magno vivit et ingenio.
 Unde hanc descripsit Gens danica venit in oram
  Quæ jacet arctoo proxima pene polo.
 Dannorum Regum repetens ab origine stirpem
  Et quæ quisque suo tempore fata tulit.
 Qui Regni tractus terraque marique patentes,
  Qui populi mores, vitaque qualis erat;
 Tum quæ præstabant Heroum in pectore vires
  Quæque giganteæ corpora molis erant.
 Quam sanctis patriæ firmatæ legibus urbes,
  Quod studium veræ relligionis erat.
 Huic quod Danus erat, virtute invictus et armis
  Qui tenuit regnis regna subacta suis.

> Non modo vicinis metuendus gentibus, ipsa,
> Hoc ne Roma quidem libera ab hoste fuit.
> Nec tantum ista stylo deduxit facta soluto,
> Sed vario ornatum carmine pinxit opus.
> Quæ nunc perpetua premerentur nocte, nisi hujus
> Conspicua ingenii lumine facta forent.
> Ergo locum hunc, qui funus habet, venerare viator,
> Eximium patriæ nam decus ille fuit.

Hertil hører en trapezformet blaa Steen uden Indskrift, hvilken siden vil blive omtalt.

Lige over for dette Monument paa Chorets Ringmuur er ophængt en Tavle af sort poleret Marmor med Epitaphium over Barbara Andersdatter, gift med Johannes Paulsen Resenius. Dødningehovedet med Slangen om Halsen betyder Syndens og Dødens uadskillelige Forbindelse. Paa Tavlen staaer med forgyldte Bogstaver:

D. M. E. P. S.

Conjugi Pientissimæ Dulcissimæ Beatiss. **Barbaræ**, D. **Andreæ Laur.** filiæ, quæ ut nata erat Roeschildiæ IIX Martii Anno Christi MDLXIIX, ita ibidem placide exspiravit XXIX Octobr. A. MDCI. vid. (ɔ: viduus) longe moestissimus Joh. Paul. Resenius.

> Barbara chara? nihil minus at quam Barbara Conjux
> Dic ago, te careo, vel mage non careo?
> Civis sum Christi, non Barbare chare marite,
> Spiritus ante Deum est, corpore forte cares.
> Corpore forte cares mortali hoc: Ast ego qua sum
> Corpus cum Christo, corpore forte cares.
> Ergo qua talis seu quatenus intima Christi
> Sponsa es, te totam jam temere teneo
> Nam te Christus habet, tu Christum, me quoque Christus,

Christum ego, per Christum nos sumus ergo simul.
Cum Christo juncti sincere animoque fideque
　　Ex carne illius nos sumus una caro.
Quo junxit Christus qui vita est certa beatis
　　Dividere hos unquam mors neque sæva potest.
Mirandum foedus, miranda hæc vincula cunctis
　　Corpus mirandum, maxime Christe, tuum
Barbara Resenii magis es post fata mariti
　　Resenius magis est, Barbara rara, tuus;
Maxima sed restat conjunctio, tempore, quo post
　　Tecum erit æternum, Barbara, Resenius.

Peder Trælund Ribber Borger og Skoleholder udi Kjøbenhaffn skreff og pollered denne Steen.

Hun ligger begraven under en Liigsteen neden for paa Gulvet.

Paa den sydøstligste Pille i nordre Gang er anbragt et Monument af Sandsteen for Hans Andersen Guntzow, Borgermester i Halmstad († 1655), hans Kone Boel Mogensdatter († 1658) og deres Sønnekone. Under Indskriften for oven, "Ærens og Livsens Crone", er de Saliges Opholdsted afbildet paa en i Stenen indlagt Trætavle. Neden for sees de Fordømtes Opholdsted, hvorunder læses: "Vanærens og Dødsens Crone". Foruden nogle Bibelsprog læses ogsaa følgende rimede Vers paa Epitaphiet:

　　O Menneske omvend dig der ligger paa Magt
　　Mens Tiden er giv paa Døden god Agt
　　Tænk at, da vi levede var vi som du
　　Og Jord bliver du som vi er nu
　　Men vil du i troe og Haab Dødens Crone bære
　　O! da skal Livsens Crone din Løn være
　　Rigelig naar vi udvaldte og Engle tillige
　　Halleluja sjunge i Guds Rige.　Amen.
　　　　M. D. C. LV.

Dødningehovedet med Slangen som Syndens og Dødens Sindbillede er ogsaa her anvendt paa Siderne af Monumentet. Steenhuggerarbeidet er uden kunstnerisk Værd, og henhører til Rococostilens simpleste Producter. Den underste Gruppe af Figurer, der omfattes af Flagermusevinger synes at være Portraitter. Om den hertil hørende Liigsteen see Anhanget.

f. Sacristiet.

De ældre paa Lærred malede Portraitter, som her ere ophængte, ere flyttede hertil fra Conventhuset, da dette nedbrøds i Aaret 1817. I denne Bygnings Landemodssal havde Biskop Hersleb, (1737-1757) foranstaltet den første Samling Portraitter af Sjællands Biskopper ophængte (73). De følge fra Nord mod Syd i denne Orden:

1) **Ansgarius**, Nordens Apostel, født 801 i Picardiet i Frankrig, kom til Danmark 826, død 865 som Erkebiskop i Bremen. Maleriet hører blandt dem, der 1817 flyttedes fra Conventhuset.

2) **Absalon**, født 1128 i Fæneslovlille ved Sorøe; Biskop i Roskilde 1158, Erkebisp af Lund 1178, død 1201; ligger begraven i Sorøe Klosterkirke. Maleriet skal være udført efter den paa hans Liigsteen (74) indhugne Figur af Portraitmaler Hansen, Fader til Constantin Hansen.

3) **Peter Jensen**, Biskop i Roskilde 1395-1416. Maleriet er udført 1826 af Portraitmaler Hansen efter den indhugne

Figur paa denne Biskops Liigsteen, der ligger omtrent midt i Sacristiet.

4) Christian III, under hvem Reformationen indførtes ved Lov paa Rigsdagen i Kjøbenhavn 1536. Maleriet hører ikke til de heldige Portraitter af denne Konge.

5) Dr. Martin Luther. † 1546.

6) Johan Buggenhagen, indkaldt 1537 af Christian III til at ordne Kirkevæsnet her i Danmark, død som Præst og Professor i Wittenberg 1559 (75).

7) Hans Tausen, født i Birkinde i Fyen 1494, Præst ved St. Nicolai Kirke i Kjøbenhavn 1529, Sognepræst til Roskilde Domkirke 1538, Biskop i Ribe 1542, død 1561.

8) Dr. Peter Palladius, født i Ribe 1503, indviet til Superintendent i Sjællands Stift 2. Sept. 1837, var med at besørge den første Bibeloversættelse 1550, død 3. Jan. 1560.

9) Dr. Hans Albertsen, født i Kjøbenhan 1825, Professor først i det græske Sprog, dernæst i Theologien ved Kjøbenhavns Universitet, adjungeret Palladius 1559 og Biskop efter dennes Død 1560, død 1569. Hans Albertsen roses som en from og lærd Mand.

10) Dr. Poul Madsen, født 1527 i Kjøge, hvor hans Fader var Raadmand; Professor ved Kjøbenhavns Universitet først i Latin og Græsk, siden i Hebraisk og tilsidst i Dialectik; 1562 Biskop i Ribe efter Hans Tausen og 1569 Biskop i Sjællands Stift og Professor i Theologien ved Kjøbenhavns Universitet. Han ansaaes for meget lærd; var en fortrolig Ven af Niels Hemmingsen; var med at besørge den anden Udgave

af den danske Bibel efter Luthers Oversættelse (1589); døb 31. Oct. 1590. Han var 4 Gange gift og overlevede ogsaa sin sidste Hustru.

11. Dr. Peder Jensen Winstrup, født 18. Marts 1549 i Kjøbenhavn, hvor hans Fader var Sognepræst til Nicolai Kirke, dimitteret fra Roskilde Skole 1568, siden Lector i Theologien ved Domcapitlet i Aarhuus; 1578 Sognepræst til Helliggeistes Kirke i Kjøbenhavn; 1587 Medhjælper hos Aarhuus Biskop og 1591 Biskop i Sjælland samt Professor i Theologien ved Kbhvns Universitet; kronede Kong Christian IV 29. August 1596 og Anna Cathrine 11. Juni 1598. Efter Kongens Befaling udelod han Exorcismen ved Prindsesse Elisabeths Daab, hvorover han kom i hæftig Strid med sin Collega Professor Dybvad; han døde 24. Juni 1614.

12) Hans Poulsen Resen, født 2. Febr. 1561 i Landsbyen Resen i Ribe Stift, hvor hans Fader var Sognepræst; 1583 Conrector ved Viborg Skole; dernæst paa en Udenlandsreise med Adelsmanden Frederik Rosenkrants i 8 Aar; 1591 Professor i Theologien ved Kjøbenhavns Universitet; fulgte med Chr. IV 1606 til England; besørgede den første danske Bibeloversættelse efter Grundsproget 1607, hvilken foranledigede en hæftig litterair Strid med Mag. Stobæus, Professor i Hebraisk ved Kjøbenhavns Universitet, som derfor mistede sit Embede. Samme Skjæbne havde Mag. Ole Kock, Præst ved Nicolai Kirke, da han angreb de dunkle Theorier, der findes i alle Resens Skrifter. Hans strænge lutherske Orthodoxi forledede ham til Intollerance mod calvinske Theorier. Biskop Resen døde 14. Sept. 1638 i sit 78de Aars Alder. Af sin Formue skjænkede han en stor Deel som Legater til Skoler og milde Stiftelser. Med sin

første Kone, Barbara, Datter af den theologiske Professor Anders Lauridsen, havde han 4 Børn, blandt hvilke Hans Resen blev Faderens anden Eftermand som Biskop i Sjællands Stift. Hans andet Ægteskab med sin Formands Enke, Anna Winstrup, var barnløst.

13) Dr. Jesper Brochmand, født 1585 i Kjøge, hvor hans Fader var Borgermester, 1608 Rector ved Herlufsholms lærde Skole, 1610 Professor i Græsk, 1615 i Theologi ved Kjøbenhavns Universitet, 1616 Lærer og Opdrager for Kronprinds Christian, 1620 atter Professor ved Universitetet, 1638 Biskop i Sjællands Stift, berømt theologisk Skribent, høit agtet af Kongerne Christian IV og Frederik III, død 19. April 1653 almindelig agtet og savnet.

14) Dr. Hans Hansen Resen, født 19. Oct. 1596 i Kjøbenhavn, hvor hans Fader Hans Poulsen Resen var Biskop, 1621 Rector i Herlufsholms Skole, 1624 Professor i Philosophien og 1635 i Theologien ved Kjøbenhavns Universitet, 1652 Biskop over Sjællands Stift, død det følgende Aar 1653 3. April.

15) Dr. Laurids Mortensen Scavenius, født 6. Aug. 1589 i Skagen (deraf Tilnavnet Scavenius), hvor hans Fader var en fattig Fisker, reiste udenlands med Michael Vibes Sønner, 1619 Sognepræst til Roskilde Domkirke, 1627 Præst til Nicolai Kirke i Kjøbenhavn, 1639 Professor i Theologien ved Kjøbenhavns Universitet, 1653 Biskop over Sjællands Stift, død 2 Aar efter 22. Juni 1655.

16) Dr. Hans Svane (Svaning), født 27. Marts 1606 i Horsens, hvor Faderen Hans Olsen Riber var Borgermester,

opkaldt efter hans Morfader, den ældre Hans Svaning, Kong Frederik II. Lærer og kongel. Historiograph, hvis Familienavn han antog; 1635 Professor i Hebraisk ved Kjøbenhavns Universitet, 1646 theologisk Professor, 1655 Biskop i Sjællands Stift, 30. Oct. 1660 Erkebisp, Kongens Raad, Præsident i Consistorium samt Assessor i Statscollegiet og Høiesteret; død 26. Juli 1668. Ærgjerrighed og Herskesyge vare Grundtrækkene i Svanes Characteer. Med Maria Fuiren gjorde han et rigt Parti. Hans Formue forøgedes med tvende Jordegodser, som Frederik III forærede ham for hans vigtige Tjenester i Anledning af Souverainitetens Indførelse.

17) Dr. Hans Wandal, født 26. Jan. 1624 i Viborg, hvor hans Fader var Biskop, 1652 Professor i Hebraisk og 1655 i Theologien ved Kjøbenhavns Universitet, 1668 Biskop over Sjællands Stift; salvede Kong Christian V 7 Juni 1671; død 1. Mai 1675, gift med en Datter af den skaanske Biskop Winstrup.

18) Dr. Hans Bagger, født 23. Aug. 1646 i Lund, hvor hans Fader, Mag. Ole Bagger, var theologisk Professor ved det nylig oprettede Universitet, 1669 Professor i Philosophien og Conrector ved Kathedralskolen i Lund; 1674 Stiftsprovst og Sognepræst ved Frue Kirke i Kjøbenhavn, samme Aar gift med Margrethe Schumacher, Storcantsleren Grev Griffenfeldts Søster; 1675 Biskop i Sjællands Stift i sit 29de Aar; anden Gang gift med Søster Svane, Erkebispens Datter; lærd og gudsfrygtig; fraraadede at optage her i Landet de fra Frankrig flygtede Reformeerte som farligt for Lærens Reenhed; død 1693.

19) Dr. Henrik Bornemann, født 3. Jan. 1646 i Kjøbenhavn, hvor hans Fader var Secretair i tydsk Kancelli.

Subrector, derpaa Conrector, siden Rector ved Kjøbenhavns Skole; 1674 philosophisk Professor ved Universitetet, det følgende Aar Stiftsprovst og Sognepræst ved Frue Kirke, 1683 Biskop i Aalborg og ved Kongel. Diplom Dr. theol.; 1693 Biskop over Sjællands Stift; salver og kroner Kong Frederik IV og Dronning Louise 15. April 1700; død 31. Dec. 1710. Gift første Gang med Susanne Worm, en Datter af den berømte Oldforsker, Ole Worm; anden Gang med Anna Würger fra Lübeck. Han var den sidste af Sjællands Biskopper, der bar Skjæg.

20) Dr. Christen Worm, født 10. Juni 1672 i Kbh., en Sønnesøn af den berømte Ole Worm; i sit 22de Aar Professor i Philosophien ved Universitetet; 1701 Sognepræst til Nicolai Kirke og 1707 Stiftsprovst og Sognepræst til Frue Kirke i Kbh., samt 1710 Professor i Theologien ved Kbhavns Universitet, 1711 Biskop over Sjællands Stift; salver og kroner Kong Christian VI og Dronning Sophia Magdalene 6. Juni 1731, creeret til Doctor ved Kongel. Decret 3. Aug. 1736; død 9. Oct. 1737; stod i stor Anseelse for sin Gudsfrygt og sjældne Veltalenhed. I Aaret 1728 brændte hans kostbare Bogsamling, som tilligemed Bispegaarden fortæredes af Luerne medens Biskopen var i Roskilde ved Landemødet. Han var gift med Christine Tistorph, Datter af Mag. Mich. Tistorph, Sognepræst ved Nicolai Kirke.

21) Mag. Peder Hersleb, født 25. Marts 1689 i Stoed i Throndhjems Stift, hvor hans Fader var Præst, 1714 og 15 Feltpræst ved Hæren i Holsteen og paa Toget til Stralsund; 1718 Sognepræst til Gunderslev paa Falster og samme Aar Slotspræst til Frederiksborg og Sognepræst til Hillerød og Her-

low; 1725 Hofprædikant i Kjøbenhavn; 1728 paa Reise til Carlsbad med Kronprinds Christian og Gemalinde; 1730 tilligemed Confessionarius Lintrup hentet til Odense til Frederik IV. Dødsleie; 12. Oct. 1730 Biskop over Aggershuus og 1737 over Sjællands Stift; 1738 Generalkirkeinspector i Danmark og Norge; 4. Sept. 1747 salvede og kronede han Kongen og Dronningen; 1748 abjungeredes hans Svigersøn, Biskop Ludvig vig Harboe af Throndhjem, ham i hans Svagelighed; død 4. April 1757.

22) Ludvig Harboe, født 13. Aug. 1709 i Broager i det Slesvigske, hvor hans Fader var Præst; 1735 Medarbeider ved Udgivelsen af "Dänische Bibliothek"; 1738 Kapellan ved Garnisonskirke i Kjøbenhavn; 1741 sendt til Island som Generalkirkevisitator; 1743 Biskop over Throndhjems Stift; 1748 abjungeret sin Svigerfader som Biskop over Sjællands Stift, hvem han succederede baade som Biskop og Generalkirkeinspector; 1766 Kongel. Confessionarius; salvede og kronede Christian VII og Caroline Mathilde 1. Mai det følgende Aar, fik 1782 sin Svigersøn Dr. Balle abjungeret som Medhjælper; død 15. Juni 1783; ægtede sin Formands Datter Frederikke Louise Hersleb 1748. Kobberstikkeren Jonas Haas har 1761 udgivet en Portraitsamling af Biskopperne i Sjælland siden Reformationen, der slutter med denne Biskop, og siger selv i Fortalen, at han dertil har benyttet de Original-Skilderier, som findes paa Landemodets Sahl i Roskilde.

23) Dr. Nicolai Edinger Balle, født 12. Oct. 1744 i Vesterstov paa Lolland, hvor hans Fader var Degn; 1771 Sognepræst til Kjettrup og Gjøttrup i Aalborg Stift; 1772 Professor i Theol. ved Kjøbenhavns Universitet; 1774 Hofpræst; 1782 abjungeret sin Svigerfader som Biskop over Sjællands Stift og 1783 Biskop og Generalkirkeinspector; 1800

tillige Confessionarius, i hvilket Embede han forblev til sin Død 19. October 1816; formedelst Svagelighed entlediget fra Bispeembedet 1808; første Gang gift med Frederikke Severine Grundtvig, en Datter af Sognepræsten i Vallekilde af dette Navn, anden Gang med Johanne Frederikke Harboe, en Datter af hans Formand. Hans Portrait skal være malet af Juul.

24) Dr. Frederik Münter, født 14. October 1761 i Gotha, hvor hans Fader dengang var Præst (senere Præst ved Petri Kirke); 1788 Professor i Theologien ved Kjøbenhavns Universitet; 1808 Biskop over Sjællands Stift; salvede og kronede Frederik VI og Maria 31. Juli 1815; død 9. April 1830; berømt Orientalist og Numismatiker; gift med Maria Elisabeth Krohn, Datter af Dr. Borgermester H. Krohn i Lybek. Hans Portrait er malet af Historiemaler Adam Müller.

25) Dr. Peter Erasmus Müller, født 29. Mai 1776 i Kjøbenhavn, hvor hans Fader var Stempelpapiirsforvalter; 1801 Professor i Theologien ved Kjøbenhavns Universitet; 1830 Biskop over Sjællands Stift; død 4. Sept. 1834; lærd Theolog, Forsker i den nordiske Hedenolds Historie; gift med Louise Augusta Stub, Datter af Commandeurcapitain O. F. Stub. Hans Portrait er malet efter hans Død af hans fornævnte Søn, Historiemaler Adam Müller.

26) Ansgarius i Legemsstørrelse med Modellen til Habdeby Kirke, der skal være bygget af denne Nordens Apostel. Maleriet er udført ifølge Biskop Münters Foranstaltning af en Maler Bendixen i Hamborg efter et derværende originalt Glas=Maleri i den nu afbrændte St. Petri Kirke sammesteds, og har siden Originalens Tilintetgjørelse under Branden erholdt end større Værd som den eneste bekjendte Copi; ophængt her i Kirken 1827.

De trende Sandsteensmonumenter, der her ere ophængte, ere alle i Rococostilen og ikke meget værd fra Steenhuggerarbeidets Side. Derimod ere de indlagte, paa Kobberplader malede Portraitter af sand kunstnerisk Værd; navnlig ere Borgermester Schrøder og Kones Portraitter malede med Liv og Følelse, og maa henregnes blandt de bedste Arbeider af denne Art. Det første af disse Sandsteensmonumenter, vi træffe, naar vi komme fra nordre Indgang til Sacristiet, er ophængt paa Høichorets nordøstre Pille. Paa Stenen findes følgende Epitaphium med forgyldte Bogstaver:

D. O. M. S.

Susannæ D^{ni} Matthiæ Episcopi Scan. Lund., Roeschild. Canon. filiæ gratiosissimæ, integerrimæ Matronæ; Svaviss. desideratissimæ conjugi II, Pientiss. IV Liberorum matri, heic grassante epidem. ve heu nimis immature exstinctæ Olaus Worm D. in Academia Hafniensi Med. Prof. P. Maritus Moestiss. B. M. P. C.

Enixa sibi jam sociatâ femellâ prole obiit VI Cal. Sept. Anni MDCXXXVII; Conjugii VII; ætatis XXIV et Ps. 118.

Non moriar, vivam; Christi magnalia dicam.

Portraittet foroven viser, at Susanne Worm ikke har været nogen almindelig Skjønhed. — Hertil hører en Liigsteen nedenfor i Sacristiets Gulv, om hvilken siden.

Paa Ydremurspillen skraa overfor er Borgermester Gerhard Schrøders Monument af Sandsteen. Alt Steenhuggerarbeidet er simpelt og i Rococostilen. Paa Stenen er Opstandelsen malet samt følgende Indskrift:

Beati mortui qui moriuntur in Domino
D. O. M. S.

Gerhardo Schrøder hujus civitatis consuli clarissimo ætatis suæ LIIII an. cal. Jan. anno MDCXLIII et Christinæ Alberti fil. uxori ejus Matronæ lectissimæ ætatis suæ LXIIII Ann. V Cal. Septembr. Ao MDCXLII pie placide in Jesu Christo defunctis parentibus suis Chariss. Hermannus Schrodderus cum sorore Anna Gerhardi filia hoc Monumentum. B. M. P. C.

Exspectavi Jehovam, exspectavit anima mea, et in verbo ejus speravi.

Det bedste af disse trende Sandsteensmonumenter fra Steenhuggerarbeidets Side er umægtelig det længst mod Syd over Augustinus Sandt og hans Kone Anna Rhumann med deres paa Kobber malede Portraitter. Paa Sandstenen læses følgende Epitaphium:

יְהִיָה

Venerandus Senex Augustinus Sandt, quondam arcis Croneburgiæ et ecclesiæ germanicæ, quæ est Helsingoræ nec non Potentissimi Regis Christiani IV Pastor militaris emeritus, Canonicus et Vicarius Roeschildensis, in Dei Honorem sui uxorisque charissimæ Annæ Rhumannæ memoriam hoc monumentum vivus fieri curavit Ao 1644

Ambo nati 1567   Pinxit 1645
Ille obiit Ao 1649   illa obiit Ao 1648
d. 31 Xbris   d. 10 Xbris

Miseratio Domini meritum meum.

Lige inden for den nordre Indgang til Sacristiet staaer Biskop Lago Urnes træebige Chorstol af Egetræ. Den har, som anført tidligere, havt sin Plads ved søndre Side af Hei=

alteret, hvor den forblev staaende indtil den i Aaret 1694 flyttedes herhen. Dette elegante Kunststykke i Træsnit er conserveret ualmindelig godt, og man vil atter her have Leilighed til at betragte et af Middelalderens Kunstpræstationer i denne Retning, der ikke alene fra Færdighedens men ogsaa fra Smagens Side har Krav paa Opmærksomhed. Rygbeklædningens trende øverste Feldter have hvert sit Vaaben over hvert af Sæderne, det kongelige, Kirkens og Biskop Lago Urnes, omslyngede af gothiske Ornamenter, der ogsaa rigeligen ere anvendte omkring dens trende Himle. Disse opbæres af Søileknipper af stiliseret Løvværk. Endestykkerne ere prydede med Billedtavler, der forestille Fødselen og Daaben. Armstykkerne træde frem i smaa gothiske Taarne med 4 fritstaaende Figurer, der forestille Evangelisterne. Kunstforeningen har foranstaltet denne Chorstol afbildet ved H. C. Hansen.

Vi have allerede nævnt de tvende betydeligste Stykker af Kirkens Inventarium, som forefindes paa Omgangen, nemlig Orgelet og Christian IV. Stol. For Fuldstændigheds Skyld kunne vi tilføie Følgende:

Paa Pillen lige ved Indgangen fra Kapitelhuustrappen er fremkommet følgende Indskrift, der synes at være fra 14de Seculum:

      . . adesto Deus . . .
      bonus nobis omnipotens
      Pater et filius
      et Spiritussanctus
      et esto propitius
      . . nobis
      omnibus pa . . .
      . . . . amen

De tvende i Træ udskaarne Figurer ved Slagværket, **Peer Døver og Kjersten Kimes** kaldede, ere jævnaldrende med den tilhørende Skive. Manden slaaer Timeslagene og Qvinden Qvarteerslagene. Ifølge Dragterne og Uhrskivens Characteer gaae disse Sager maaskee tilbage til det 14de Aarhundrede. Figurerne ere uskjønne og burde maaskee fjernes, var det ikke at de staae afsides og have Aarhundreders Hævd. De paa begge Sider af Uhrskiven anbragte Malerier af det danske Rigsvaaben og den forfængelige Ungdom, der overraskes af Døden, ere meget senere Tilsætninger, sandsynligviis fra forrige Aarhundrede. — Den østligst paa Omgangen anbragte Dør er samtidig med Palaiet, til hvilket den fører gjennem en bedækket Gang (76). Ved given Leilighed vilde det ikke være uhensigtsmæssigt at bortskaffe denne uhyggelige Dør og restaurere det oprindelige Vindue, som Øiet her meer end noget andet Sted savner formedelst den tilintetgjorte Symmetri.

III. Monumenter og aabne Begravelser i Kirkens Tilbygninger og Kapeller.

a¹. Kapitelhuset.

Det Rum i Kapitelhuset, der er betegnet med Bogstavet a paa Tab. I, afgav oprindelig Bolig for Sacristanen eller den geistlige Person, der havde Kirkens Kostbarheder under sin Forvaring. Den gamle Skorsteenspibe, "igenluft in vestibulo Sacristiæ", hvori man ved Undersøgelsen den 24. Mai 1563 fandt et Skriin med værdifulde Sager, kom atter for Dagens Lys, da dette Locale omkalfatredes i Aaret 1848. Den gaaer nemlig gjennem Pillen b og vidner baade om, at det tilhørende Rum engang har været benyttet til Beboelse, samt at det var blandt de Steder man under Grevens Feide havde søgt at skjule Kirkens Skatte. Fremdeles fandtes sammesteds i Pillemuren ligeoverfor Skorsteenspiben et tilmuret Rum, der sandsynligviis er det ved samme Leilighed omtalte repositorium. Bemældte Locale har sandsynligviis efter disse Fundt faaet Navn af Mynten, og ikke fordi, som almindelig berettes, her skal være myntet Penge. Fra Begyndelsen af 18de Aarhundrede indrettedes dette Rum til en Familiebegravelse for Landsdommer Ehm. I Skjødet, dat. 18. Febr. 1701, hedder det, "at samme Begravelse skal indrettes paa søndre Side af Choret inden Døren til det Sted, som ellers kaldes Mynten ...... samt holde det ved lige paa egen Bekostning, endog det Vindue, som fra Øst gaaer ind til samme Begravelse". Ved denne Leilighed er altsaa dette Locales ældste Indretning bleven forstyrret. Nu er det ogsaa ophørt at være Begravelsessted. Ligene ere for længst udflyttede og der har været Spørgsmaal om at nedbryde denne lille Bygning. Maaskee de historiske Minder, der knyttede sig til den, have frelst den.

Det tilstødende Rum mod V., der er betegnet ved c, dannede oprindelig en Vestibule foran en stor Portal (See første Hæfte Pag. 12), men da Kapitelhuset allerede opførtes i det 12te Aarhundrede, maatte dette Rum blive overflødigt, og senere, da Traditionen om dets første Bestemmelse var gaaet tabt, blive en Gjenstand for mange Gisninger. Den 9. Aug. 1719 erholdt Sognepræsten ved Roskilde Domkirke, Mag. Paulin, Skjøde paa dette Rum til Familiebegravelse, og beskrives i Skjødet denne aabne Begravelse at være beliggende "mellem Landsdommer Ehms Familiebegravelse og Indgangen til Kirken fra Klokkerresidentsen". Disse tvende Skjøder, der findes i Domkirkens Archiv, oplyse nøie de her nævnte Rums Indretning baade før og efter deres Ombannelse til Begravelseskapel lige til Aaret 1849, da de erholdt deres nuværende Form.

Længere mod Syd i det første Rum, som hører til Kapitelhuset, og som paa Planen er betegnet med Bogstavet d, fandtes indtil for nogle og tyve Aar siden en med Indskrift forsynet Steen, indmuret i Pillen mellem de tvende Indgange. Indskriften, der var udført med gothiske Bogstaver af en høi Ælde, lød saaledes:

Anno MCXXVIII Dominicæ incarnationis III Jdus Novembris obiit Helgi, Consiliarius Nicolai R., qui multiplices eleemosynas huic ecclesiæ contulit et jugum Regii juris, quod a quibusdam Regum Conciliariis hujus ecclesiæ Canonicis impositum fuerat, excussit.

Stenen blev paa Biskop Mynters Foranstaltning udtaget af Muurpillen og findes nu paa Muséet for nordiske Oldsager i Kjøbenhavn. — Helgi kan ifølge denne Indskrift ansees for Kapitelhusets eller det geistlige Retshuses Stifter, og er formodentlig derfor ogsaa bleven jordet i dets Gulv neden for Pillen. Stenen er afbildet i en af Oldskriftselskabet udgivet "Ledetraad for nordisk Oldkyndighed".

Et gammelt Brevskab, der har tilhørt Kapitlet, staaer endnu i det yderste hvælvede Rum i Bygningens anden Etage. Det er af Egetræ og skjænket Kapitlet af en Rosengaard, formodentlig Erkedegnen af dette Navn, der døde i Aaret 1474, og hvis Liigsteen (Nr. 5 i søndre Gang) ligger lige for Opgangen til Kapitlet. Skabet bestaaer af tvende Partier, et mindre foroven og et større for neden. Det øverste er afdeelt i 6 Rum med tilhørende Dørre. Snitværket i Dørfelterne varierer i smagfulde Mynstre med underlagte Farver. I tredie og femte Dør-Felt er Rosengaardernes Skjoldmærker anbragte.

Hosføiede Afbildning vil give en Forestilling om den Elegance, hvormed Alt er udført.

Ogsaa Smedearbeidet er værd at lægge Mærke til. Desværre ere flere Stykker, henhørende til Ornamenterne, allerede stærkt beskadigede, og da dette kostelige Monument har Plads i et afsides Rum, hvor Ingen uden Kirkens Betjente komme, saa synes dets Skjæbne let at forudsee. Langt hellere, end lade det henstaae paa Kapitlets Loft, burde det gives Plads paa Musæet i Kjøbenhavn, hvor det dog vilde blive tilgjængeligt for Mange.

b¹. Frederik d. 5tes Gravkapel.

I Marmormonumentet Nr. 1 paa Tab. I hviler Kong Frederik V. Ved Fodstykket er anbragt tvende 9 Fod høie qvindelige Figurer, der forestille det sørgende Danmark og Norge. De allegoriske Figurer i Basrelief paa Forsiden forestille Sorgen med nedsænket Fakkel, forkyndende Kongens Død paa den ene og en Figur med Attributter for Agerdyrkning, Handel og Skibsfart paa den anden Side. I Midten: Kongens aflagte Hjelm og Skjold. Paa Kistens Rand staaer: Fredericus V Dei gratia Rex Daniæ, Norvegiæ, Vand. Goth. Paa Kistelaaget hviler den neblagte Krone paa en Pude. Bag Sarcophagen reiser sig en Søile af blaat Marmor, hvorpaa er anbragt en Medaillon med Kongens Portrait, omslynget af Egeløv, udført i fiin kararisk Marmor. Søilen ender i et Kapitæl med Acanthusblade, ovenpaa hvilken er anbragt en Urne med følgende Indskrift af støbte, forgyldte Metalbogstaver:

Natus XXXI. Mart. MDCCXXIII. Denatus
XIIII Januar MDCCLXVI.

Dette Monument hører blandt Wiedewelts største Arbeider. Det er en smuk Idee at fremstille det sørgende Danmark og Norge ved Kongens Afføerne. De kolossale Figurer udtrykke ogsaa godt Veemoden, men for dem, der ere vante til at betragte Thorwaldsens Mesterværker, maa disse Figurer forekomme tunge, idet man føler Stenen for meget og Livet for lidet. Kunstneren har paa nogle Steder ladet alle Figurens Former træde tydeligt frem under den tynde Flor-Beklædning, men paa andre Steder givet Folderne i Drapperiet en meget afstikkende Tunghed.

Frederik V, Søn af Christian VI og Sophie Magdalena af Culmbach; født i Marts 1723; Konge ved Faderens Død 6. Aug. 1746; kronet og salvet paa Frederiksborg 4. Sept. 1747 af Biskop P. Hersleb; død af Vatersot paa Christiansborg 14. Jan. 1766 om Morgenen Kl. 9½ i sit 43de Aar, bisat i Roskilde Domkirke 19. Marts s. A. Frederik V stod fra det gode Hjertes Side ikke tilbage for nogen Regent af det oldenborgske Kongehuus. Hans Godgjørenhed, jævne Sæder og danske Sind gjorde ham afholdt af Folket lige til sin Død, ihvorvel han især i sine sidste Leveaar gav efter for Lidenskaber, der nedbrød hans Helbred og tilsidst lagde ham i Graven i hans kraftigste Alder. Regjeringen overlod han til sine Ministre.

I Kapellets vestre Korsarm staaer Dronning Louises Sarcophag af hvidt Marmor, forfærdiget af Stanley (Tab. I Nr. 8). Forsiden er decoreret med Basreliefs, der forestille Apostlen Peter, opvækkende Tabitha, og paa Bagsiden sees Kongen og Dronningen, rækkende hinanden Haanden over et Alter, medens Kjærlighedens Genius bekrandser Dronningens Hoved. I Baggrunden sees Skibet, der bragte hende til Danmark. Paa begge Sider af disse Reliefs staaer med forgyldte Malmbogstaver: Luisa, Regina Daniæ, Norvegiæque, Princeps Magnæ Brittanniæ, Nata MDCCXXIV, Felix Conjugio Prole Amore Populi Omnibus Obiit MDCCLI. Den qvindelige Figur ved Monumentets Hovedende forestiller Religionen og den ved Fodenden Godgjørenheden. Paa Laaget er anbragt en paa en Pude hvilende Krone.

Dronning Louise, en Datter af Kong Georg II af Storbritannien og Caroline af Brandenburg-Anspach, født i London 18. Dec. 1724, gift med Kronprinds Frederik 11. Dec. 1743, kronet tilligemed Kongen 4. Sept. 1747; død 19. Dec. 1751 om Morgenen Kl. 4. En for tidlig Fødsel med en dødfødt Søn kostede Dronningen Livet, da hun netop havde fyldt sit 27de Aar. Hun var af en ualmindelig Skjønhed. Der er næppe nogen Dronning, der, saalænge den oldenborgske Stamme har regjeret i Danmark, var mere elsket af det danske Folk (77).

I Kapellets østre Korsarm hviler Kong Frederik V. anden Dronning, Juliane Maria i en med sort Fløiel betrukken og med Guldgalloner besat Egetræeskiste, betegnet paa Planen ved Nr. 2. Paa Hovedenbestykket staaer: Juliane Maria Regina Dan. et Norv., og paa Fodenbestykket: Nata d. VI Sept. MDCCXXIX. Denata d. X Oct. MDCCXCVI. Paa Sidestykkerne er anbragt forgyldte Sølvplader med det danske og brunsvig-lyneborgske Vaaben.

Dronning Juliane Maria var en Datter af Hertug Ferdinand Albert af Brunswig-Wolfenbüttel og Antonette af Blankenburg, ægtede Frederik V 8. Juli 1752 paa Frederiksborg Slot, hvor Kroningen foregik samme Dag. Hun omtales som naadig, forstandig og smuk. (78). Juliane Maria døde paa Fredensborg og blev bisat i Roskilde Domkirke 12. Nov. 1796.

I Kisten Nr. 3 hviler Arveprinds Frederik. Det er en Egetræes Kiste overtrukket med sort Fløiel, forsynet med Guldgalloner Fryndser og Qvaster. Paa Laaget og Siderne er anbragt forgyldte Sølvplader med Vaabenskjold. Om Kistens Rand læses følgende Indskrift: Frederik, Frederik den Femtes Søn, Christian den Syvendes Broder; Danmarks og Norges Arveprinds, Videnskabers og Kunsters Forfremmer. Han elskede Gud Kongen og Fædrelandet, at gjøre vel var hans Glæde;

mod Alle var han god og retskaffen; mod sine Børn den ommeste Fader.

Arveprinds Frederik er født 11. Oct. 1753; Coadjutor til Stiftet Lybek 1756, hvorpaa han resignerede 1773; Præsident i det Kongel. Kabinet 13. Febr. 1772, der opløstes 14. April 1784; død 7. Dec. 1805 paa Amalienborg; bisat i Roskilde Domkirke 4. Jan. 1806.

I Kisten Nr. 4 hviler Sophie Frederikke, Datter af Prinds Ludvig af Meklenborg-Schwerin; født 24. Aug. 1758; formælet med Arveprinds Frederik 21. Oct. 1774; død 29. Oct. 1794. Kisten er overtrukken med sort Fløiel og orneret med Guldgalloner og Frynsfer. Paa Laaget ligger en Sølvplade med følgende Indskrift:

De
Jordiske Levninger
af
Hendes Kongelige Høihed
Sophia Frederica
Arveprindsesse til Danmark og Norge
af Huset Mecklenburg-Schwerin.
Fød den 24de August MDCCLVIII
Formælet den 21de Oct. MDCCLXXIV
Med hans Kongelige Høihed Arveprinds Frederik.
Død 29do November MDCCXCIV
Moder til 7 Børn, af hvilke 4 leve.

I Kisten Nr. 5 hviler Kong Frederik VI. Det er en Egetræes Kiste, overtrukken med sort Fløiel, hvilende paa 6 Sphinxer, der tilligemed Ornamenterne af Englehoveder,

Valmuegrene, Palmeløv og Lister ere af ægte forgyldt Metal. Tegningen til Kisten er af Hofbygmester, Conferenceraad Koch, Ornamenterne ere modellerede af Professor Bissen, og Metalarbeidet udført af Hofgjørtler Dahlhoff. — Paa Hovedendestykket staaer:

>Miskundhed og Sandhed
>Skal bevare en Konge.
>Ordsp. 20, 28.

Paa Fodenbestykket:

>Hans Ihukommelse er i Velsignelsen.
>Sirach 45—2.

Paa hver af Kistens Sidestykker er anbragt Sølvplader med det danske Rigsvaaben og en Egekrands.

Paa Kistelaaget ligger en Sølvplade med følgende Indskrift:

>Frederik den Sjette,
>fød d. 28de Januar 1768;
>deeltog i Rigets Styrelse
>fra den 14de April 1784;
>besteeg Thronen
>d. 13de Martii 1808
>formæledes d. 31te Julii 1790
>med
>Maria Sophia Frederikke,
>Prindsesse af Hessen-Kassel;
>hvilket Ægteskab var velsignet med 8 Børn
>af hvilke tvende Prindsesser
>Caroline og Wilhelmine Maria
>begræde Tabet af en høitelsket Fader.
>Død d. 3 Dec. 1839.

Kong Frederik VI, Søn af Christian VII og Caroline Mathilde af England, afstod Norge ved Freden i Kiel 14. Jan. 1814, kronet og salvet af Biskop Münter 31. Juli 1815 paa Frederiksborg, død Datum ut supra om Morgenen Kl. 8½ i sit 71de Aar, bisat i Roskilde Domkirke 16. Jan. 1840. Mindet om hvad Kong Frederik har virket for Bondestanden, Mindet om hans Tilgjængelighed for alle hans Undersaatter og dybe Retfærdighedsfølelse, om hans Tarvelighed og jævne Sæder vil længe bevares hos det danske Folk. Stor Omhu værdigede han Landhæren. Skjøndt næsten halv døende var han endnu Dagen før hans Død den 2. Dec. i Uniform ved Parolen.

I Kisten Nr. 6 hviler Kong Frederik den Sjettes Gemalinde Dronning Maria Sophia Frederikke. Kisten er af samme Beskaffenhed som den Foregaaende. Paa Hovedenbestykket staaer:

Dine Bønner og dine Almisser
Ere stegne
Op for Gud og ihukommede.
Apost. Gjern. X, 4.

Paa Fodenbestykket:

Graa Haar ere en deilig Krone
naar
de findes paa Retfærdigheds Vei.
Ordsp. XVI, 31.

Paa Pladen:

Maria Sophia Frederikke
Prindsesse af Hessen-Kassel
Født den 28de Oct. 1767

Formælet den 31te Juli 1790
med
Kong Frederik den Sjette,
Dengang Kronprinds,
Efterladt som Enke
Den 3die December 1839,
Død den 21de Marts 1852.
Af 8 Børn
Efterleve tvende Prindsesser
Caroline og Wilhelmine Maria,
Der begræde Tabet
Af dyrebare Forældre.

Velsignet være hendes Minde.

Dronning Maria døde Kl. 11 om Aftenen Dat. ut supra efter i flere Dage at have lidt af en heftig Brystcatarrh, Hoste og tiltagende Mathed. Hendes Liig førtes til Roskilde Natten mellem 9de og 10de April og bisattes i Frederik V. Kapel ved Siden af Kong Frederik VI. Fromhed og Godgjørenhed vare fremtrædende Egenskaber hos denne Dronning. Hun var aandrig og i Besiddelse af ualmindelige Kundskaber.

I Kisten Nr. 7 hviler Kong Christian VII. Den er overtrukket med sort Fløiel og Laaget besat med broderede Sølvstjerner. Paa Fodenden af Laaget er anbragt en nedgaaende Sol og paa samme Stykke af selve Kisten Christian VII med forgyldte Bogstaver og det danske Vaaben. Ved Hovedenden er anbragt et Kors og følgende Indskrift: født d. 29 Januar 1749; død d. 23 Martii 1808; samt en i Krebs lagt Slange, som Symbol paa Viisdom og Enighed, omslyngende en Urne, som Symbol paa Tiden,

Alt af Sølv. — Enhver af de her nævnte Kister staaer paa et med forgyldte Kroner besat Fløielsteppe.

Kong Christian VII, Søn af Frederik V og Louise af England, Konge ved Faderens Død 14. Jan. 1766; kronet og salvet i Christiansborgs Slotskirke 1. Mai 1767 af Biskop L. Harboe, ophæver det geheime Statsraad 27. Dec. 1770; udnævner Struensee til Geheime-Cabinetsminister 14. Juli 1771 (79). Struensee styrtes 17. Jan. 1772. Geheimestats-conseilet gjenoprettes under Arveprindsens Præsidium 13. Febr. Kongens Ægteskab med Caroline Mathilde ophæves ved en Commissionsdom 6. April s. A. Kronprinds Frederik overtager Regjeringen 14. April 1784. Kong Christian VII døer i Rendsborg, bisat her i Kirken 16. Juli 1814.

I Kisten Nr. 9 hviler Kong Christian VIII. Den er af Egetræ, betrukken med sort Fløiel, der paa Siderne hænge i Festons, rigt besatte med forgyldte Kroner. Paa Hovedenden staaer det danske Vaaben paa en ægte forgyldt Sølvplade, paa Fodenden en Sølvplade med følgende Indskrift: Jeg vil give Eder Hyrder efter mit Hjerte; de skulle føde Eder med Kundskab og Forstand. Jer. 3, 5. Paa høire Side staaer med forgyldte Bogstaver: Der var en ypperlig Aand og Forstand og Klogskab funden i ham. Dan. 5, 12. Paa venstre Side: Han fyldte snart en lang Tid. Viisd. B. 4, 13. — Paa Kistens Laag ligger en Sølvplade med følgende Indskrift:

Christian den Ottende,

født den 18 September 1786,

besteeg Thronen

den 3die December 1839,

formæledes første Gang den 21de Junii 1806 med
Prindsesse Charlotte Frederikke
af Meklenborg-Schwerin,
og anden Gang den 22de May 1815 med
Prindsesse Caroline Amalie
af Slesvig-Holsteen-Sønderborg-Augustenborg.
To Sønner vare Frugten af det første Ægteskab.
Den Førstfødte bortkaldtes d. 13de April 1807, faa Timer
efter Fødselen.
Den Yngre besteeg ved den høit elskede Faders Død
den 20de Januar 1848
som
Frederik den Syvende
Danmarks Throne.

Hans Valgsprog var:
Gud og Fædrelandet.

Kisten bæres af 6 forgyldte Metalsphinxer. Laaget er decoreret med stærkt forgyldte Rundstave af stiliseret Egeløv. Tegningen til Kisten er af Hofbygmester, Conferentsraad Koch; Metalarbeidet er modeleret af Professor og Billedhugger Bissen og støbt af Hofgjørtler Dahlhoff.

Kong Christian VIII, Søn af Arveprinds Frederik og Sophie Frederike af Meklenborg; begav sig til Norge i Mai 1809; valgt til Konge sammesteds 17. Mai 1814; nedlagde denne Krone 10. Oct. 1814; Konge i Danmark 3. Dec. 1839; kronet og salvet i Frederiksborg Slotskirke d. 28. Juni 1840 af Biskop Mynster. Efter at have brugt Badene paa Föhr vendte han i Sept. 1847 styrket tilbage. Den 5. Jan. 1848 begav han sig ombord paa Corvetten Valkyrien for at tage Afsked med Mand=

ſkabet; men her paadrog han ſig en Forkjølelſe. Til den deraf ſig udviklende Feber kom en ſmertefuld Betændelſeshævning i Armen efter en Aareladning; den 20. Jan. Kl. 10½ Eftermiddag var han ikke mere. — Chriſtian VIII ſtod høit baade hvad Forſtand og Hjerte angaaer. Han anſaaes med Rette for en af ſin Tids meeſt oplyſte Regenter. Hans Perſon var fuld af Værdighed, og hans Hoved et af de ſkjønneſte blandt Fyrſterne af den oldenborgſke Stamme.

I Marmormonumentet Nr. 10 hviler Kong Chriſtian VI. Det er af hvidt Marmor og forfærdiget af Wiedewelbt. Paa begge Siderne findes Figurer i Basreliefs, der foreſtille Kong Chriſtian VI i romerſk Dragt ſiddende og pegende paa et oprullet Blad, hvorpaa Bygningsplanen til Chriſtiansborg Slot er afbildet. Paa Laaget ligge de korslagte Rigsregalier af forgyldt Metal ſamt en Krone af Marmor. Paa Fodſtykket ſidder ved Hovedenden en Figur i naturlig Størrelſe, foreſtillende Pſyche, lænende den høire Arm paa en Medaillon med Kongens Portrait i Basrelief. Ved Fodenden en tilſvarende qvindelig Figur, der ſkal udtrykke Sorgen over Kongens Død. Paa hver af Siderne er anbragt tvende Tavler med følgende Indſkrifter:

Paa Forſiden:

Christianus VI   Pietate
Rex   In Deum
Dan. Norveg.   Benefactis
&c. &c.   In Pópulum.

Paa Bagſiden:

Semper   Constantia
Et   In Foederibus
Ubique   Severitate
Seculi Decus   In Solum Se Ipsum.

Sarcophagen, der hviler paa 4 smukke ægyptiske Sphinxer af hvidt Marmor, er stillet paa en Fod af blaagraat Marmor.

Christian VI, Søn af Frederik IV og Lovise af Meklenborg, født 30. Nov. 1699, Konge ved Faderens Død 12. Oct. 1730; kronet og salvet af Biskop C. W. Worm paa Frederiksborg d. 6. Juni 1731; led i nogen Tid af Asthma og Brystvattersot, men arbeidede i sit Cabinet indtil faa Dage før sin Død, der overraskede ham d. 6. Aug. 1746; bisat her i Kirken d. 4. Oct. s. A. — Denne Konges gode Hjerte, redelige Villie, Arbeidsomhed, Omsorg for Videnskaber og Folkeoplysning, for Søvæsen, Handel og Skibsfart, samt hans uhyklede Gudsfrygt ere Egenskaber, der kunne opveie hans Svaghed og Eftergivenhed for en obsel Dronning og en pietistisk Geistlighed.

I Kisten lige over for, betegnet ved Nr. 13, hviler Kong Christian VI. Gemalinde Sophie Magdalene. Kisten er af Træ, overtrukken med Fløiel og paa ny besat med Guldgalloner rc. Paa Laaget er broderet med Guldbrokade S M og Krone. Paa hver af Kistens Sider det danske og brandenburg-culmbachske Vaaben. Paa Hovedenden staaer broderet: Diva Sophia Magdalena Regina Consors Mater Avia; paa Fodenden: Nata d. XXVIII Nov. MDCC, denata d. XXVII Maji MDCCLXX. Kisten staaer paa et Fløielstæppe, rigt besat med Guldkroner.

Sophie Magdalena, Datter af Markgreve Chr. Henrik af Brandenburg-Culmbach og Sophie Christiane, Grevinde af Wolfstein; ægtede Kronprinds Christian 7. August 1721 paa Slottet ved Pretsch i Sachsen; kronet med Kongen 6. Juni 1631; begravet i Roskilde Domkirke 14. Juni s. A. Sophie Magdalena var bigot, stolt, obsel, pragtsyg og krænkede den nationale Følelse ved hendes Foragt for alt, hvad der var dansk. Hun kunde som saadan ikke være elsket af det danske Folk.

I Kisten Nr. 11 hviler Prinds Wilhelm af Hessen-Philipsthal. Kisten er af Træ, overtrukken med sort Fløiel og prydet med forgyldte Zirater. Paa Laaget ligge tvende Sølvplader, den ene med Prindsens Vaabenskjold, hvorunder staaer: ad utrumque paratus non sibi sed regi; den anden har følgende Indskrift:

Frederik Wilhelm Carl Ludvig,
Prinds til Hessen-Phillippsthal-Barchfeldt
født den 10de August 1786.

Generalmajor, Commandeur for den
Kongelige Livgarde til Hest,
Tjenstgjørende Chef for det Kongelige Landcadet-Corps,
Ridder af Elephanten Dannebrogsmand
Storkors af den Keiserlige østerrigske Leopoldsorden
Ridder af den militaire Fortjenstorden og Jernhjelmen,
Samt hædret med den churfyrstelige hessiske Krigsmedaille
for MDCCCXIV
Storkors af den Kongelige sachsiske Huusorden,
Ridder af den Kongelige-Preussiske Johannitterorden.

Formælet den 22de August 1812
med Juliane Sophie, Prindsesse af Danmark.

Han døde den 30te November 1834.

Salige ere de Døde, som døe i Herren,
De skulle hvile fra deres Arbeider
Men deres Gjerninger skulle følge dem.
Joh. Aabenb. 14, 14.

Paa Kistens høire Side staaer med forgyldte Metalbogstaver:

Den Ædles Støv hvile i Fred!

Paa venstre Side:

Hans Minde være velsignet!

Kisten staaer paa 8 forgyldte Ørnekloer. Tegningen til Kisten er af Hofbygmester, Conferentsraad Koch. Liget blev høitidelig bragt til Kapellet ved Petri Kirke, hvorfra det først 16. Mai 1835 Kl. 11 Formiddag førtes her ind i Kirken og bisattes i Christian den 4tes Kapel, men flyttedes til sin nærværende Plads, da dette Kapel skulde decoreres 1844.

I Kisten Nr. 12 hviler Prinds Wilhelm af Hessen-Philipsthals Gemalinde, Prindsesse Juliane Sophie, Prindsesse af Danmark. Kisten er af Træ, betrukken med sort Fløiel og ligesom den foregaaende forsynet med Ornamenter af Bly og Træ. Paa Laaget ligge tvende Sølvplader, den ene med Prindsessens Vaabenskjold, den anden med følgende Indskrift:

Juliane Sophie,
Prindsesse af Danmark.
Født den 18de Februar 1788.

Formælet den 22de Augusti 1812
med
Frederik Wilhelm Carl Ludvig Prinds til Hessen-
Philipsthal-Barchfeldt.
Enke den 30te November 1834,
Død den 9de Mai 1850.

Hun var rig paa gode Gjerninger
Og gav mange Almisser. Apost. Gjern. 9, 36.

Paa Kistens høire Side staaer:

I hendes Mund var ikke Svig.

Paa venstre Side:

Kjærlighed søger ikke sit Eget.

Prindsesse Juliane Sophie var en Datter af Arveprinds Frederik og Sophie Frederike. Hendes Liig bisattes her i Kirken 21. Mai 1850 Kl. 11 Formiddag.

Planen II viser Kjælderparpartiet under den inderste eller nordre Deel af Frederik V. Kapel. Den her staaende Kiste indeholder Støvet af Prinds Alexander Nicolai af Philipsthal. Han bisattes i Christian IV. Kapel ved Siden af den 1834 afdøde Oncle d. 19. Mai 1842, Formiddag Kl. 11. Men da dette Liig ikke var balsameret og Menigheden derved besværedes, hensattes det her i Kjælderen. Paa den paa Laaget liggende Sølvplade staaer:

Alexander Nicolai

Prinz zu Hessen-

Philipsthal-Barchfeldt,

Geb. 1 Nov. 1826 in Burg Steinfurt,

Gestorben 20 Nov. 1841 in Copenh.

Paa Hovedenbestykket:

Ein freundlich Kind, an kühnen Muth ein Mann
Bist du, o junger Fyrstensohn entschlafen.
Du wähltest dir des Meeres rauhe Bahn,
Und bist ch' du's geglaubt, im ew'gen Hafen.

Denne unge Prinds, der var Elev paa Søcadetskolen i St. Petersborg, døde paa et Besøg i Kjøbenhavn.

For at give Plads til Frederik V. Kapel nedbrødes det af Biskop Oluf I i Aaret 1309 stiftede Vor Frue Kapel. Stifteren jordedes i Kapellet. Paa Liigstenen der laa over hans Grav var han afbildet i fuld Ornat. Randindskriften løb saaledes: Hic jacet venerabilis Dominus Olaus Episcopus Roschildensis qui obiit Anno MCCCXX. VI Jdus Martii. Hertil hørte fremdeles et malet Billede af Biskoppen indvendig paa Kapellets søndre Muur med følgende Underskrift: Olaus Epus Roeschildensis primus fundator hujus capellæ, obiit Anno Domini MCCCXXVI Jdus Martii. Da Biskop Oluf strax i Fundationsaaret skjenkede Noget af sit Gods til en Capellan ved dette Kapel til "en Messe at afholde 3 Gange ugentlig" (80), maa et Alter samtidig være stiftet, hvilket sandsynligviis har været indviet til den hellige Jomfru og er formodentlig det Alter, som omtales i Dronning Margrethes Fundationsbrev af Trefoldigheds-Alteret i Choret (81). Senere omtales St. Antonii Alter i Vor Frue Kapel, stiftet 1508 (82). Hvad de her anlagte Begravelser samt herhen fra Choret flyttede Monumenter *c.* angaaer, henvise vi Læseren til Noterne.

c¹. De hellige tre Kongers Kapel.

Monumentet Nr. 1 paa Grundplanen I er opreist for Christian III, hvis Støv dog ikke hviler i Kenotaphiet, men i den neden under samme anbragte Kjælderhvælving. Monumentet forestiller en Paradeseng. Hovedfiguren, der forestiller Kongen i naturlig Størrelse, hvilende paa en under Hovedet sammenrullet Sivmaatte, er af Alabast. Han er iført en gammeldags

Plaberustning med Arm= og Beenskinner, Knæplader 2c. 2c. Hjælm, Stridshandsker og Kaarde ere henlagte ved Siden af Figuren. Paradesengens Himmel hviler paa 6 elegante Soiler af rødlig Marmor med hvide Aarer. Ovenpaa denne sees Kongen i hele sin kongelige Dragt og med Krone paa Hovedet, knælende foran et Crucifix. Paa Læsepulten ligger en Bog og paa dens Sider er anbragt Bogstaverne C. R. D. Paa hvert Hjørne af Monumentet er anbragt en Piedestal af rødt Marmor, hvorpaa er stillet en Drabant i romersk Krigsdragt, holdende et Skjold med det danske Rigsvaaben, og paa hvert Hjørne af Himlen sidde Genier med nedadvendte Fakler. Foden af Monumentet, Piedestalen, Baaren og Himlen ere af sort poleret Marmor med indlagte Feldter og Decorationer af Alabast og rødlig Marmor. Alle til Monumentet hørende Figurer ere af en guulagtig Alabast. Dette Monument er ikke allene Domkirkens herligste Kunst= værk, men henregnes af Kunstkjendere blandt Sculpturens første Mesterværker, og et saadant, der søger sin Lige i Europa (83). Kunstneren har mesterlig forstaaet at bringe Harmoni tilveie mellem alle til Architectur og Plastik hørende Led, hvoraf Mo= numentet er sammensat, og hos Intet af disse bemærker man nogen ucultiveret Side eller, som man siger, nogen Bagside. Den afvexlende Afbenyttelse af forskjellige Steenarter er effect= fuld. Hovedfiguren paa Sivmaatten, Drabanterne paa Hjør= nerne og Vulsten eller den med Hautrelief udstyrede convere Frise omkring Himlen høre imidlertid til de meest udførte Par= tier i Compositionen. Det er høist rimeligt, at det kongelige Ansigt er afbildet efter en Gibsmaske, taget efter Kongens Død, saaledes som man veed dette er skeet efter Frederik II. Død. Det Indfaldne i Ansigtsformen navnlig omkring Munden og

Dinene synes at bekræfte denne Formodning. I al Fald har Kunstneren givet os et tro Billede af Kong Christian III, thi det ligner de bedste Portraitter, der haves af ham. Den afdøde Konges dybe Religiøsitet er smukt udtrykt i den for Crucifixet knælende Fyrste i hele sin kongelige Pragt. Det til Monumentet hørende Fodstykke er 7 Alen 8 Tommer langt og 5 Al. 6 T. bredt. Piedestalen 6 Al. 4 T. lang, 3 Al. 22 T. bred; Baaren 4 Al. 18 T. lang, 2 Al. 17 T. bred, Høiden 6 Al. 22 T.; den kongelige Figur 3 Al. ÷ 3 T. Monumentet er udført i reen romersk Renaiçencestiil af en nederlandsk Mester ved Navn Cornelius de Briendt eller Cornelis Floris, Billedhugger og Architect i Antwerpen (84). Det kom i Arbeide 10 Aar efter Kongens Død og var færdigt inden Kunstnerens Død, der indtraf 1578, men henstod længe derefter hos hans Enke, der maatte frikjøbe det med 1000 Gylden for Ødelæggelse under Antwerpens Plyndring af de Spanske 1576. Det varede nemlig endnu 3 Aar forinden det ankom hertil, hvilket skete først i Mai 1579, efterat en danziger Kjøbmand, Johan Maria eller Marienborg, som Regjeringens Commissionair i dette Anliggende, havde betalt Resten af det skyldige Honorar samt Transportomkostningerne. Monumentet var beregnet at skulle komme til at koste 3000 Daler, men Conferentsr. Werlauff mener i hans "De hellige tre Kongers Kapel" at Omkostningerne ere løbne op til 5,500 Daler, foruden de 1000 Daler i Løsepenge (85). De Afbildninger, der i forskjellige Værker haves af dette og hosstaaende Monument over Kong Frederik II (86), ere alle meer eller mindre ucorrecte. Nedenstaaende Afbildninger af Chr. III. Monument og den øverste Halvdeel af Hovedfiguren ere udførte af F. C. Lund med stor Nøiagtighed. Raderingen er besørget af Petersen.

CHRISTIAN III MONUMENT

MA60

CHRISTIAN III.

Det andet pompøse Monument, betegnet paa Planen ved Tallet 2, er reist for Kong Frederik II, hvis jordiske Levninger dog ikke hvile i Monumentet, men ligesom er meldt om Christian III i den nedenunder samme anbragte Gravhvælving. Det er ligesom det foregaaende af nederlandsk Oprindelse, men Kunstnerens Navn vides ikke (87). Det var færdigt 1598 og opsattes samme Aar i Kapellet. Ihvorvel Monumentet i kunstnerisk Henseende staaer tilbage for det over Christian III, henregnes det dog blandt de bedste Arbeider af sit Slags. Herluf Trolles og Kong Frederik I. Monumenter, det første i Herlufsholms Kirke, det sidste i Slesvigs Domkirke, skulle have megen Liighed med begge Monumenter her i Kapellet og henhøre ogsaa til samme Tid. Maaskee hidrøre de alle fra Kunstnere, dannede i samme Skole. Det synes som om Kunstneren har været bange for at hans Arbeide skulde falde igjennem ved Siden af Cornelius Floris's Monument, og at han derfor baade har gjort Monumentet større og forøget de architechtoniske Led ved at fordoble Søilernes Antal, gjøre Drabanterne ½ Alen høiere, fremstille Kongen i overnaturlig Størrelse, tilsætte nye og større allegoriske Figurer (Troen, Kjærligheden, Haabet og Retfærdigheden) paa Himlen (88), men det første sammenlignende Øiekast vil overbevise os om hvor høit Christian III. Monument som Kunstværk staaer over dette. Det er imidlertid fordi det har faaet Plads ved Siden af et saa udmærket Mesterværk at dets Ufuldkommenheder, saasom det Tunge i Compositionen, falder mere i Øinene; thi begge Monumenter, siger Conferentsr. Werlauff i sit herlige Værk om Kapellet, fremkaldte Samtidens og Efterslægtens Beundring og henføres endnu blandt de fortrinligste Monumenter i deres Art. Kongen paa Paradesengen er iført en Ringbrynie nedenunder Pladerustningen, men uden

Arm- eller Beenskinner, thi man begyndte stærkt at aflægge den tunge Jernbeklædning paa Frederiks Tid, da samme ikke mere beskyttede mod Projectiler af Skydevaaben. Ansigtet er Portrait, maaskee efter den Gibsmaske, som anden Dagen efter Kongens Død blev taget af hans Hoved lige til Skuldrene (89). Paa Himlen ligger Kongen knælende for en Læsepult uden noget foran opstillet Crucifix, som paa det foregaaende Monument, hvilket vel har sin Grund deri, at Frederik II, som stræng orthodox Lutheraner, stod Catholicismen fjernere end Faderen. Kongens Baare er af rødlig Marmor og saavel derved som ved sin runde Form mere sondret fra Piedestalen, hvorpaa den er stillet. Paa Piedestalens 4 Sider findes følgende Basreliefs og Indskrifter:

Paa den søndre Side er fremstilt: 1) Ditmarskens Erobring 1559; 2) Elfsborgs Erobring 1563; 3) Halmstads Beleiring af de Svenske under Kong Erik XIV 1563. Paa den nordre Side: 1) Bahus's forgjæves Beleiring af de Svenske 1566; 2) De Svenskes Beleiring af Aggershuus 1567 og 3) De Danskes Beleiring af Varberg 1569, under hvilken Rigsmarsken Frants Brokkenhuus blev skudt d. 6. Nov. og Daniel Rantzau d. 11. Nov. — Ved at kaste et Blik paa disse Fremstillinger, faaer man et anskueligt Billede af den Tids Krigsførelse.

Paa Fodendestykket læses følgende Epitaphie:

Es. XXVI. Vivent Mortui Tui, Cineres Mei, Resurgent. Evigilate Et Cantate Qui Habitatis In Pulvere. Vade Popule Mi, Intra In Cubicula Tua Et Claude Ostium Tuum Post Te, Lateas Paululum Donec Transeat Indignatio.

Paa Hovedendestykket læses følgende Indskrift:

D. O. M.
Frederici II Dan., Norv., Gotth., Wand. Regis
Slesvici, Holsat., Storm., Ditmars. Ducis
Oldenburg. et Delmenh. Comitis.
Cujus felice gubernatione floruit Dania.
Autoritas, exteris suspicienda, suis chara.
Belli pacisque vices expertus sensit nihil esse
In rebus humanis firmum.
Pietatem vitæ Ducem habuisse unicum etiam morituro
solatio fuit:
Nec decreta illius semel stabilita,
Ad censuram dubiæ Aleæ, passus est revocari, quamvis
magnis authoribus
Tranquillitate sic undique regnis suis relicta
Explevit vitæ numeros sibi datos,
Fideque constanti intrepidus,
Animam Deo, a quo acceperat,
commendavit.
Exuvias, paternis contiguas,
Tanquam virtutum et laudis ejusdem æmulas,
In spem gloriosæ resurrectionis
Hoc monumento poni curavit
Christianus IIII
Dan. Norv. Gotth. Vand. Rex. Patri B. M.
Vixit annos LIII, menses IX
Regnavit annis XXIX, mens. III
Obiit Anderscovii. Anno CIƆIƆLXXXVIII. IV. April.

Paa den nordre eller indad mod Kirken vendende Side staaer i et sort Felt:

Meine Hofnung zu Gott allein
Treu ist Wildprett.

Fodstykkets Længde er 7 Al. 19 T.; Piedestalens 6 Al. 15 T.; Baarens 4 Al. 11 T. og den kongelige Figurs Længde 3 Al. 2 T.; Monumentets Høide 7 Al. 22 T.

Hosføiede troe Afbildning af Hovedfigurens øverste Halvdeel er tegnet og raderet af J. Kornerup.

Under Kenotaphiet for Kong Christian III er anlagt en muret Gravhvælving, hvori de jordiske Levninger af Kongen og hans Dronning hvile i Kister af Egetræ, overtrukket med Ruslæder og derover med sort Fløiel, garneret med Sølv- og Silkefrynsder. For Hovedenden af Kongens Kiste (Tab. II, 2) er anbragt en forgyldt Kobberplade med det danske Rigsvaaben, samt denne Indskrift:

Anno Domini CIƆIƆLIX primo die Januarii in arce Coldingensi obiit illustrissimus Princeps et Dominus Christianus Tertius, Dan. Norveg. Vandal. Gotth. Rex et hic sepelitur Anno 1559, Anno ætatis 55, Imperii 24.

Christian III, Søn af Frederik I og Anna af Brandenborg, født paa Gottorp 12. Aug. 1503, Hertug af Slesvig og Holsteen 8. Juni 1533; valgt af den jydske Adel i Rye til Konge 4. Juli 1535; kom i Besiddelse af hele Riget ved Kjøbenhavns Overgivelse 29. Juli 1536; indførte Reformationen paa Rigsdagen i Kjøbenhavn 30. Oct. s. A.; kronet 12. Aug. 1537 i vor Frue Kirke i Kjøbenhavn af Dr. Joh. Bugenhagen; deelte Hertugdømmerne med sine Halvbrødre Hans og Adolph 1544; død, som anført, Nytaarsdag 1559 paa Koldinghuus (90), bisat i St. Knuds Kirke i Odense 13. Febr. s. A.; flyttet til Roskilde 24. Juni 1578 for efter hans eget Ønske at hvile i det af hans Farfader stiftede Kapel sammesteds. Christian III roses eenstemmig for sin Retskaffenhed og Fromhed. Han var tarvelig

FREDERIK II

og en Fjende af sin Tids Overdaad i Klædebragt, Fraadseri og Drukkenskab. Han var selv videnskabelig dannet og en Beskytter af Videnskaber. Hans herskesyge Dronning Dorothea tillægges alt for stor Indflydelse hos ham.

Den anden Kiste (Nr. 1) i samme Gravhvælving gjemmer Støvet af Christian III. Dronning Dorothea. Hendes Kiste er ligesom Kongens af Eeg, overtrukket med Ruslæder og Fløiel, samt orneret med Sølv- og Silkekantiller, men den har hverken Navnetræk eller Indskrift.

Dorothea, Datter af Hertug Magnus af Sachsen-Lauenborg og Catharina af Brunsvig; født 1511; holdt Bryllup med Hertug Christian i Lauenborg 1525; kronet tilligemed Kongen 12. Aug. 1537; døb paa sit Enkesæde Sønderborg Slot 7. Oct. 1571 og bisat her i Kirken kort efter. Schlegel omtaler hende som en udmærket Skjønhed, hvilket ogsaa spores af de Portraitter, der haves af hende, skjøndt de alle ere fra hendes ældre Dage. Christians Valg skal ikke have stemt overeens med Frederik I. Villie. De levede et lykkeligt Samliv (91). Hendes Enkestand er betegnet ved mange Velgjerninger især mod Staden Kolding, der hørte til hendes Livgeding (Schlegel 1, 275).

Under Frederik II. Monument er ligeledes anlagt en Gravhvælving, hvori denne Konges og hans Dronnings Liigkister ere nedsatte. Frederik II. Kiste (Tab. II, 6) er af Eeg, overtrukken med Ruslæder og Fløiel. Paa Laaget ligger et forgyldt Crucifix med tvende Figurer, der forestille Cherubim og Seraphim. Under den ene staaer Kongens Valgsprog, under den anden: Beati mortui qui moriuntur in Domino &c. Ved Hovedenden er anbragt en forgyldt Sølvplade med det danske Rigsvaaben samt en Tavle med følgende Indskrift paa Latin og Tydsk:

Hoc tumulo conditus est Serenissimus ac Potentissimus Princeps Dominus Fredericus Secundus Daniæ, Norvegiæ, Vandalorum Gothorumque Rex, Dux Slesvici, Holsatiæ, Stormariæ atque Dithmarsiæ, Comes in Oldenborg et Delmenhorst, qui obiit Andworschovii 4 Aprilis, Anno Domini 1588, cum fere complevisset annos 54, et regnasset annos 29. Cujus anima requiescat in pace.

Kisten har været beslaaet med mange Sølvnagler, som tildeels ere udpillede, da for c. 100 Aar siden Kjælderlemmene ned til disse Gravsteder ikke vare aflaasede. Kisten er høist skrøbelig og Laaget sunket. Ved den sidst foretagne Undersøgelse 1847 fandtes Skelettet fuldstændigt.

Frederik II, Søn af Christian III og Dorothea af Brandenburg; født 1. Juli 1534 i Haderslev; hyldet som Thronfølger 1542; tiltraadte Regjeringen efter Faderens Død; kronet i Frue Kirke i Kjøbenhavn af den lundiske Biskop Nicolaus Palladius 20. Aug. s. A.; død efter nogle Maaneders Svagelighed 4. April 1588 Kl. 5½ om Aftenen; bisat her i Kirken 5. Aug. næstefter. Processionen saavelsom alle øvrige Høitideligheder ved Frederik II. Liigbegjængelse haves afbildet i et paa Henrik Rantzaus Bekostning udgivet Kobberværk i 21 Blade (S. derom Naglers Künstlerlexicon). De ved Processionen baarne Faner ophængtes i Kapellet paa høire Side af Indgangen, hvor endnu de tilhørende Jernkroge sees i Muren. Resens Yttring S. 355, at han "ikke alene brugte Nødtørftighedens, men ogsaa Glædens Bæger", er ikke anført for at udhæve nogen Svaghed hos Kongen i denne Henseende; thi han tilføier siden, "at han levede som en Konge og døde som en Christen" (92). Ved sin godmodige og elskværdige Characteer vandt denne Fyrste i høi Grad Folkets Kjærlighed, og ved sine lykkelige Krige hævdede han Danmarks Anseelse hos Fremmede. Han yndede Videnskaberne ligesom Faderen; hans Gudsfrygt var uhyklet, men udartede til Intollerance. Hans huuslige Liv afgav et lysende Exempel for hans Tid. Uagtet Kongen siges paa Grund af Kjærlighed til Rigshovmesteren Eiler Hardenbergs Datter at have opsat sit Ægteskab til det 37te Aar, var dette dog et af de lykkeligste, noget Fyrstepar har levet.

Den anden Kiste i samme Gravhvælving gjemmer Støvet af Fred. II. Dronning **Sophia af Meklenborg** (Tab. II, 5). Kisten er af Tin med forgyldte Kobberzirater. Paa Hovedenbestykket staaer *F* af samme Metal, hvilket Ciffer Werlauff med Føie antager ikke skal betyde Fredericus Secundus, men Frederik og Sophie, som Symbol paa det inderlige Forhold, der herskede mellem dem (93). Paa Fodenden ligger en Plade med følgende Indskrift:

Hir ein ligt weyland die durchleutigste groszmechtige Högebohrne Fyrstin und Frau, Frau Sophia zu Dennemarchen und Norvegen, der Venden und Gothen, Konigin gebohrne zu Mechelnborg, Hertzugin zu Schleswig, Holstein, Stormarn und Ditmerschen, Gravin zu Oldenborg und Delmenhorst, Konig Friderichs der Andern zu Dennemarch nachgelassene Witwe Weilandt Hertzog Ulrich zu Mechelborg einige Tochter. So in dem Herrn Sehlig entschlafen d. 4 Octobris des abens Zwischen fünf und Sechse Anno Christi 1631, Ihres Alters 74 Jahr und 31 Thage.

Trew ist Wiltpret, Aber Gott verlest die seine nicht.

>Der Gerichtens Seelen sind in Gottes hand
>Und kein Qual ryret sie an
>Hier ein lieget verwart der leib
>Die Seele bey Gott evig bleibt.

Øverst paa Laaget ligger en Plade med følgende Indskrift:
Ich bin die aufersteung und das leben
Wer an mich gleubet der wird leben, ob er
Gleich stirbt und wer da lebet und
Geleubet an Mich wird nimmer
mehr sterben.
Joh. II Cap.

Hendes nærmeste Slægts Navne og Vaaben findes anført i tvende Rækker paa hver Side af Kistelaaget. "Det er besønderligt", siger Werlauff, "at intet Mærke paa de over Kongegravene reiste Monumenter erindrer om nogen af Dronningerne". Det skulde da være de sammenslyngede Bogstaver F. S., der findes paa Læsepulten og Tæppet over Elephanten paa begge Sider af Monumentet over Frederik II.

Sophie, Datter af Hertug Ulrich af Mecklenborg og Kong Frederik I. Datter Elisabeth; født i Wismar 4. Sept. 1557, trolovet i Sommeren 1571 med Frederik II, som da var næsten 37 Aar, Sophie næppe 15 Aar gammel; holdt Bryllup paa Kjøbenhavns Slot 20. Juli 1572; kronet i Frue Kirke 21. Juli s. A. af Biskop Dr. Poul Madsen; døde paa sit Enkesæde Nykjøbing Slot paa Falster d. 4. Oct. 1631 i sit 75de Aar; bisat d. 14. Nov. her i Kapellet ved Siden af sin Ægtefælle.

Denne Dronning skal have været af en udmærket Skjønhed, en sjælden Forstand og stor Venlighed mod Folk af alle Stænder. For hvad hun var som Ægtefælle og Moder har Conferentsraad Werlauff sat hende et herligt Minde ved sit Skrift "Sophia af Meklenborg" i Hist. Tidsskrift III, 1—80.

At Kong Christian I og hans Dronning Dorothea af Brandenburg vare begravne her i Kapellet berettes af flere ældre

Historieskrivere. Det er troligt, at deres Gravsteder fra først af have været betegnede om ikke ved noget andet Monument saa dog ved Liigsteen, men disse maae da allerede være bortkomne ved Kapelgulvets Omlægning i Anledning af Christian III. Monuments Opstilling; thi det varede ikke længe derefter før man ikke vidste mere hvor disse Gravsteder vare beliggende, og Forfattere fra det 17de Aarhundrede angive Stedet efter Sagn. Saaledes hedder det i Haandskriftet Nr. 1406 af Thottske Samling, at Christian I siges at være begraven midt imellem Christian III og Frederik II. Dette Sagn vedligeholdt sig indtil vore Dage, da Kirkens Betjente ved Omviisningen stedse mindede om det Sted, hvor Kong Christian I efter Sagnet var begravet, og er endelig constateret ved de den 4. December 1843 og 5. Sept. 1847 anstillede Undersøgelser af et muret Gravsted, som man ved Gravning i Grunden var stødt paa i November 1843. I en Dybde af 12 og 16 Tommer under Kapellets Gulv strakte sig i Retning fra Nordvest til Sydøst to aflange, af røde Teglsteen opførte Gravhvælvinger, der jevnsides berørte hinanden. Den største af disse længst mod Syd (Tab. II, 4) udviste Spor af at have været aabnet tidligere (94). Den var 4 Al. 15 T. lang, omtrent 1 Al. 16 T. bred og 2 Al. 2 T. høi. I Hvælvingen fandtes en fiirkantet Fyrretræes Kiste med fladt Laag, hvilende paa 3 Jernstænger, der ved Jernkjæber vare befæstede i Sidemurene. Kisten var 3 Al. 19 T. lang, 24 T. bred ved Hovedenden, 18 ved Fodenden, 17 T. høi. Den var indvendig beklædt med Læder, overgydt med Beg, hvorpaa groft Lærred var befæstet. Den ydre Beklædning bestod af to Lag ugarvet Skind, begge med Haarene udad og derover var atter lagt Lærred, næsten saa fiint, som Flor. Den var tilslaaet med Søm og tættet med Fæhaar i Sammenføinin=

gen. Mellem Kisten og Jernstængerne var desuden udbredt et af Fæhaar vævet Tæppe. Paa Laaget, der var meget skrøbeligt og tildeels nedsunket over Liget, laa det 2 Al. 3¾ T. lange Sværd, der nu sees hæftet paa Muren i Kapellet. Dets Haandgreb og Pareerstang er af Metal og Førstnævnte omviklet med en Metaltraad. Knappen syntes at have været forgyldt og Klingen var fastrustet i Skeden. Ved Aabningen af Kisten, der først foretoges i Kong Christian VIII. Nærværelse Sept. 1847, fandtes et næsten fuldstændigt Skelet, der havde en Længde af 72 T. (95). Paa Hovedet fandtes Spor af kastaniebrune Haar og Overskjæg, hvilket sidste mærkeligt nok ikke findes paa de Portraitter, der haves af Kong Christian I. Alle Tænder i Over- og Underkjæven vare tilstede, paa nær tvende Skjærtænder paa den høire Side af Underkjæven, dem Christian I mistede under Slaget paa Brunkebjerget 9 Oct. 1471, da han blev truffet i Munden af et Lod fra en Hagebøsse. Hovedets Underdele vare stærkt fremtrædende og Ansigtet syntes at have været større paa høire end venstre Side; Næsen var lang og kroget, Haanden stor og kraftig og Benene stærkt byggede. Liget syntes at have været klædt i vævet Tøi. Omkring Bryst og Arme fandtes Levninger af Silketresser, indvævede med Guld og Zirater. Liget var nedlagt i Straa, og fra Hofterne ned efter laa paa hver Side et sammenbundet Knippe af Rughalm; et opløst Knippe bedækkede Underkroppen.

Ved nordre Side af dette Gravsted, umiddelbart op til Fundamentet af Christian III. Monument, fandtes en lignende muret Gravhvælving, 4 Tommer dybere i Jorden end hiin, 3 Al. 9 T. lang, c. 14 T. høi; ved Hovedenden c. 20, ved Fodenden c. 16 T. bred (Tab. II, 3). Kisten var ligeledes af Fyrretræ, overtrukket med et dobbelt Lag garvet Læder, der indvendig var befæstet til Kisten med Beg, udvendig med Nagler. Kisten, der var endnu mere sammenfalden end hiin, hængte i 6 i Muren befæstede Jerngreb, tre paa hver Side. Ved Kistens Aabning fandtes kun nogle ubetydelige Levninger af Been (96); dog vare alle Underkjævens 16 Tænder tilstede. Af Ligets Beklædning fandtes intet Spor. Under Hovedenden af Kisten stod en trefodet Leerpotte med Hank, og ved Siden laa Trækul (97).

Commissionen, der var beordret at undersøge de fundne Gravsteder, erkjendte disse at være Kong Christian I. og Dronning Dortheas, om hvis Plads i Kapellet man omtrent i halvtredie Hundrede Aar havde været i Uvished. En Afbildning af begge Gravene findes i Werlauffs Værk om Kapellet, hvis Beretning om disse Gjenstande vi paa dette Sted ganske have fulgt.

Ved Fodenden af fornævnte Grave fandtes endvidere en af Kridtsteen muret Grav med Spor af et Skelet; men baade denne og de Levninger af Menneskebeen, der fandtes ved Gravningen, mener Werlauff hidrøre fra den Tid, da Kapellets Grund endnu hørte til Kirkegaarden. Af Kong Christophers Gravsted fandtes ingen Levninger. Det er at formode at Dronning Dorothea har været jordet mellem begge sine Ægtemænd, og at altsaa Kong Christophers Gravsted er bleven forstyrret ved Anlægget af Gravhvælvingen under Christian III. Monument.

Christian I, Stamfader for den oldenborgske Kongestamme, var en Søn af Grev Didrik den Lykkelige af Oldenborg og Grev Geert VI. Datter Hedevig; født 1425 eller 26; Greve af Oldenborg og Delmenhorst ved Faderens Død 1440; opholdt sig derefter ved Keiser Frederik III., men fornemlig ved sin Morbroders den holsteen-gottorpske Hertug Adolph VIII. Hof; valgt til Konge i

Danmark 1. Sept. 1448; kronet i Kjøbenhavn 28. Oct. 1449 af Erkebiskop Thue; holdt Bryllup ved samme Leilighed med hans Formands Enke Dorothea; Konge i Norge 2. Juli 1449; hyldet 24. Juni 1457 i Stokholm og kronet 29. Juni i Upsala; valgt i Ribe 1460 til Hertug i Slesvig og Greve af Holsteen; død 22. Mai 1481 i Kjøbenhavn; begravet i det af ham selv stiftede "de hellige tre Kongers Kapel" ved Roskilde Domkirke. Christian berømmes for sin store Færdighed i Ridderspil, der udgjorde en væsentlig Deel af den Tids Dannelse især for fyrstelige og adelige Personer. Paa personligt Mod og Tapperhed havde han baade tidligere som Prinds og senere som Konge Leilighed til at aflægge Prøver, og dette i Forbindelse med hans gode Hjerte, Gudsfrygt, Aarvaagenhed, Tarvelighed og gode Forstand gjorde ham høit agtet ude og hjemme. Ikke engang en Liigsteen betegner Hvilestedet for Stamfaderen til de fleste europæiske Fyrstehuse, medens pragtfulde Mausoleer her i Kirken minde os om de fleste af hans Efterfølgere.

Dronning Dorothea af Brandenborg, Datter af Markgreve Johan (Alchymista); født 1431; ægtede Kong Christopher af Baiern i Kjøbenhavn 29. Aug. 1445, Enke 1448 i sit 17de Aar; holdt Bryllup i Kjøbenhavn med Christian I 28. Oct. 1449; død 25. Nov. 1495 paa sit Enkesæde Kallundborg Slot; begravet ved Siden af Christian I her i Kapellet. Schlegel siger I, 25, at Christian I fandt i hende ikke alene en øm Gemalinde, men ogsaa en tilforladelig Hjælperinde i Regjeringsanliggender; ogsaa blev hun som Enke af hendes Søn taget med paa Raad i Regjeringssager af Vigtighed.

Efterat den anordnede Undersøgelse af Gravene havde fundet Sted i Sept. 1847, bleve begge de gamle Kister indsatte i dertil forfærdigede nye Egekister, forsynede med Kongens og Dronningens kronede Navneciffre, og igjen nedsatte i deres gamle Gravhvælvinger, der strax derpaa tilmuredes.

Om Kong Christopher af Baiern siger Hvitfeldt Pag. 842, at hans Liig er først begravet i Roskilde "udi høye Chor siden derfra forflyt af Kong Christian den Første udi dette Capel hand lod bygge, men uden noget Monument og Gravskrift".

I den steenfarvede Egekiste, der staaer op til Kapellets østre Muur, ligger den i Marmor huggede Ridderfigur, der lige indtil 1847 af alle ældre og nyere Forfattere antoges at skulle forestille Dronning Margrethes Søn Oluf. At den var sammensat af 13 særskilte Stykker skulde ifølge Beretningen enten betegne den Tilstand, hvori de Svenske havde tilsendt Moderen hans sønderhuggede Legeme, eller den Maade, hvorpaa de vilde behandle ham, naar han faldt i deres Hænder; men dette Sagn er dog ikke hjemlet i Historien. Conferentsraad Werlauff har derimod oplyst, at denne Figur ikke skal forestille Kong Oluf, men Waldemar Atterdags ældste Søn Christopher, Hertug af Lolland, der i en Alder af 20 Aar blev haardt saaret i Søslaget for Kjøbenhavn 8. Juli 1362, og døde heraf det følgende Aar 11. Juni. Vi have tidligere omtalt, at denne Kongesøn (sidste mandlige Descendent efter Kong Christopher I) vides at være begravet i Høichoret (98), samt at hans Marmorbillede sandsynligviis oprindelig har havt sin Plads over hans Grav sammesteds, men at dette Gravsted ved ovenanførte Forverling er bleven indviet til Forglemmelse og Graven tilintetgjort ved Anlægget af Gravhvælvingerne under Høichoret. Allerede ved Høichorets Indretning til Gravkapel c. 1694 flyttedes Kisten til Christian I. Kapel og senere derfra til St. Birgittes Kapel paa Nordsiden af Kirken, men fik atter sin Plads her i Kapellet i Aaret 1823. Skjøndt Figuren maa have lidt en Deel medens den havde Plads i det aabne og for Alle tilgjængelige St. Birgittes Kapel, saa ere dog alle de tilhørende 13 Stykker bevarede. Hjelm, Pantserskjorte eller Ringbrynie, Collet af Læder med Vaabenmærke og Zirater, Beenskinner med Knæstykker samt Skoene af presset Læder, Alt hentyder paa sidste Halvdeel af 14de Aarhundrede (99). Høire Haand holder Hæftet af en Dolk, hvis Knap og Klinge mangle. Sværdkjeden paa Brystet viser at til Figuren har hørt et Sværd, der er forsvunden. Bæltet er af Metal og har været besat med farvede Stene. Spændet er borte. Hovedpuden vidner om at Figuren er bestemt til at ligge ned ligesom paa Dronning Margrethes Monument. Paa Colletten er anbragt 7 kronede Drager eller Lindorme. Foruden de 13 Stykker, hvoraf Figuren er sammensat, ligger i Kisten fremdeles en Turneerhjelm og tre ligestore Vaabenskjolde af samme Steenart, det ene med det danske Rigsvaaben, tre kronede Leoparder; det andet med Hallands gamle Vaaben, en Leopard med 22 Hjerter (100); det tredie med Lollands Vaaben, en kronet Lindorm. Monumentet findes afbildet hos Werlauff. Hele Figuren er 56 Tommer lang. Billedhuggerarbeidet, der formodentlig er af nederlandsk Oprindelse, hæver sig ikke over det Maadelige.

Hertug Christopher, født 1343 eller 44; Hertug af Lolland 1359; kaldes af Nogle ogsaa Hertug til Halland; saaret i Hovedet under Søslaget paa Kjøbenhavns Rhed 8. Juli 1362; død af Følgerne 11. Juni 1363, efter i nogle Uger ikke at have havt Forstandens Brug; begravet i Roskilde Domkirke henimod Chorsdøren.

Hvad angaaer de betydelige Kalkmalerier, hvormed Kapellet har været prydet, da ere disse kun for en Deel komne frem igjen; thi den flere Lag tykke Kalkskorpe, der ligger over Malerierne, lader sig kun afbanke paa faa Steder. De omtales af Professor Høyen i Werlauffs Værk, hvilket vi ogsaa ved denne Leilighed gjerne følge. Kapellets tre Ydrevægge have oprindelig havt to Rækker af malede Figurer, af hvilke tvende Unionsvaabener med Krone over ere kjendelige paa den østre Væg. Begge ere aldeles lige hvad Feldterne angaaer, men forskjellige hvad Skjoldholderne angaaer. Det ene holdes af en harniskklædt Kriger og en Vildmand, det andet af en Ridder og en Dame, hvilke Forandringer af Skjoldholderne i det danske Vaaben foretoges i Kong Christian I. Tid. Paa samme Væg sees ogsaa den hellige Mauritius. Paa den søndre Væg findes den hellige Georg med Dragen, Johannes d. Døber med en Bog i Haanden og den hellige Laurentius med Risten. Paa den vestre Væg: St. Antonius og tvende andre Helgener samt en med Ramme omgiven Figur uden Helgenglorien, men med Spor af Scepter og Kongekaabe, der muligen har forestilt Kong Christian I, hvis Billede vides at have været her i Kapellet (101). Af den øverste Række Figurer er ingen kjendelig. Oven over Buen ind til Kirken paa den nordre Væg findes Christi Gang til Golgatha med tilhørende bibelske Personer. Overalt paa Væggene er malet mellem Figurerne grønt og brunt Løvværk. Hvælvingsribberne have havt Zigzaglinier og Kapperne andre Ornamenter. Cirkelfiguren med det græske Kors menes at skulle betegne de Steder, hvorfra Biskoppen havde indviet Alterne. Granitpillen, der som Centralstøttepunkt opbærer alle 4 Hvælvinger, anseer Professor Høyen for at være fra 12te Aarhundrede. Fodstykket kan ifølge de derpaa anbragte

Ornamenter ikke have været anvendt til Kapitæl eller i omvendt Stilling. Mod Ø. og N. er det oldenborgske Vaaben, to røde Tværbjælker, malet paa Kapitælet; imod V. den brandenborgske røde Ørn og mod S. en Muslingskal med en Halvmaane over for Biskop Oluf Mortensen, som indviede Kapellet 1464.

De tre oprindelige Altere vare: Høialteret, Den hellige Trefoldigheds og St. Annæ Alter. Det 1487 stiftede alle christne Sjæles Alter, samt det 1489 stiftede Johannes Evangelistæ Alter have ogsaa havt Plads i Kapellet, og sidstnævnte vides endog at have staaet midt paa Gulvet op til Granitpillen.

d[1]. Det søndre Vaabenhuus.

Under Gulvet i dette, af Biskop Oluf Mortensen byggede Vaabenhuus fandtes indtil Aaret 1851 en dobbelt Gravhvælving, som har tilhørt Familien Schade (102). Ved Opførelsen af Bræddeskuret i Vaabenhuset gjennembrødes Hvælvingerne, og hele Rummet blev udfyldt og tilkastet. De her nedsatte Liigkister vare alle sammenfaldne. Nedgangen til denne aabne Begravelse har været under Stenen lige indenfor selve Kirkedøren. Lufthullet var anbragt gjennem Bygningens søndre Muur.

e[1]. Kragernes Begravelseskapel.

1) Otto Krag til Woldborg i en med Læder betrukken Kiste, hvorpaa hans Kaarde henligger. Han er født paa Aggerskrog i Jylland 1611, død i Kjøbenhavn 1666. "Denne salig

Mand", hedder det paa Epitaphiet, "haver med berømmeligst høieste Viisdom troligen og oprigtigen tjent sit Fædreneland udi adskillige mange considerables affaires saa hans Ihukommelse af Indlændinge og Udlændinge billigen hos alle stedse efterbliver: bleff efter den allerhøieste ubegribelige Viisdom ved en christelig og salig Afsked fra denne Verden bortkaldt" rc. Otto Krag var Adelspartiets Fører ved Rigsdagen i Kjøbenhavn 1660, men hans stolte og uforsonlige Optræden bidrog ikke lidet til Borgerstandens Seier. Ved Hyldingsacten nød Otto Krag den Naade at føre en af de tre Prindsesser til Thronen, ved hvis Fod han knælende aflagde Hyldingseden til sin Arveherre og Konge. Hertil hører Vaabentavlen paa den søndre Side med følgende Indskrift og 16 Vaabner:

Mors rapuit, quæ mortis erant, meliora reservo
Ipse mihi magna parta superstes ago.

Anno	Krag.	Høg.	Jüllinge.	Ulstand.	1666.
Stampe.	Bille.	Lunge.	Lange.	Kall.	Krompen.
Flemming.	Podebusch.	Stifeld.	Ulstand.	Friis.	Rosenkrantz.

2) Anne Rosenkrantz, Otto Krags Hustru, født paa Halmsted Slot 1619, død i Kjøbenhavn 1688, Datter af Holger Rosenkrantz til Glimminge og Lene Gyldenstierne. Trækisten er overdraget med Fløil, rigt besat med forsølvede Messingzirater i drevet Arbeide. Hertil hører Vaabentavlen paa nordre Side med følgende 16 Vaabenmærker:

Anno	Rosenkrantz.	Gyldenstierne	Grabbe.	Ulfeldt.	1666.
Ulstand.	Sparre.	Hardenberg.	Ulstand.	Kobbe.	Bille.
Ulfeldt.	Hardenberg.	Krabbe.	Høg.	Skram.	Hach.

3) **Niels Kragh** til Egeskov, Søn af Fornævnte; født 1653; gift med General-Admiral Niels Juels ældste Datter Sophia, med hvem han i 31 Aars Ægteskab avlede 15 Børn. I Gravskriften kaldes han "Geheimeetatsraad og øverste Deputeret ved de kongelige Finantser"; død 1713 den 22. Februar. Han ligger her i en Sarcophag af blaalig Marmor. Kanter og Navnetræk ere indlagte med hvidt Marmor.

4) **Sophia Juel** til Totterupholm, Fornævntes Hustru; født 1664 den 28. Aug.; hendes Forældre vare den berømte Søhelt Gener.-Admiral Niels Juul til Taasinge og Margrethe Ulfeldt til Totterupholm; gift 1682 d. 8. Febr. med Geheimeraad N. Kragh, i hvilket Ægteskab hun fødte 6 Sønner og 9 Døttre, hvoraf 1 Søn og 7 Døttre overlevede hende; død 1722 den 5. Oct. paa Egeskow "efter at hun i 58 Aar 1 Maaned 7 Dage havde ladet sit Lys her skinne for Menneskene, mættes hun nu af Guds Ansigtes høitidelige Beskuelses Skin, medens at Legemet venter sin Forklarelse ved Dommens Komme i Skyerne"; efter Epitaphiet oven paa Kisten. Den er ligesom den foregaaende af sort Marmor med Indlægning af Vaabner rc. af hvidt Marmor. Under de fire Vaabner paa Laaget staaer: Juller, Seesteder, Ulfelder, Podebusker.

5) **Otto Christopher Kragh**, Søn af Niels Kragh til Egeskov, Kong Frederik IV. Kammerjunker. I Epitaphiet hedder det blandt andet: "Ved Kongens Naade opmuntret, havde han næppe i Absigt til Fædrelandet fuldendt sine udenlandske Reiser og faaet Adgang i Cancelliet forend han om Guds Naade forsikret fuldendte sit Udlændigheds Løb og blev forfløt fra Verden til Gud, fra Hoffet til Himlen" rc. Han døde af Svindsoet 1724 d. 11. April i sit 22de Aar. Hans Kiste er

af blaat Marmor, indlagt som de forrige med hvide Lister. Paa Laaget en Tavle med Epitahium.

I Gravhvælvingen neden under staae følgende Kister af Træ overtrukne med Læder:

S. Christian Frederich Kragh, Søn af Otto Kragh til Woldbierg; født i Kjøbenhavn 1650 den 16. Nov.; død sammesteds 1662 den 10. Sept.

Wibeche Sophie Ulfeld, Datter af Christine Ulfeldt til Svendstrup og Sophia Amalia Kragh til Woldbierg; født i Kjøbenhavn 1668; død sammesteds 1669.

Ane Helene Ulfeldt, Søster til den Forrige; død 4 Uger efter Faderen 1670, ikkun 5 Uger gammel.

Otto Christopher Rantzow, Søn af Grev Otto Rantzow til Bollerup, Ansberg, Alsleff og Wibyegaard og Sophia Amalia Kragh i hendes andet Ægteskab. Han døde 1679 ikkun ½ Aar gammel.

Charlotte Amalia Kragh, Datter af Niels Kragh og Sophie Juul; født og død samme Dag 1684 i Kjøbenhavn.

Corfitz Rosenkrantz til Demmestrup, Søn af Holger Rosenkrantz af Glemminge og Lene Gyldenstierne af Biersgaard; født paa Hammerhuus 1628 den 31. Aug.; forlovet med Margrethe Rammel; død i Madrid 1663 den 4. Aug.

Christian Rantzow, Søn af Otto Rantzow og S. A. Kragh; født og død 1675.

Over Indgangen til Kapellet staaer udvændig, udskaaret i Træ: Hr. Otto Kragh til Wolberg H. K. May. Riigens Raad

Fæderne og möderne. F Anne Rosenkrants til Skjoldemose (med Aarstallet 1664); indvændig: F Anne Rosenkrands til Skjoldemose Færne oc mörne H. Otte Krag til Wolbierg H. K. May. Rigens Raad færne oc mörne. Anno 1665.

Ligeover for Indgangen paa den vestre Muur stod fordum følgende Indskrift:

Vitæ hujus principium exordium mortis, nec prius incipit augeri ætas nostra, quam minui, cui, si quid adjicitur spatii temporalis, non ad hoc accedit, ut maneat, sed in hoc transit.

Nærværende Kapel var stiftet i Aaret 1411 af Dronning Margrethe vor Frue til Ære og kaldet "Bethlehem". Det samtidigen stiftede "vor Frue Alter" sees tydeligen at have staaet op til Pillen paa høire Haand ved Indgangen. I Margrethes Fundationsbrev hedder det: "..... Swa at Capitel i forbe Roskilde Domkirkæ scal gienisten ladæ byggiæs i thæt söndræ Torn Wæsten i Sancti Lucii Kirkæ i Roskilde een Capellæ mæth two Hwælninger, oc mæth gobhæ ny Glar-Windwe, oc mæth Ornamentis og Picturis, oc mæth andræ stycko, som thær til höræ" 2c. 2c. Men af de her nævnte Malerier er der ikke Spor tilbage. Bag Vaabentavlen paa den søndre Væg var tidligere en Dør med Opgang til Omgangen op i Taarnet. Denne Døraabning lukkedes ved Kapellets Indretning til Familiebegravelse for Kragherne i Aaret 1665, og man benyttede derefter i lang Tid Vindeltrappen i det søndre Vaabenhuus til Opgang i Taarnet. Kapellet er tilfjendt Arvingerne uden noget Forbehold fra Kirkens Side.

f¹. Hahns Begravelseskapel.

1) **Vincentz Joachim Hahn** til Seekamp og Hjortespring, Søn af Christopher Hahn til Hinrichshagen og Remplin og Catharina von Blüchern til Taberfou i Meklenborg; født paa Henrikshagen i Meklenborg 22. Dec. 1632; kom i dansk Militairtjeneste under Frederik III og steg ufortjent under Chr. V til Geheimeraad og Overjægermester; død 25. Jan. 1680. Hans Kiste er rigt besat med tildeels forgyldte Messingornamenter. Den opstillede Messingrustning er uden Betydning.

2) **Ida Hedewich Rumohr**, født 1648, død 13. Sept. 1681; Hahns anden Hustru. Epitaphiet er tydsk og ender med følgende Stropher:

  Ach Himmel thue dich auf
  Ich komme in vollen Lauf
  Las mich doch eins erblicken
  Den, der mich kand erqvicken
  O Jesu nim dis Leben hin
  Ich ruh' nicht bis ich bey dir bin.

3) **Fru Sitzel Kaas**, født paa Eget-Gaard i Sjælland 26. Juni 1645; Datter af Erik Kaas til Bremmersvold og Fru Susane Spare, V. J. Hahns første Kone; død i Barselseng med sin Datter Sibsele i Kjøbenhavn 5. Sept. 1667. En Messingplade med Epitaphie findes paa Kisten.

4) **Friderich Hahne**, Søn af Vincenz Joachim Hahn til Seekamp og Sibsel Kaas; født paa Egedegaard 1662 den 2. Juni; gik 13 Aar gammel med Grev Anthon Oldenborg til Fredsforhandlingerne i Nimwegen; studerede siden i Paris, hvor han døde af en hidsig Feber 7. Nov. 1679. En Messingplade med Epitaphie findes paa Kisten.

I Kapellet stod desuden 5 Børn af Hahn med hans tvende Hustruer, hvilke ere nedsatte i Kjælderen under Krabbernes-Gravkapel.

Christian, Søn af første Ægteskab, født 22. April 1665, død den 16. Marts 1671.

Sidsele, Datter af første Ægteskab, født 4. Sept. 1667, død 24. Dec. s. A.

Christian, Søn af andet Ægteskab, født 27. Juli 1675, død 19. Aug. 1677.

Vincenz Joachim, ligeledes, født 4. Mai 1677, død 3. Sept. s. A.

Henrik Christoffer, ligeledes, født 10. Aug. 1678, død 4. Mai 1679.

Deres Datter Sophia Amalia Hahn blev gift med Grev Reventlow, hvis Datter Anna Sophie formæledes 1721 med Kong Frederik IV.

I dette Kapel var Biskop Jens Andersen begravet. Hans Liigsteen laa under Døbefonten, men flyttedes til vor Frue Kapel ved Indretningen af Localet til Begravelseskapel c. 1682. Stenen flyttedes herfra 1772 ud paa Kirkegulvet og kjøbtes 1776 af Kjøbmand Boas Larsen, der lod Indskriften udslibe og hans eget Epitaphium, forfattet af Cantor Gjessing, indhugge. Den ligger nu mellem de vestre Piller af det nordre Taarn, hvor B. L. fik Tilladelse til at indrette sin Familiebegravelse. Den ældste Indskrift lød saaledes:

Hic jacet venerabilis pater et Dominus Dominus Johannes Episcopus Roskildensis qui obiit anno Domini MCDXXXI die Divisionis Apostolorum.

Biskop Jens Andersen havde indrettet denne Deel af "Bethlehem" til et eget Kapel, indviet Samme til Ære for de 10,000 Riddere, og dertil lagt et rigt Præbende.

g¹. Krabbernes Begravelseskapel.

1) Catharina Susanna von Hahne, født 10. Juli 1666, død 29. Mai 1685 ikke fuldt 19 Aar gammel, skjøndt gift i 4 Aar. Hun var Otte Krabbes (See Nr. 3) anden Gemalinde. Kisten er overtrukket med Fløiel og besat med forsølvede Blikornamenter.

2) Birte Scheel, Krabbes tredie Gemalinde og

3) Otto Krabbe, hendes Søn, begge i Kister af sort Marmor med Vaabenskjold og Navnetræk.

4) Dorothea Gersdorf til Aakjær, Geheimeraad Otto Krabbes første Gemalinde, født 18. April 1654, død i Hannover 3. Juli 1680. Hendes Kiste er overtrukken med Læder og har mange forgyldte Messingornamenter.

5) Charlotte Amalia Krabbe, Datter af Otto Krabbe og Birgitte Scheel, født 30. Nov. 1689, død 25. Aug. 1709; gift 1708 med General-Admiral Grev Ulrik Frederik Gyldenløve til Samsøe, Kong Christian V. naturlige Søn. Hun ligger i en prægtig Kobberkiste med Plader og Ornamenter af lueforgyldt Messing. De tvende Figurer af drevet Arbeide, der ere anbragte paa Kistelaaget, høre til det bedre Arbeide af dette Slags.

I Kapellets nordvestre Hjørne har Birte Scheel ladet opsætte et kostbart Marmormonument for sin Mand Otto Krabbe, Herre til Egholm og Holmegaard. I det lange latinske Epitaphium kaldes han Geheime-Etatsraad eller Statsraad, Stiftamtmand, Amtmand over Amterne Roskilde, Tryggevelde, Vordingborg og Møen, Ridder af Elephanten ɔc. ɔc. Han er født 1641. I Aaret 1717 trak han sig tilbage fra alle offentlige Stillinger til sine Godser og døde 1719. Fremdeles omtaler Epitaphiet hans 3 Koner og alle hans med dem avlede Børn, hvoraf 5 have hvilet nedenunder i Kjælderhvælvingen. Otto Krabbe ligger ikke begraven her men i Sæby Kirke paa hans Gods Egholm. Monumentet er af sort Marmor. Ornamenterne, hans Brystbillede og de tvende sørgende Figurer, een paa hver Side af Epitaphiet ere af hvidt Marmor. Det Hele er udført i Rococo og uden Værd som Kunstværk betragtet.

Epitaphiet lyder saaledes:

D. O. M. S.

Exuvias hic mortalitati obnoxias deposuit illustrissimus Heros ac Dominus, Dominus Otto Krabbe Eques Auratus ordinis Elephantini Consiliarius in sanctiori Augustissimi Regis Consilio intimus ut et status et Justitiæ Dioceseos Sællandiæ et Præfectur. Roeschildensis, Tryggeveld, Vordingborg et Möensis Præfectus integerrimus; Dominus in Egholm et Holmegaard: qui Parentibus nobilissimis Erico Krabbe et Maria Kruse ortus et generis splendorem debebat, propriis vero virtutibus bonorum omnium amorem et reverentiam; obsequio et intemerata fide trium ordine Regum Daniæ et Norvegiæ, Frederici III[tii], Christiani V[ti] et Frederici IIII[ti] gratiam et favorem meruit. Tribus exoptatissimis matrimoniis beatus bis viduali maritalis thori luctum gravissimum elatâ A⁰ 1681 post decem annorum felix consortium Domina Dorothea Gersdorff, quæ bis parentem factum dereliquit atque iterum amissa A⁰ 1684 post 4 saltem annorum dulce sed sterile conjugium Domina Catharina Hahn, felibissime levavit A⁰ 1688 ducta generosissima Domina Domina Birgitta Scheel Exellentissimi Domini Ottonis Scheel et Dominæ Christinæ Bildæ Filia quibus tertiis votis addidit divinum numen diuturnitatem cum totos 33 annos summa mutui amoris constantia vixerint. Obduxere nubem tam splendidæ sorti sola Liberorum præporpera Fata; quorum cum tres suscepissent unum virilis sexus, foeminei duas, nulli tamen concessum fuit cineres colligere Parentum; cum duo, filius nimirum filiarumque una mortalitatem in prima exuerent infantia, et quæ supererat diu unica illustrissima et maxime gratiosa Heroina ac Domina Dno Uldarico Christiano Guldenlovio, Quanto viro? decimo post nuptias mense A⁰ 1709 vix inchoato gaudio spesque destituerit parentum tandem vitæ gloriæque satur Beatus Heros veniam a publicis muneribus ab indulgentissimo Rege petiit et ægre obtinoit A⁰ 1617 atque inde in prædiis suis quievit. Tandem A⁰ 1719 die 13 Julii ad veram quietem a Deo T. O. M. Egholmiæ evocatus postquam in peregrinatione sua absolvisset annos 78, menses 6, dies 13.

Moestissima vidua tanti viri desiderio prope
confecta monumentum hoc ne non optimi
mariti virtutes post illius fata sal-
tem exemplis prodessent
lugens moerensque.
P. C.

Ved den søndre Ende af Charlotte Amalia Krabbes Kiste er høit oppe paa Muren indsat en hvid Marmortavle med følgende Indskrift:

Her gjemmes de jordiske Levninger af hendes høye Naade, den fordum høybaarne nu hos Gud salige Frue, Fru Charlotte Amalia Krabbe, een eneste Datter af den høyædle og velbaarne Herre Hr. Otto Krabbe til Holmegaard, samt den høyædle og velbaarne Frue, Fru Birgitte Scheel til Eegholm af disse høyædle og høyfortjente Forældre blev hun født til Verden den 30. Nov. 1689. Dyd og Gudsfrygt fulgte hende fra Vuggen til Graven. Ædel var hun af hendes høye Byrd og Herkomst, men ædlere af hendes store Dyd og Fuldkommenhed. Hun overgik Dag fra Dag sig selv, aldrig saa fuld af Gud og gode Gjerninger, at hun jo tragtede efter større Fulde. Hendes deyligste Sjæl straalede saa igjennem det deyligste Legeme, at hun behagede alle uden sig selv, men indtog aldeles Hjertet af hans Høye Excellence den Høybaarne Herre Hr. Ulrich Christian Guldenlowe, Herre til det Grevskab Samsøe og det frie Herskab Marselisborg, Ridder, hans Kongl. Majestæts til Danmark og Norge Høybetroede General-Admiral, Kammer-Herre, Stiftsbefalingsmand over Island og General-Postmester i Norge, hvis Lyksalighed blev fuldkommet, hvis Ønske blev cronet, da han af Gud og hendes Forældre udbad sig hende og saae sig samlet med saa sød og livsalig en Frue den 24. Oct. 1708. Een Villie var siden i begges Hjerter, eet Hjerte i begges Legeme. De levede i et kjærligt men kort Ægteskab. Gud skjænkte Hans Excellence denne Høybaarne Frue med den ene Haand, men tog hende strax bort med den anden, mættende i et Øieblik ham med Bitterhed, hende med sit Ansigts Beskuelse. Gudsfrygt boede i Hendes Hjerte, Dyden stak ud af hendes Dyne, Forstand talede med hendes Læber. Hun tjente Gud med een uovervindelig troe, ærede sine Forældre med een uforanderlig Lydighed, elskede sin Herre med en udødelig Kjærlighed. Ingen gik bedrøvet fra Hende, som Hun kunde hjælpe, ingen skulde gaaet fattig fra Hende om hun kunde gjort alle rige. Hun fyldede i faa Aar en lang Tid, det regnes ey hvor længe, men hvor vel Hun havde levet, hvor tiilig Hun har begyndt og hvor salig Hun har endt, da hun den 25. August Aar 1709 overvandt Døden. Hun leed med saadan Taalmodighed, Hun streed med saadan Bestandighed, Hun døde med saadan Forsmag paa Salighed, at Hendes Døds= dag var for Hende ey saa meget den sidste af dette Liv som den første af det tilkommende; thi hun lukte kun sine Øyne for Verdens Sorg og Forfængelighed, men aabnede dem strax igien for Himlens Glæde og Salighed.

Det hertil hørende Kjælderparti er anlagt samtidig med Kapellets Indretning til Familiebegravelse 1714. Det er interes= sant ved de tvende Søiler af en rødlig Kalksteen, der under= støtte Hvælvingen, og som tilhøre Rundbuestilens Tidsalder. Af de 5 her staaende Kister tilhøre kun de tvende Familien Krabbe; de andre tre ere flyttede herhen fra Hahnernes Begravelse.

Dette Kapel er stiftet og doteret i Aaret 1405 af Biskop Peter Jensen, der kaldte det St. Sigfreds Kapel, hvortil den= gang ogsaa hørte Trollernes Kapel ved Siden mod Nord, men allerede det følgende Aar stiftedes af Ridder Jens Andersen Lunge til Issendrup eller Assendrup med Biskop Peders Raad og Samtykke her et eget Kapel til Ære for Jomfr. Maria og St. Catharina. Han lod bygge sammesteds et Alter for St. Catharina (den Ældre, de rota kaldet efter Hjulet, under hvilket hun leed Martyrdøden), til hvilket han lagde Præbendet Rota (103). Dette Kapel kaldtes derefter snart Rota snart Catharinæ Kapel.

St. Catharina Alter sees at have havt sin Plads i Kapellets nordøstre Hjørne. Den til dette Kapel skjænkede Bogsamling skal nærmere blive omtalt i 3die Hæfte.

Kapellet kjøbtes af Otto Krabbe 1714 under den Betingelse, at Arvingerne skulde være frie for at fornye Skjødet, hvilket skulde kongelig confirmeres, men da saadan Confirmation ikke er fremviist, er Kapellet tilfalden Kirken. — For at tilveiebringe Symmetri har man udvendig stræbt at uniformere Hahnernes og Krabbernes Kapeller (See Aabningerne ud mod Kongeporten).

h¹. Trollernes Begravelseskapel.

Anna Sophia, Datter af Storcantsler Conrad Reventlau; født 16. April 1693; Hertuginde til Slesvig 1712; Dronning 16. April 1721; Enke 1730; død paa sin Fædrenegaard Clausholm 7. Jan. 1743. Hendes Kiste er af sort norsk Marmor med hvide Aarer. Ovenpaa Kisten er anbragt et oprullet Blad med følgende Indskrift:

Quod mortale habuit D. N. Anna Sophia quondam Regina, postquam Beatæ immortalitatis certa in secessu Clausholmiæ apud Cimbros, ubi per integros XIII annos Deo et pietatis exercitiis vacaverat, Anno MDCCXLIII die VII Januarii animam Creatori reddidit Anno ætatis XLIX. Mens. IX, d. XXI, hoc marmore contegitur.

II Tim. IV, 18. Liberabit me Dominus ab omni opere malo et salvum faciet in regnum suum coeleste.

Medens Pesten rasede i Kjøbenhavn 1711 flyttede Kong Frederik IV til Koldinghuus Slot. Det var her ved en paa Slottet given Masterade, at Kongen blev indtagen af den attenaarige Grevindes Skjønhed og Munterhed (104). Det følgende Aar bortførte han hende hemmelig fra Clausholm. Ved deres Ankomst til Skanderborg udnævntes hun til Fyrstinde af Slesvig og Conrectoren i Flensborg, Thomas Clausen, viede Kongen og Anna Sophie til venstre Haand 26. Juli 1712. I 6 Aar vægrede Moderen sig ved at ville see sin faldne Datter, og først 1718 fik Kongen og Anna Sophie Lov til at aflægge et Besøg paa Clausholm. Dronning Louise døde den 15. Marts 1721 og bisattes den 2. April her i Kirken, hvorpaa Kongen holdt Bryllup med Anna Sophie den 4. April. Ministrene mødte tildeels med de Sørgekapper, hvormed de vendte tilbage fra Begravelsen i Roskilde.. Hun udnævntes til Dronning 30. Mai 1721 og kronedes paa Frederiksborg Slot. Den 16. Juli holdt det kongelige Par dets Indtog i Kjøbenhavn med stor Pragt. Ved Kongens Død forvistes hun til Clausholm, og istedetfor sin retmæssige Arv erholdt hun en ubetydelig Sum og en aarlig Appanage af 25,000 Rd. Den franske Embassadeur Camilly skildrer Anna Sophie saaledes i et Brev til sit Hof: "Hun er stor, har et godt Udseende, hendes Taille skulde være fuldkommen, hvis hun havde vogtet sig for Embonpoint — hun er Brunette og har store ildfulde Øine, hendes Næse er vel skabt og hendes Mund er smuk — Huden er altfor varm og Tænderne slette".

Som Fyrstinde havde hun 3 Børn med Kongen, hvoraf det Ældste blev 18 Maaneder gammelt. Som Dronning fødte hun:

Christiane Amalia 23. Oct. 1723, død 7. Jan. 1724. Hendes Kiste staaer ved Siden mod Nord og er af samme Slags Marmor som Dronningens.

Frederik Christian, født 1. Juni 1726 paa Frederiksberg Slot, død 15. Mai 1727 og

Carl, født 16. Febr. 1728, død 10. Dec. 1729. De hvile begge i Marmorkisten ved Siden mod Syd.

Kapellet stiftedes i Aaret 1405 af Biskop Peter Jensen, der kaldte det Sigfreds Kapel og dertil lagde Præbendet Ousted. 1646 overlodes den nordre Deel af Kapellet til Trollerne som Familiebegravelse. Biskop Peter Jensen laa begravet i Kapellet og hans Gravsted med tilhørende Liigsteen flyttedes ved denne Leilighed til Sacristiet, hvor Stenen endnu findes (See derom Anhanget om Liigstenene). 1743 kjøbte Kong Christian VI Kapellet for 500 Rd. til Gravkapel for Anna Sophie og hendes Børn. Trollernes Liigkister flyttedes ned i Kjælderen; men det kunstige Tralværk af Træ med Trollernes Vaabenmærker samt Jerngitteret i Døraabningen, hvori er afbildet en Trold, holdende sig i Halen og med Sporer paa de nøgne Hæle, har man ladet urørte. Tralværket har megen Lighed med det i Kragernes Kapel og er maaskee forfærdiget af samme Mester, hvis Navn dog ikke vides. Trollernes Kapel har man i det Hele taget stræbt udvendig at uniformere med Kragernes Kapel for Symmetriens Skyld.

I Kjælderhvælvingen staae følgende Liig:

1) Niels Trolle til Troldholm, Rigsraad og Stadtholder i Norge, født paa Lundenis 19. Dec. 1599, død 20.

Sept. 1667; gift første Gang med Anette Rud anden Gang med Hille Rosenkrantz til Gavnøe, som overlevede ham.

2) Anette Rud til Scharholdt, Niels Trolles første Hustru, født paa Mariager Kloster 1606 den 10. Oct., ægtede Niels Trolle 23. Juli 1626 og døde "med samt sit uføbbe Liffsfrugt ubi sin Fødselstime paa Scharholdt 1632 d. 25. Febr. efterladende sig 2 Sønner og 2 Døttre".

3) Byrge Trolle, Fornævntes ældste Søn, født paa Troldholm 26. Mai 1627, død paa Wallve 29.—30. Juni 1635.

4) S. F. Lene Trolle, Datter af andet Ægteskab, født paa Roskilde "Bispegaard" 2. Nov. 1643, ægtede Hovmesteren hos de kongel. Prindser Enwold Parsberg til Jernet 21. April 1661; død i Kjøbenhavn 18. Juli 1662, efterladende sig en Datter.

5) Jacob Trolle til Troldholm, Søn af samme Ægteskab, født paa Roskilde Bispegaard 8. Jan. 1644. J Epitaphiet hedder det: ".... hans Lefnet fortjener med al Rette den eftersage, at haffde hand ey anammet den Herlighed af sine Forældre, at deres Blod haffde ableb hannom, da kunde hand haffue fundet ubi sine egne Qvaliteter og Dyd att able sig selff. Paa sin anden Reise till at fuldkommengjøre sig till sin Herres og Fædrelandets tieneste betog Døden hannom til Orleans da han var kommen af Italien den 24. Oct. 1664 .....".

6) Erich Trolle, Søn af samme Ægteskab, født paa Rosk. Bispegaard 27. Marts 1645; død sammesteds 6. Jan. 1646.

7) Niels Retze, Søn af Jørgen Retz til Wedøe og Mette Trolle til Troldholm, født i Lellinge 28. Mai 1656 og døde "till Vianen ubi Stict Utrecht 15. Juni 1662".

8) Frideric Retz, Broder til den Foregaaende, født paa Rosk. Bispeg. 24. Marts 1655, død sammesteds 22. Juli s. A.

9) Niels Trolle Retz, en Broder til den Foregaaende, født 29. Nov. 1667, død sammesteds 1668 den 1. April.

10) Charlotte Amalie Parsberg, født i Kjøbenhavn 4. Oct. 1670, Datter af Enevold Parsberg til Pallesberg og Margrethe Rantzov til Schabersøe, død 4. Mai 1671.

De øvrige her staaende 3 Smaakister vides ikke hvem tilhøre.

i¹ og k¹. Det nordvestre Vaabenhuus og St. Laurentii Kapel

lod Biskop Niels Jepsen opføre i Aaret 1384. Her stiftede han St. Magni Alter (105) og indrettede sit Hvilested (106). Hans prægtige Gravmonument, der bestod i en stor Messingplade, indlagt i en Steen, med Ornamenter i drevet Arbeide og Biskoppens Billede i fuld Ornat, er tidligere omtalt. Det blev solgt ved Auctionen 1806. Abildgaards Afbildning af Samme findes i Museet. I Kapellet blev ogsaa Biskop Lago Urne begravet. Hans Liigsteen flyttedes ligesom det foregaaende Monument til Høichoret i Reformationstiden, men den sidste forsvandt ganske ved Høichorets Ombannelse til Gravkapel 1683. — Det her staaende Jerngitter har tidligere staaet om Dronning Margrethes Sarcophag.

I den hertil hørende Kjelderhvælving staae følgende 3 Kister med en Søn og tvende Døttre af Kong Christian IV og Chirstine Munk:

Anna Catharina, Grevinde til Slesvig-Holsteen, født paa Frederiksborg 18. Aug. 1618, død sammesteds 20. Aug. 1633. Hun var trolovet med Rigshovmesteren Frantz Rantzau, der druknede i Rosenborg Slotsgrav 1632. Hendes Kiste var prydet med kostbare Sølvplader og Ornamenter, men disse ere bortstjaalne efterhaanden. "1736", siger Behrmann, "havde Kisten endnu sin Sølvplade med Indskrift og Vaaben samt trende Engle af Sølv i drevet Arbeide. Nu har Fanden taget det altsammen".

Frederik Christian, Greve til Slesvig-Holsteen, født 26. April 1625, død 17. Juli 1626. Paa Kisten sidder endnu en lille Sølvplade med Indskrift og Vaaben, siger Behrmann fremdeles, men ogsaa denne var ikke til at finde 1852.

Maria Cathrina, født 29. Mai 1628, død 4. Sept. s. A. Den lille Sølvplade paa Laaget, som Behrmann omtaler, fandtes ikke 1852.

Det nordvestre Vaabenhuus er ligeledes bygget af Niels Jepsen samtidig med det tilstødende Kapel. De trende her liggende Liigsteen have Navnene:

a) Johannes Matthiæ, Vicarius et Succentor. † 1552.
b) Georgius Matthiæ, Succentor. † 1571.
c) Johannes Martin Radeck, Organista et Vicarius natus Mylhuus Thyring cum uxore Mettea Ludevigs; døde 1683 og 1698.

1¹. St. Birgittæ Kapel, ogsaa kaldet Kloster= frøkenernes Begravelseskapel.

Op mod Ydremuren ligger Biskop Oluf Mortensens Liigsteen, paa hvilken han er afbildet i fuld Ornat med denne Randindskrift:

Hic jacet reverendus Pater, Dominus Olavus Martini quondam Episcopus Roskildensis, qui obiit die St. Augustini Anno Domini MCDLXXXV.

Liigstenen er en af de smukkest udhugne her i Kirken; og skjøndt den for en Deel er beskadiget, har jeg dog troet at burde lade den afbilde i den Stand, den nu forefindes:

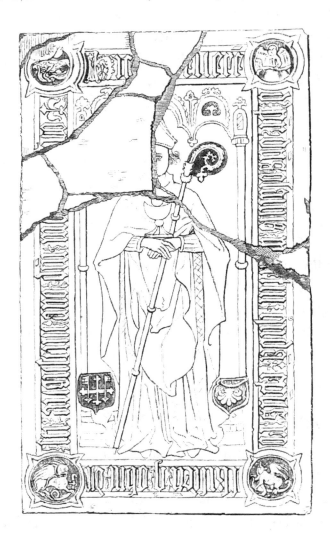

Ved Indgangen til Kapellet ligger Brudstykket af en Liigsteen med et adeligt Vaaben og et Stykke af følgende Indskrift:

Nobilis vir dominus Petrus Andreæ, quondam Canonicus Roskildensis, hoc loco sepultus Aº Domini 1443, cujus anima requiescat in pace.

Det her hængende Maleri forestiller Kong Frederik III paa Paradeseng. Det er malet af Dithmar og restaureret 1831 af A. Müller. Hverken Ideen eller Udførelsen er heldig og fortjener ikke videre Opmærksomhed. De kongelige Liigklæder forekomme at være det bedst udførte. Maleriet har fra først af hængt i Christian IV. Gravkapel, men flyttedes herind, da dette Kapels nye Decoration paabegyndtes.

Vægge og Hvælvinger i St. Birgittes Kapel have været malede. I det sydvestre Hjørne var Djævelen afbildet, holdende en Pergamentsrulle, hvorpaa læstes følgende Ord:

Scribo tardantes et vana loquendo vagantes.

Kapellet er stiftet af Biskop Oluf Mortensen † 1485, og indviet den hellige Birgitta til Ære. Efter Reformationen erholdt det adelige Frøkenkloster Localet til et Gravkapel indtil i Aaret 1829, da Kapellet rensedes og forenedes med Kirken.

---

m¹. Christian den 4des Gravkapel.

Det var, som anført, Kong Christian VIII, der ved sin Regjerings Tiltrædelse fattede den Plan at lade sætte et Minde over Christian IV, der skulde svare til denne Konges store Fortjenester af Fædrelandet. Det af Historiemaler Eddelien forarbeidede Udkast til Kapellets Decoration ved Anbringelsen af allegoriske og historiske Billedgrupper al fresco paa Væggene og i Hvælvingen samt den herlige Gesims med Portraitter af store Mænd fra Christian IV. Tid, fandt Allerhøiestes Bifald. Desværre have haarde Sygdomme, der nu og da ramte Kunstneren under Arbeidet, ofte afbrudt dette. Ikkedestomindre staaer dog det Hovedafsnit af Værket, som indbefatter de allegoriske Billedtavler i Hvælvingens fire Kapper, fuldt færdigt; og Anlægget af den herlige Frise paa selve Væggene er skredet rask fremad. De fire allegoriske Billedgrupper ville endnu forstaaes tydeligere, som Hentydninger paa Christian IV. daadrige Liv, naar de betragtes i Forbindelse med de historiske Malerier der ere bestemte til at optages paa Væggene nedenfor. Billedgrupperne staae paa en figureret Guldgrund. Over Figurerne, der ere givne i overnaturlig Størrelse (3½ Al.), hviler en plastisk Ro og religiøs Alvor. Det hele Arbeide er holdt i den til Christians IV. Tid hørende Renaisencestiil, men dog uden at være nogen Efterligning af noget andet Kunstproduct. Det er Frugten af et genialt Kunstnerlivs alvorlige Stræben. Ornamenteringen er rig og smagfuld.

I de tre Figurer i Hvælvingens nordre Kappe har Kunstneren allegoriseret Kongens bekjendte Valgsprog: "Regna firmat pietas": Dania med Krone og Vaabenskjold i Midten, siddende paa en Throne, ved hvis Fod Gudsfrygt med Bibelen og Styrken med Flammesværdet ere stillede. Paa den tilhørende Tavle til Venstre staaer: Herrens Frygt er Viisdoms Begyndelse. Ordsp. 9, 10; og paa den til Høire: Ved Retfærdighed befæstes Thronen. Ordsp. 16, 12. Denne Gruppe passer godt over Kongens Sarcophag, der skal opstilles neden under paa Gulvet. I den østre Kappe fremtræder Seiersgudinden med Seierskrandsen og Palmegrenen. Saga har nedskrevet i den aabnede Bog: "Femern den 1. Juli 1644" som Slagdagen for Søslaget ved Femern. Paa Tavlen til Venstre staaer: Det er Kongens Ære at randsage en Ting. Ordsp. 25, 2; og paa Tavlen til Høire: Anslag, fattede med Overlæg, bestaae; derfor før Krig med Raadslag. Ordspr. 20, 18. Ved den anden Side sees Tidens Genie med Leen og Timeglasset. Paa Væggen neden for bliver Slaget fremstillet i det Øieblik Kongen saares. Dette Maleri vil optage hele Væggens Brebde, der udgjør 19 Al. 10 Tommer og, med Frabrag af Panelet, hele dens Høide, der udgjør 13 Al. 6 T.

I den søndre Kappe er fremstillet trende Figurer, der forestille: Troen med Bægeret, Haabet med Ankeret og Kjærligheden med de tvende Børn. Paa Tavlen til Venstre staaer: Troen virker krafteligen formedelst Kjærligheden. Gal. 5, 6; og paa Tavlen til Høire: Haabet beskjæmmer ikke, fordi Guds Kjerlighed er udøst i vore Hjerter. Rom. 5, 5. Neden under paa Pillen mellem de tvende Buer vil blive anbragt Billedtavler, hvis Emne tildeels er hentet fra Kong Christians Opdragelseshistorie og navnlig Dronning Anna Cathrinas Beskjæftigelse med at undervise Prindsen i Religionen; Kongens første Møde med Gustav Adolph i Skaane, og Ove Gjedde, overbringende Kongen Tractaten til Kjøbet af Tranquebar.

I den vestre Kappe sees Retfærdighedens Gudinde med Vægtskaalen og fasces, Maadehold med Bidsel og Tømme samt Sandheden med Bogen og Speilet. Paa Tavlen til Venstre staaer: Den Ugudeliges Misgjærninger skulle gribe ham og han skal holdes ved sin Synds Strikke. Ordsp. 5, 22; og paa høire Side: Ved Viisdom bygges et Huus og ved Forstand befæstes det. Væggen neden under vil optages af et

Maleri, der forestiller Kongen omgiven af Danmarks Riges Raad i det Moment, da han afsiger Dommen over Adelsmanden Christopher Rosenkrands, der ved Hjælp af en eftergjort Haandskrift søgte at aftvinge Christian Juuls Enke en betydelig Sum Penge. Kongen viser at Papirets Mærke er yngre end Documentets Datum og følgelig falskt. I begge de store Vægmalerier vil forekomme Portraitter.

Under Hvælvingen er paabegyndt Anlægget af en Frise. Mellem det hertil hørende Løvværks Slyngninger bliver anbragt følgende 15 Portraitter en camajeux, nemlig paa den søndre Side: Jørgen Rosenkrantz, Steenvinkel, Christian Friis til Borreby, Arreboe og Jonas Charisius; paa den vestre Side: A. S. Wedel, Ove Gjedde, Christian Friis til Kragerup, Arild Hvitfeldt og Carl van Mandern; paa nordre Side: Niels Kaas; paa østre Side: Tycho Brahe, Ole Worm, Jens Munch, Christoffer Walkendorff og den kgl. Kantsler, Christian Thomæsen Sehested. Portraitterne have en Diameter af 21 T. Den Afbildedes Navn er anbragt som Randindskrift.

Mellem de tvende Vinduer vil Kong Christian IV. Sarcophag erholde sin Plads. Den bliver indsat i et Broncestativ med gjennembrudte Sidestykker, saaledes at selve Trækisten derigjennem kan sees. Paa Laaget skal Kongens bekjendte Bronce-Statue af Thorwaldsen (3 Al. 10 T. høi) have sin Plads. Til en saadan opretstaaende Figur af den Afdøde oven paa hans egen Sarcophag haves intet Tilsvarende her i Kirken; hvorimod Renaicensen her som andetsteds almindelig fremstiller den Afdødes Billede hvilende paa Monumentet.

Kapellet er afluftet fra Kirken ved tvende kunstige Jerngittere, ifølge Indskriften paa Fodrammen forfærdigede af Thomas Finke. I "nyeste Skilderi" af Kjøbenhavn Nr. 22 for 1805 staaer: "…. Den prægtige Jernport til Indgang til det nye Kapel i Roskilde Domkirke som er forfærdiget i Christian IV: Tid, skal være saa kunstig, at ingen Smed kan gjøre en Nøgle dertil. I Porten selv sidder derfor en Reservenøgle, som kan files ud, hvis den rette skulde komme bort, og dersom denne Reservenøgle ogsaa forkommer saa findes der i Kirken en Form, som den kan støbes i". — En Nøgle er ganske rigtig anbragt i et af Gitterets Felbter, men om den her omtalte Form vides Intet. —

Under Kapellet er anlagt tre Kjælderhvælvinger.

I den mellemste af disse hvile de jordiske Levninger af **Christian IV og hans Dronning Anna Catharina**.

Christian IV. Kiste er af Træ, overtrukket med sort Fløiel og beslaaet med en Mængde Sølvplader. Paa Laaget ligge tvende Plader af samme Metal. Den ved Hovedenden har følgende Indskrift:

Jeg agtede icke at vide noget uden Jesum Christum korsfæstet. Saa burde det Menniskens Søn at ophøjes, paa det at huer den som troer paa hannem icke skal fortabes, men hafue det æuige Liff. Joh. 3. Død huor er din Braad, Helfuede hvor er din sejer, men Gud være lofuet som gifuer os sejer formedelst vor Herre Jesum Christum. 1 Cor. 5. Den Time schall komme paa huilchen alle de, som ere udi Grafuene schulle høre Menniskens søns Røst, og de schulle gaae ud, som haffue gjordt got till lifsens opstandelse. Joh. 5, 28. Herre du udfriede min sjæl fra Døden, mine fødder fra Fald at jeg maa vandre for Guds Ansigt i det lefuendes liv. Ps. 56. Jeg er vis paa at intet Creatur schall kunde schille mig fra Guds

Kjærlighed, som er i Christo Jesu vor Herre. Rom. 8, 29. Haabe vi allene paa Christum i dette Liff, da ere vi de elendigste iblandt alle Mennischer. 1 Cor. 15, 19.

Den anden Plade paa Laaget har følgende Indskrift:
Danmarchis, Norgis, Venders og Gotthers Konning Chr. den 4de, Hertug udi Slesvig, Holsten, Stormarn og Dittmerschen, Grefve udi Oldenborg og Delmenhorst, født paa Frederichsborgs Slott den 12. Aprilis Anno 1577. Hyldet udi Danmarch Anno 1584, udi Norge 1591. Kronet udi Kjöbenhaffn Anno 1596, der og døde den 28. February Anno 1648, og er her, efter nesten toe og halftrediesindstiufge Aars møde og Regeerning till en ærefuld Opstandelse henlagt udi Hvile.

Paa Kistelaaget ligger endvidere et Kors af Ibenholdt med den Korsfæstedes Billede samt tvende Figurer med en Krone oven over, Alt af forgyldt Sølv. Fremdeles ligger hans Sværd paa Kistelaaget. Paa Kistens Sider findes Danmarks Rigsvaaben, som holdes af tvende Løver, samt en Deel svævende Genier og bekrandsede Englehoveder, og paa Endestykkerne Vaabenknipper, Alt af Sølv.

Ved Siden staaer Anna Cathrinas Kiste af Træ, overdraget med sort Fløiel. Englehoveder af Sølv findes paa alle Hjørner af Kisten og en Sølvplade paa Laaget uden Indskrift.

Kong Christian IV opfostredes hos sin Morfader (1577-1579) og optroges siden i Sorø og paa Skanderborg Slot; underskrev sin Haandfæstning 7. Aug. 1596 og kronedes i Frue Kirke i Kbh. 29. Aug. 1596; indgik efter sin første Gemalindes Død 1612 et morganatisk Ægteskab med Christine Munk (Datter af Ludvig Munk til Nørlund og Lundegaard og Ellen Marsvin) 23. Aug. 1615; tillagde hende 1629 Titel af "Grevinde til Slesvig og Holsteen"; vilde ikke anerkjende den 1629 fødte Datter, Dorothea, og forviste Christine til Boller i Jylland 1630, hvor hun døde 19. April 1658, og begroves i St. Knuds Kirke i Odense. Kongen døde paa Rosenborg 28. Febr. 1648 om Eftermiddagen Kl. 5 efter et Par Maaneders tiltagende Mavesvækkelse, og blev bisat i Roskilde Domkirke 18. Nov. s. A. Denne Fyrstes utrættelige Virksomhed, sjældne Aandsgaver, mangesidige Kundskaber, ukunstlede Væsen, Tilgjængelighed for Høie og Lave, hans Gudsfrygt, Retfærdighed og store Tapperhed, hans Talent som Hærfører og som Anfører til Søes, alle disse Egenskaber gjorde ham til en blandt Danmarks meest udmærkede Konger. Hans ægte danske Sind og jevne Sæder ville bevare Mindet om ham i alle Danskes Hjerter til de sildigste Slægter (See Allens Haandbog i Fædrelandshistorien Pag. 400 og 401). Han var af en høi Vert og stærk Legemsbygning. I hans Aasyn laa Alvor og Klogskab.

Anna Cathrina, Datter af Churfyrst Joachim Frederik af Brandenborg og Cathrina af Cüstrin, født 26. Juni 1575 i Wolmerstad ved Magdeburg, holdt Bryllup med Christian paa Haderslev Slot, død 27. Nov. 1597, kronet 11. Juni 1598, død paa Kjøbenhavns Slot efter 16 Dages Sygdom 29. Marts 1612, bisat i Frue Kirke i Kjøbenhavn 15. April s. A. Dronningens Liig førtes først til Roskilde i Aaret 1642 tilligemed nogle andre kongelige Børns Liig. — Hun var smuk og besad en høi og slank Figur. Hendes tidlige Død vakte en almindelig Landesorg; thi hun var i høi Grad elsket af det danske Folk for hendes Mildhed og Godgjørenhed, hendes Nedladenhed og

Munterhed, hendes Gudsfrygt og Menneskekjærlighed, der ofte virkede formildende paa Kongen, naar han i Vrede vilde straffe sine Undergivnes Feil.

I den nordre Hvælving hviler Støvet af Kong Frederik III og Dronning Sophia Amalia i tvende Kobberkister, hver paa 4 Løvefødder af Messing.

Paa det ene Endestykke af Kongens Kiste sees hans Portrait, omgiven af Trophæer, paa det andet er "Tiden" afbildet, siddende med Tavle og Griffel foran den neblagte Krone. Paa Siderne sees det danske Rigsvaaben. Paa Laaget er anbragt et Crucifix med tvende svævende Englefigurer ved Siderne og en Fama forneden med et oprullet Blad, hvorpaa staaer:

Hic jacet
Per quem stetit Dania,
Serenissimus et potentissimus Daniæ et Norvegiæ Rex
Fridericus Tertius,
Qui
Tam privatis virtutibus clarus,
Quam imperatoriis,
In palatio justus,
In castris vigil,
In tribunali propitius,
In Throno, Campo, Foro, ubique Rex,
Ubique moderator omnium sed maxime sui.
Annos regimine, Menses beneficiis, Dies pietate distinxit.
Ob quæ merita
Imprimis ob fractas bellorum procellas,
Regni jugulo minitantes,
Communis Parentis

Haud paulo pulchrius quam Regis
Nomen meritus,
Quo nulli hactenus Principum Danorum ire datum,
Hæreditariam primus accepit potestatem;
Id est,
Cives omnes in Regno suo effecit liberos,
Seque et stirpem in perpetuum suam supra omnem
extulit mortalitatem.
Stat Fama supra tanti Herois ruinas,
Qui
Hærens coelo
Lucet terris,
Et in animis hominum colitur,
Postquam in Augustali desiit,
Perpetua gloria et orbi coæva,
Si quid coelo creditur, si qua pietati duratio futura.
Natus est Anno 1609 d. 18 Martii,
Denatus Anno 1670 d. 19 Februarii.

Dronningens Kiste er ligesom Kongens. Paa det oprullede Blad staaer:

Æterno asserta ævo,
Mortalia hic posuit
Augustissima Daniæ, Norvegiæ, Vandalorum, Gotho-
rumque Regina,
Sophia Amalia,
Inclyta Principum Lunæburgensium soboles,
Regum Daniæ sanctissima et Mater et Conjux,
Principalium Virtutum omnium,
Quas unquam vidit sublime hoc fastigium,
Æternaturum exemplar.

Quæ per fædus conjugale
Gloriossimo Regi,
Friderico Tertio,
Feliciter nexa,
Felicissima fæcunditate
Æternos Daniæ Imperatores,
Potioribus Europæ Partibus perpetuos dedit Rectores.
Tandemque,
Evocato ad superos divo Rege,
Desolatæ viduitatis solitudinem
Regio prorsus animo et pari tulit constantia
ac moderatione,
Qua antea Augustissimi Thori consortium,
Donec Arcteo hoc et universo terrarum orbe
Quem fulgentissimis gloriæ radiis votis brevius illustraverat,
Cum coelestibus illis et æternis gloriose commutato,
Novo jubare
Superos adiit,
Famæque tacere nesciæ
Heroicarum Virtutum, incontaminatæ Religionis,
Clementiæ plane Regiæ,
Masculi animi, aspectus Majestatis plenissimi,
Et civium in se amoris tot illustria memoranda tradidit
Documenta,
Quot momenta habet Beata illa,
Qua divarum facta Regina
Nunc fruitur
Fructurque, perpetua æternitas.
Nata est Anno 1628 die XXIV Martii,
Denata Anno 1685 die XX Februarii.

Disse Monumenter udmærke sig ved Smag og Elegance. Figurerne røbe den store Mesters Haand. Decorationen er rig uden at være overlæsset og Sarcophagernes Form architectonisk skjøn. De skulle være forfærdigede paa Gjethuset i Kjøbenhavn af en hollandsk Mester, Herklas.

Kong Frederik III, Søn af Christian IV og Anna Cathrine, født paa Haderslevhuus 18. Marts 1609; opdraget fra 1622—29 af Hans Burchardt paa Skanderborg og i Sorøe; Konge 1648; kronet i vor Frue Kirke i Kjøbenhavn 23. Nov. s. A. af Biskop Jesper Brochmann; hyldet som Arvekonge 18. Oct. 1660 paa Kjøbenhavns Slotsplads; overdroges Enevoldsmagten af Stænderne 10. Jan. 1661; udstedte og underskrev Kongeloven 14. Nov. 1665; døde efter kort Sygdom 19. Febr. 1670 Kl. 11 om Aftenen (hans Sygdom begyndte først d. 6. Febr.); bisat her i Kirken 4. Mai s. A. Frederik III var en klog Regent og en tapper Feldtherre. Ved hans tydske Dronnings, Sophia Amalias store Indflydelse germaniseredes Hoffet ganske. Kronprindsen Christian forstod end ikke Dansk. Kongens Person var kraftfuld og hans Fremtræden fuld af kongelig Værdighed.

Sophia Amalia, en Datter af Hertug Georg af Lauenborg (Christian III. Dattersøn) og Anna Eleonora af Hessen-Darmstadt; født 24. Marts 1624; ægtede Frederik III 18. Oct. 1643 i Glückstadt, kronet 24. Nov. 1648; død efter langvarige, asthmatiske Lidelser i Christian V. Nærværelse 20. Febr. 1685 paa Nykjøbing Slot; bisat i Roskilde Domkirke 27. Marts s. A. Sørgehøitiden holdtes Dagen tilforn 26. Marts i Slotskirken paa Amalienborg og Liget udførtes af Staden Kl. 11, hvilken Skik siden den Tid er bleven fulgt. Sophia Amalia var klog og kjæk ligesom sin Gemal, men hun var pragt- og herskesyg, bydende og stolt, og saarede især Nationen ved ikkun at taale tydsk Tone og tydsk Tale og ved at indkalde mange Tydske.

I den søndre eller ved Kirken nærmeste Kjælderhvælving staae 13 Liigkister, der gjemme Støvet af følgende Kongebørn:

I forreste Række fra Nord mod Syd:

Ulrich, Søn af Frederik II; født 30. Decbr. 1578 paa Koldinghuus; Biskop af Slesvig 1602, af Schwerin 1603; død ugift i Bützow i Mecklenborg 27. Marts 1624; bisat her i Kirken 1642. Bispedømmet Schwerin erholdt han ved Hjælp af sin Morfader Hertug Ulrich. Han opholdt sig afverlende i Slesvig og Schwerin.

Han havde nydt en omhyggelig Opdragelse og Underviisning, først i Fællesskab med Broderen Christian og siden af Mester Povel Pedersen, der 1584 blev hans egen Lærer. 1587 sendtes han til Straßburg. Han roses for sit gode Hoved og gode Sprogkundskaber (107). Han benævnes sædvanlig Ulrich den Ældre for at skille ham fra Christian IV. Søn af samme Navn. Kisten er af Tin og ligesaa det derpaa hvilende Crucifix og Dødningehoved. Det samme gjælder om Pladen, der har følgende Indskrift:

Reverendissimus Princeps ac Dominus, Dominus Uldaricus Hæres Norvegiæ, Administrator Episcopatus Sverinensis; Dux Slesvici, Hols. Storm. et Ditm.; Comes Old. et Delm.; Regii Anglici Ordinis cui a Periscelide nomen est Eques; nascitur Coldingæ in Chersoneso Cimbrica ad Diem 30 Dec. Anno 1578. Denascitur magno suorum moerore et subditorum planctu pridie Resurectionis Dominicæ Anno 1624.

Honny soit qui mal y pense.
Dieu est mon Droit.

Christian V, Søn af Christian IV; født 1603, udvalgt Konge 1608 og hyldet i begge Rigerne 1610, død Aaret før Faderen 1647 i Körbitz ved Dresden.

Kisten er af Tin med forgyldt Beslag og Zirater samt en Plade med følgende Gravskrift:

Her hviler i Gud H. Christian V, Dannemarks og Norges, Venders og Gotthers Prinds, Hertug til Slesvig-Holsteen, blev født i Kjøbenhavn Anno 1603 den 3. April, udvalt Anno 1608, blev hyldet i begge Kongeriger Anno 1610, holt Bilager med Frue Magdalena Sibylla, fød af den Chur-fyrstelige Sariske Stamme Anno 1634 d. 25. Oct.; døde til Corbitz ved Dresden 1647 den 2. Juni imellem 10 og 11 om Natten der han havde levet 44 Aar 7 Uger 3 Dage, haver tjent Gud med christelig Iver, sin Hr. Fader Kong Christian IV altid æret med sønlig Lydighed, sin Gemahl elsket med hjærtelig Troskab, sine Tjenere og Undergivne regiæret med fyrstelig Mild-hed og andre Dyder som hannem medfødde vare; hos Høie og Lave inden og uden Riget Venskab, Kjærlighed og et udødeligt berømmeligt Navn forhvervet og med sig her indført.

Oven for denne Indskrift ligger et Crucifix af Sølv paa et Kors af Ibenholt, og paa hver Side Indskrifter med Bibel-sprog af 1 Cor. 15, 42—44 og Rom. 8, 38—39.

Oven for Crucifixet ligger en Sølvkrone med en Plade, hvorpaa staaer:

Vær troe indtil Døden og jeg vil give dig Livsens Krone.

Paa en anden Sølvplade læses Bibelsprog af Apoc. 21, 6—7 og 3, 21. Paa Siderne er anbragt det danske Rigs-vaaben, holdt af tvende Løver og neden for 4 Løvehoveder, Alt af Sølv. Flere af de Sølvzirater, der endnu fandtes alle 1734, ere bortkomne.

196 Monumenter og aabne Begr. i Kirkens Tilbygn. og Kapeller.

Christiane Charlotte, Datter af Christian V; født 11. Jan. 1679; død 14. Aug. 1689. Hendes Kiste er af Messing med Sølvplader og Ornamenter i drevet Arbeide. Paa Laaget et Crucifix og Dødningehoved samt en Plade med følgende Gravskrift:

Her hviler den Durchleuchtigste Prindsesse Christiane Charlotte, Kongel.=Arve=Prindcesse af Danmark og Norge, som blev født paa det kongel. Slot i Kjøbenhavn den 18. Jan. 1679 og døde den 14. Aug. 1689 om Morgenen Kl. 3. Hendes Høiheds Alder er 10 Aar 6 Maaneder 3 Uger 5 Dage. Faa ere Hendes Dage men den salige Evighed erstatter Dagenes Korthed... thi hendes Sjæl behagede Gud, derfor ilede han med hende af dette onde Liv. Sap. 4, 14.

Paa Kistens Hovedendestykke staaer det danske Rigsvaaben og paa Fodendestykket hendes Navneciffer, paa Siderne Ornamenter og Hjørnerne ere beslagne med Plader; Alt af støbt Sølv, ligesom ogsaa de 4 Løvefødder, hvorpaa Kisten hviler.

Magnus, Søn af Christian III, født 1540, formælet med den russiske Prindsesse Maria 1574, Konge af Liefland s. A.; død 12. Marts 1583.

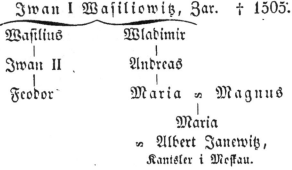

Magnus bortbyttede den Deel af Holsteen, han havde arvet efter sin Fader, mod Bispedømmerne Øsel og Curland.

Iwan II udnævnte ham til Konge over den erobrede Deel af
Liefland mod at ægte Maria og betale en aarlig Tribut til
Zaren; men da han kort derpaa indlod sig i Forbindelse med
Zarens Fjender, indtog Iwan hans Residents Wenden 1578,
lod Magnus kaste i Fængsel, fra hvilket han dog løskjøbtes;
begav sig til Pilten i Curland, hvor han døde i usle Omstæn‑
digheder. Hans Liig blev siden bragt til Danmark og bisattes
her i Kirken 1642. — Kisten er af Tin med forgyldte Zirater
af samme Metal.

I den anden Række:

1) **Sophie**, Datter af Christian IV, død i Kjøbenhavn
7. Sept. 1605, 9 Maaneder gammel. Kisten er af Træ,
overtrukket med sort Fløiel. Paa Laaget ligger et Sølvcrucifix
og en Gravskriftsplade af Sølv samt tvende Vaabenplader.

2) **Frederik**, Søn af Chr. IV, født paa Frederiksborg
15. Aug. 1599, død strax efter Fødselen. Kisten er som den
forrige.

3) **Prinds Ulrich den Yngre**, Søn af Christian IV,
født 5. Febr. 1611 paa Kjøbenhavns Slot; traadte i Tredive‑
aarskrigen i sarisk Tjeneste, men blev snigmorderisk dræbt under
en Troppemønstring 9. Aug. 1633 ved Sweidnitz i Schlesien,
hans Liigbegængelse holdtes med stor Pragt i Dresden 18. Marts
1634. Liget bisattes her i Kirken 1642.

Hans Kiste er af Træ, overtrukket med sort Fløiel. Paa
Laaget ligger et Crucifix af Sølv. Paa Side- og Endestykkerne
er anbragt forgyldte Sølvplader med Rigsvaabnet, Ornamenter
af samme Metal og en Sølvplade med følgende Indskrift:

Hic expectat resurectionem reverendissimus et illustrissimus Princeps Uldaricus, Hæres Norvegiæ, Administrator Episcopatus Schwerinensis, Dux Holsatiæ, Slesvici, Stormariæ, Dithmersiæ, Comes in Oldenb. et Delm., qui natus 4 nonas Februarii Anno CIƆIƆCXI statim perfecti ævi exemplum repræsentans, Patriæ votis nil deesse passus est. Nunquam puer, nunquam adolescens, semper vir fuit. Adeo feliciter ætatem ante annos prævenit, cæteras virtutes publica fama loquitur. Post obitas celebriores Europæ plagas, Belgium, Angliam, Gallias, dum Germanica bella lustrat, in ipso flore vernantis, ævi, ex insidiis improvisa fraude cæsum XI August Anni CIƆIƆCXXXIII mors extra patriam in veram patriam reduxit, ubi nunc liber et invictus inter vindicatos coelites triumphat. Anno post salut. mundi CIƆIƆCXXXIV.

4) **Frederik**, Søn af Frederik III, død 14. Marts 1652, 9 Maaneder gammel, og hans Søster:

Dorothea Juliane, død 1658, 5 Maaneder gammel. Begge Kister af Tin med en forgyldt Sølvplade med Crucifix og Gravskrift.

I tredie Række:

5) En Datter af Christian IV, formodentlig **Sophie Elisabeth**, som Christine Munk fødte paa Skanderborg Slot 20. Sept. 1619. Frederik III lod Kisten føre til Roskilde efterat de Svenske i Aaret 1658 havde berøvet den alle sine Prydelser.

6) **Johan**, Søn af Frederik II, født 1583, død i Moskau 29. Oct. 1602. Efter Boris Gadonows Indbydelse kom han til Moskau 20. Sept. 1602, blev forlovet med Zarens Datter d. 28. f. M.; men faldt d. 28. Oct. i en saa hæftig Sygdom,

at han døbte samme Dag. Først 1642 lod Christian IV hans Liig afhente her til Landet. Hans Kiste er af Træ, overtrukket med sort Fløiel og et bredt, hvidt Taftes Kors paa Laaget.

7) Christian Wilhelm, Søn af Christian V, død 1673 d. 15. Jan., næppe 2 Maaneder gammel.

8) En dødfødt Prindsesse, Datter af Christian V (den 15. Juli 1682).

n¹. Det nordvestre Vaabenhuus.

Ogsaa under dette Vaabenhuus's Gulv var i Begyndelsen af forrige Aarhundrede anlagt et hvælvet Gravkammer for M. Søren Jonassen, Provst og Præst her ved Kirken og Christopher Zega, Oeconomus ved Duebrødre Hospital; men dette Num tilkastedes i Aaret 1806, da Trappen til Omgangen opførtes. Samme Trappe er for saa vidt mærkværdig, som de Penge, der indkom ved Auctionen af Kirkens ældre Inventarium i Aaret 1806, anvendtes til dens Opførelse. Det er en ganske overflødig Opgang, der for længst burde være nedbrudt.

Kirken har 5 Klokker, to i hvert af de vestre Taarne og een i Tidspiret.

Stormklokken i Kirkens nordre Taarn har følgende Indskrift:
Laudo Deum verum, plebem voco, colligo Clerum
Defunctos ploro, Sanctos colo, festa decoro
Est mea cunctorum vox terror dæmoniorum
Johannes de Castenowe me fecit anno Milessimo,
Quingentesimo, undecimo. Pont. 1, 36.

Samme Klokke er meget tyk i Malmen, men ikke meget stor. Dens største Diameter andrager 2 Al. 15 Tommer.

Den største Klokke i søndre Taarn, med hvilken Uhrværket staaer i Forbindelse (108), er 2 Al. 6 Tommer i Diameter, og har følgende Indskrift:

Anno Domini CIƆIƆVIC sub electo Rege Daniæ Christiano IV^{to} Tutoribus templi hujus generoso viro Nicolao Caas Regiô Cancellario et Doctore Nicolao Hemmingio in usum ecclesiæ Roschildensis sumptibus Capituli hæc campana refundebatur a Burcharde ærifusore.

Den mindre Klokke sammesteds, kaldet Tolv-Klokken, har følgende Indskrift:

Hec tuba cunctorum mollit sensus populorum Johannes de Castenowe me fecit anno millesimo quingentesimo, undecimo.

Paa Klokken i det lille Spiir staaer:

Dum trahor audite, voco vos ad gaudia vitæ. Anno 1613.

Anhang.

Fortegnelse over Liigstenene i Kirkegulvet,
med tilhørende Kort, Tab. II.

Midterste Gang. (c.)

1 og 2) Ved Opgangen til Ydrechoret ligge tvende Liigsteen, bredere ved Hovedenden, den ene over Kong Christian III. Secretair Andreas Eulnow, den anden over hans Datter Anne. Indskriften paa den førstes Liigsteen lyder saaledes:

Hic sepultus est honestus et nobilis vir Andreas Eulnow, natione misnensis. olim scriba Regis Christiani IIItii et canonicus hujus ecclesiæ, qui obiit 36 April Anno 1565.

Andreæ Eulnow marito optimo atque dilectissimo Metta van Eulnow posuit.

Jvfr. Marm. Dan. 1, 26.

Den anden Steens Indskrift er ulæselig (109).

3) Mag. *Franciscus Nicolai*, første Rector ved Frederiksborgs lærde Skole, siden Præst her ved Domkirken. Indskriften lyder saaledes:

Epitaphium clarissimi viri M. Francisci Nicolai
Alburgensis S. S. Theologiæ lectoris et ecclesiæ
hujus pastoris, qui obiit 6 Octobris Anno 1603.
Francisci hic recubant venerandi viscera, Lector
  Divini verbi et Buccina sancta fuit.
Inclyta Rectorem hunc Schola Frederichsburgica primum
  Vidit et ipsa Roes-childia canonicum.
Christum, sacra, necem, coluit, docuit, superavit,
  Justa, alacri, stabili, mente, labore, fide.
Ergo inter superos nunc gaudia mille capessit
  Ista legens, simili forte fruare, vide.
Jvfr. Marm. Dan. 2, 281.

4) Mag. Daniel Knof, Sognepræst her ved Domkirken. Hans Liigsteen har følgende Indskrift:

Beati pacifici quia vocabuntur filii Dei.

Mag. Daniel Knoffius, Christophori filius in studiis literarum domi foresque egregie exercitatus, hujus ecclesiæ Pastor, dein et Theologiæ lector et tandem capituli Sacristanus, ob fidem integritatemque, junctam vitæ suavitatem omnibus charus, valedicens uxori cum quinque liberis Anno Christi 1625, die 6 Februarii, ætatis 54, piam animam Deo reddens, corpus huc recondi voluit. Beati mundi corde, quia videbunt Deum.

Paa samme Steen læses:

Under denne Steen hviler erlig og gudfrygtige Qvinde Salig Anne Christophers Datter, barnføb her i Roesfilde, som levede i Ægteskab med sin forn. kjære Hosbonde 19 Aarstid og døde efter hannem 1628 d. 7. Nov. i hendes Alders 39 Aar. Gud give dennem med alle troe Christne en glædelig Opstandelse.

Jvfr. Marm. Dan. 1, 34.

5) Denne Steens Indskrift er aldeles afslidt.

Liigsteen i midterste Gang. 203

6) Mag. Hans Jensen, Cantor her ved Kirken, død 1472. Stenen har følgende Randindskrift med gothiske Bogstaver:

Hic jacet Mag. Johes Johis Cantor Roeskild. q̄ obī anno Dn̄i MCDLXXII, X^{ma} Die Marcii cujus aīa in pace reqescat.

7) Jacob Pedersen, Kannik i Roskilde, død 1440. Randindskriften har gothiske Bogstaver og lyder saaledes:

Hic jacet Jacobus Petri, Canonicus Roskild. qui ō Anno Dn̄i MCDXL Cathedra Sti Petri. Orate pro eo.

Jvfr. Marm. Dan. 1, 44.

8) Henrik Mejer, Sognepræst ved Domkirken, død 1756. Indskriften paa Liigstenen lyder saaledes:

Heic quod habuit caducum deposuit vir plurimum venerabilis ac doctissimus Henricus Mejer Nidrosiensis. Primum Anno 1745 Comminister in Walloe, deinde Anno 1749 Pastor ecclesiæ Rorup et Glim. Postremo Anno 1752 Præpositus ecclesiæ Cathedralis Roeskildensis. Ubique Divina veritatis pietatisque semina fideliter sparsit. Carus omnibus, Deo carior, vitam expertus fragilem, utinam longiorem, fidei, candoris, pasientiæ ac laborum fructus in coelo demetiendos anhelans et lento consumtus morbo. Mori potius quam vivere desiit. Natus Anno 1720, denatus Anno 1756 die 29 Aug. Ita suo quisque tempore metemus non defatigandi. — Denne Liigsteen laa tidligere over Mag. Henrik Plate. † 1711 (110).

9) Mag. Peter Paulin, Sognepræst til Domkirken. Indskriften lyder saaledes:

Mortuus vivo.

Hic positæ sunt exuviæ clarissimi viri Mag. Petri Paulini vera pietate, doctrina, fide, constantia et vitæ innocentia præstantis, qui cum 30 annos et sex menses fidelissimi Pastoris in hac ecclesia et doctissimi Theologi in Schola munus obivisset 22 die Septembris Anno Christi MDLXXII, in ardenti invocatione filii Dei placidissime exspiravit.

Ps. 130. Expecto Dominum et spero in verbum ejus.

(Gothiske Bogstaver.) Jvfr. Marm. Dan. 2, 282.

10) Mag. Christian Gulbager, Hofpræst hos Kong Christian IV, og hans Hustru Birgitte Lauridsbatter. Hun var først gift med Dr. Niels Hemmingsen, med hvem hun levede i Ægteskab i 18 Aar, var derefter Enke i 6 Aar, blev gift anden Gang med Gulbager 1606, døde 1623.

Conditur sub hoc saxo corpus clarissimi viri domini Mag. Christiani Chrysagrii, primum Pastoris Hafn. et ibidem Præpositi, deinde conciniatoris Serenissimi Regis Daniæ Christiani IVti Aulici et hujus loci canonici simul ac vicarii, qui non obiit in Patria, sed obiit in patriam devota Numinis Divini invocatione die 17 Mai, Anno Christi 1622, ætatis 62, Conjugii 17.

Jvfr. Marm. Dan. 1, 43.

11) Dr. Nicolaus Hemmingsen, Lærer ved Kjøbenhavns Universitet, siden Kannik i Roskilde. Paa Stenen er han afbildet paa et Katheder foran et Auditorium.

Qui ad justitiam erudiunt multos ut stellæ fulgebunt. Dan. XII. Dr. Nicolai Hemmingii Canon. Roskild. cineres hic quiescunt, qui primum felici et laboriosa opera in academia Hafn. artium et lingvarum studia multorum utilitati propagavit. Theologiæ professioni adhibitus eam lucem scriptis Propheticis et Apostolicis methodica brevitate et claritate attulit, ut non solum nostris sed cunctis Europæ doctis admirationi fuerit fatalibus theologorum controversiis præter exspectationem involutus innocentiam servavit, Numinis benignitate post diuturnos in Schola labores grato felicique ocio donatus, senex satur vitæ mortalium curas inanes contempsit. Deo servatori spiritum firma fide commendans moritur Anno MDC die XXIII Maji.

Jvfr. Marm. Dan. 1, 29.

12) Mag. Enevold Randulf, Sognepræst til Domkirken, og hans Huftru.

Nobili Par Conjugum Mag. Enevoldus Randulf, Canonicus et Pastor Primarius Roesch., Præpositus Sömmensis et Benedicta Erasmi Fil. beatissimas animas coelo vindicavit, mortalitatis reliquum hoc tumulo condidit Anno 1676 (111).

Jvfr. Marm. Dan. 1, 45.

13) Johan Frandsen Trojel, Sognepræst til Domkirken.

Vivo clarissimo Johanni Francisci Trojel primum Lectori Matheseos in Gymnasio Roeskildensi, deinde ecclesiæ cathedralis apud Roeskildenses Pastori Primario, Canonico, et Nomarchiæ Sommensis Preposito, nato die 17 Sept. Anno 1631, mortuo die 4 Sept. Anno 1666, Conjugii 7, pastoratus 6, ætatis 35, marito suo longe exoptatissimo monumentum hoc moestissima vidua Margretha Bylche poni curavit.

Phil. 1, 21. Vivere mihi Christus et mori lucrum.

Jvfr. Marm. Dan. 1, 45.

14) Her ligger begraven erlig og velbyrdig Mand Otto Brochenhuus til Wolderslow ubi Fyen, som døde ubi Roeskild 1. Juni 1594 samt hans kjære Huusfrue erlig og vel=

byrdig Karen Wenfterman, som og døde her sammestæds 22. Oct. 1588. Gud give dem en glædelig Opstandelse. Amen.
Jvfr. Marm. Dan. 1, 28.

Paa Stenen ere de begge udhugne i fuld Corpus. Hertil hørte en forgyldt Tavle med deres Vaaben, der hængte paa den søndre Pille næstved, men som nu er forsvunden.

15) **Johan Petræus Callundborg, Rector her ved Skolen.**

Johannes Petræus Calundborg Ludi-Mag. et Canonicus, mortalitate, quicum LXV ann. sum colluctatus, per Christ. devicta, hic tandem invenio requiem, in qua cum unica amorum, dolorum et secretorum meorum socia, XVI communium liberorum parente, Paula Danclevia, matrona omni voto potiore, miseros conatus humanos rideo, beatissimæ immortalitatis candidatus.

Hæc ultro posui, cum Atropos mea solvere fila
Pergeret, in decies sextum quæ traxerat annum.
Dum moriebar enim, nunc tandem vivere coepi
Sed mortis satis est; hic vivere disce viator
Anno 1664. (112)
Jvfr. Marm. Dan. 2, 282.

16) **Thomas Michael Hein, Kannik i Roskilde.**
Sursum.

Thomas Michael Hein, primus Scholæ Regiæ Fridericiburgensis Rector Annis 12. Inde S. S. Theologiæ Lector et Canonicus Roeskild. Senior vener. tandem hic requiescit ætate .... cum unica tori socia Anna Henrici filia Irgens Holsat. Itzhovia matrona honestissima ...... Liber. bis sex

Liigsteen i midterste Gang.

par. utriusque sexus matre beatissima, quæ pie obiit ætat...
conjug....

Meum, tuum, Christus
Anno 1673.
Jvfr. Marm. Dan. 2, 281.

17) Werner Kaas, Major ved det nordre Sjællandske Nationalregiment, død 1726:

Under denne Steen forvares det jordiske og dødelige af den Høiædle Velbaarne og Mandhafte Mand Werner Kaas, som Aar 1674 oprunden af gjev og gammel adelig Herkomst, vel artet i sin Ungdom, som Mand med Gudsfrygt, Dyd og Tapperhed mere prydet, end toog Ære af sin Adelskab. De gamle Kaasers Heltemod, som oplevede igien udi hannem, drev ham tidlig i Krigens Skoele. Hans Aarvaagenhed til Kongens og Fædernelandets Tjeneste ophøiede ham Trappeviis til Æren, saa Hand Aar 1719 blev Major ved den Nordresjæll. Regimente til Fods, i hvilken charge Hand og Velberaad til sin død eenlig endede sine Dage her i Roeskilde d. 22. Febr. Anno 1726. Hans Kjød og Been venter her et nyt Liv paa hiin Dag.

Jvfr. Marm. Dan. 2, 275.

18) Paa den næste Steen sees en Ridder i fuld Rustning. Indskriften lyder saaledes:

Aar 1565 den 20. Dag Octobris blev ærlig og velbyrdig Axel Walkendorph til Glorup slagen udi det Slag paa Falkenberg Hede og blev hidført og her begraven. Gud give ham en salig Opstandelse.

Jvfr. Marm. Dan. 1, 41.

19) **Peter Sørensen**, Amtsskriver over Roskilde Amt, død 8. Sept. 1696, med begge hans Hustruer:

Her under hviler Salig hos Gud Peter Sörensen fordum Ko. Ma. Ampt-skriver over Roeskilde Ampt og Horns Herret föd i Kjøbenhafn Aar MDCXLVI d. VIII Mart. döde d. VIII Februarii MDCXCVI i sit Embedes XIX Aar Alders L förste egteskabs IV med Hedwig von Wechlen: 1 Søn i andet egteskab med sin efterladte Hustrue Else Kirstine Michels Dotter i XV Aar velsignet af Gud med 1 Søn og 6 Döttre.

Salig ere de döde i Herren, thi de hvile af deres Arbejde. Apocal. 14, 13.

20) **Dr. Chr. Lodberg**, Sognepræst her til Domkirken, siden Biskop i Ribe:

Christianus Lodbergius Janifilius S. Stæ Theologiæ Doctor, ecclesiæ Roeskildensis Pastor primarius et Nomarchiæ Sommensis Præpositus annis 14, hinc Episcopus Ripensis annis fere 12. Immortali anima viri vere incomparabilis coelo remissa et fasciculis viventium illigatâ, mortales exuvias in certissimam immortalitatis spem hoc tumulo condi curaverunt relicta vidua Johanne Eylerts Jac. filia, et superstites orphani. Decessit Ripis Cimbrorum Anno Salutis 1693 ætatis vero suæ 67.

Ps. 17, 15. Satiabor cum apparuerit gloria Tua.

Infr. Marm. Dan. 1, 37.

Paa hans Kiste er følgende Gravskrift:

Herudi og under hviler i Gud Velædle Höiærværdige og höyoplyste Guds Mand, nu salig hos Gud, Dr. Christen Lodberg, fordum velfortjent Superintendent over Riber Stift, föd i Lodberg Sogn i Thye Aar 1625 alle Helgens Aften af christelige Ægteforældre, han har af første Ungdom lagt Vind paa Gudsfrygt, Dyd retskaffen bogelig Kunster, ved mange Reiser i Lande og idelig Studeringer gjort sig navnkundig hos alle, har været Professor paa Sorøe Academie, Prince Georgs Informator og Confessionarius, Sognepræst til Domkirken i Roskilde i 14 Aar, og endelig Superintendent over Riberstift paa 12te Aar. Han var som det bør sig en Biskop en Qvindes Mand og 9 Børns Fader, af hvilke 4 ere døde og 5 igjen lever med deres høibedrøvede Moder Johanne Jacobsdatter Eilers, hans Liv har været meget prisélig og hans Død sød og salig, rc. (113)

21) Høiagtbare og velfortjente Mand Christen Knudsen med sine tvende Hustruer. Stenen har denne Indskrift:

Herunder ere nedlagte til Roelighed efterat sjælene var optagne til Salighed Høiagtbare og Velfornemme Mand Christen Knudsen, som døde 1738 i sin Alders 59 Aar saa og hans kjære Hustrue dydige og gudfrygtige Matrone Bodill Damiane Datter Stendorph. De lefvede i egteskab 16 Aar og blefve af Gud velsignede med 4 Sønner og 3 Døttre. Gud bortfaldede hende 27. Sept. 1728 i hendes Alders 45 Aar.

I denne Grav hviler ogsaa Hans anden Hustrue den dydige og gudfrygtige Matrone Helvig Cathrine Paulin, var i egteskab 41 Uger 4 Dage og velsignet med en Søn i deres egteskab, døde den 27. May 1730 i hendes Alders 25 Aar.

Jobi XIX cap. XV.

Jeg veed at min Frelser lefver og han skal herefter opvæcke mig af Jorden.

B. D. D. S.   C. K. S.   H. C. P.

22) **Christen Gyldenstjern til Restrup.**

Her ligger begrafven Erlig og Velbyrdig Mand Christian Gyldenstiern til Restrup, som var erlig og Velbyrdig Mand Hr. Mogens Gyldenstiern til Stiernholm og Fru Anne Sparres Søn til Svanholm i Skaane som var født paa Malmoe Slot Anno 1552 och kaldede vor Herre hannem paa Hellestrup 21. Febr. Anno 1617 och hans kjære Hustrue Erlig og Velbiurdig Frue Dorothea Rud til Hellestrup, som var Erlig og Velbyrdig Mand Jørgen Rud til Wedbye og Erlig og Velbyrdig Frue Karen Krabbe til Ottersløff Datter, som var født paa Gißelfeldt Anno 1560 oc kaldede vor Herre Hende Anno 1648 d. 14. Sept.

De ere begge afbildede paa Stenen.

Jvfr. Marm. Dan. 1, 34.

23) **Christoffer Knoff, Enkedronning Dorotheas Hofpræst, Daniel Rantzaus Feldtpræst og endelig Hofpræst hos Kongerne Frederik II og Christian IV.**

Memento mori.

Monumentum Christoffori Knofii et hæredum.
Barbara Paludana D. Johan Paludani Medici Lubecensis filia Mag. Christoffori Knoffii conjux, Matrona pia et honesta 13 lib. mater postquam ætatis suæ cursum in vero Dei timore absolvisset in ardenti Dei invocatione pridie calendas Julii Anno Christi 1598, ætatis suæ 49, conjugii sui 29 ex hac vita decessit et tribus liberis antea hic sepultis apposita est &c.

Denne Steen er flyttet hid fra vor Frue Kapel (114), paa hvis østre Væg hængte en Tavle med Knoffs Portrait, der solgtes ved Auctionen 1806. Under Portraitet stod et langt Epitaphium i latinske Vers, der er at læse hos Pont. 1, 30.

24) **Franciscus Hispanier**, Christian III. Herold. Paa Stenen er han udhugget i fuld Rustning. Randindskriften med gothiske Bogstaver lyder saaledes: "Her liger erlig oc velbyrdig Mand Franciscus Hispanier, Konlig Majestats aff Danmarck Herold, som døde i Kjøpehafn 1553, te 8 Dag Januarii".

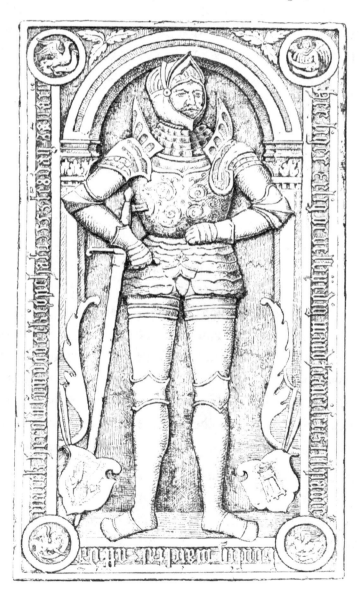

Hosføiede nøiagtige Afbildning af denne Steen vil give et Begreb om det bedre Steenhuggerarbeide, der findes paa en stor Deel af de her anførte Liigsteen.

Jvfr. Marm. Dan. 2, 275.

25) Dr. Jonas Charisius, Retslærd og Diplomat under Kong Christian IV, og hans Hustru A. S. Petersen.

Jonas Charisius D. vitæ suæ ann. 47, dier. 112 curriculum prid. Cal. Dec. Anno 1619 finivit. Ex svaviss. 17 annorum Conjugii thalamo in hunc tumulum illatus gloriosam corporum resurectionem expectat. Demum Anna Severina Petri filia Matrona honoratissima Flensburgi nata, Hafniæ denata pro voto suo post fata etiam marito jungi liberis B. B. curantibus obtinuit anno obitus placidiss. MDCXXXIII viduitatis castiss. XV, vitæ integerrimæ XLVI.

Jvfr. Marm. Dan. 1, 34.

26) "Her ligger begrafven erlig og velbiurdig Froue Frov Kirstine Hvithfeldt hvis Sjel Gud hafue, som døde Aar-dag- og findes ii thenne latiniske tafle her paa thenne Piller."

Hertil hørte en Trætavle paa den nærmeste nordre Pille med et Epitaphium, forfattet af Niels Hemmingsen. Det lød saaledes:

Epitaphium Nobiliss. Pientiss. et Castiss. fæminæ Dominæ Kirstinæ Hvitfeld; obdormientis in Domino d. 24 Julii Anno Dni MDLXII, scriptum a Nicolao Hemmingio Dr. Theol.

Kirstina antiquo Majorum Stemmate clara
  Ossa sua hic posuit, mente superna petens.
Stemmate gaudebat paterno insignia Hvidtfeldt
  Cui sunt victrices præmia digna manus.

Hoc decus amplificat permultum gloria matris,
  Quæ genus Heroum nobile Trolle refert.
Est siquidem multum Claros habuisse parentes
  Ardua si virtus sit tibi tuta comes.
Fulget ut in auro pretiosior unio fulvo
  Sic virtus claro pectore pulchra nitet.
Hoc reputans animo Kristina, pio superare
  Majores studio nititur usque suos,
Hæc cum lacte haurit fontes pietatis amoenas
  Imbibit et mores cum pietate probos.
  Virginibus decus illa fuit pulcherrima virgo,
  Magna puellarum Gloria Nobilium.
Nunquam comperta est quenquam contemnere, nunquam
  Præposuit se aliis, omnibus æqua fuit.
Hæc cum compleret annos ter quinque duosque
  Conjugii castum scandit honesta thorum
Nupsit enim placido castissima virgo Lagoni
  Becho præclaro nobilitate viro
Dulce utrique jugum, sed proh dolor! ipsa vetabat
  Parca diuturnum scandere utrumque thorum
Nam nunc amissam Viduus dolet ante maritus
  Sic durant mundi gaudia nulla diu.

Denne Trætavle er nedtaget for nogle Aar siden, da den af Ælde vanzirede Stedet.

Jvfr. Marm. Dan. 1, 25.

27) **Bernhard Schnabel, Rector her ved Skolen.**

Hoc sub Saxo quiescunt clarissimus quondam Scholæ Rector Bernhardus Schnabel, qui obiit 1754, anno ætatis 64, ejusque uxor desideratissima Sophia Rasmussen, filius Erasmus et Filia Ingeborga, quam ploravit et adhuc plorat relictus maritus Petrus Herslebius Abildgaard, nec non qui Patri successit, Filius Christiernus Schnabel. Profuit ille multis, nocuit nulli. Non vixit diu sed vixit bene cum non sibi sed Patriæ et Scholæ vixit. Lenta morte obiit Anno 1760 ætatis 33, reliquitque sororem, Ursulam Schnabel illius desiderii plenissimam, quæ ipsi et reliquæ familiæ hunc lapidem poni moesta jussit.

28) Herman Schröder, Borgermester i Roskilde, Fader til Gehejmeraadinde Mejercrone, der ihukommes ved flere milde Stiftelser i Roskilde, og hans Hustru Eva Motsfeld.

Hermanus Schröder Consul Roskildensis cum uxore Eva Motsfeldia hunc tumulum in svavem ossium defatigatorum post fata requiem sibi comparavit.

Vivere mihi Christus mors mihi lucrum.

29) Paa Biskop Jens Jepsens Liigsteen er udhugget en Krumstav og Bispehue. Dens gothiske Randindskrift lyder saaledes:

Reverendus pater, Dominus Johannes Jacobi hoc loco sepultus Anno MDXII. Paa Fodenden af Stenen læses: Eodem Anno obiit Joachimus Jacobi ejusdem Episcopi frater, sub hoc etiam marmore sepultus, cujus gener, nobilis vir Joachimus Bech de Færslew hæc ut nota essent sculpta voluit (115).

Hertil hører den paa Pillen hængende Pergamentstavle med Biskoppens Vaaben malet paa Træ.

Jvfr. Marm. Dan. 1, 18.

30) Indskriften afslidt.

Paa Stenen tvende Figurer i fuld Corpus med adelige Insignier.

Liigsteen i midterste Gang.

31) Erik Walckendorff af Glorupgaard.

Fru Berette Anders daatter af Alverup hans kjære Hustru var
Then XVIII Dag Januarius lagdes hun paa Baar
MDLX oc VIII tha var Gudzaar
Met thöris Barn döde hun paa Högstrup ham til men
Hand lefde epter hinde .... Aar igien
Then .... kom theris Legem sammen
Thöris Sjel ubi himerigs Glede leffver Amen.

Jvfr. Marm. Dan. 1, 42.

32) Den følgende Liigsteen har ligget over Mag. Johan Frederik Flensborg, Kannik i Roskilde og Professor Poeseos ved det herværende Gymnasium, død 1641.

Af Randindskriften (116) læses følgende Ord:

Jesu favente Justificante fide

Homo, Deo tibi tuoque proximo pie decenter atque juste

Vivito

Jehova fidelis illi fidam ipse faciet. Memento mori cogitaque serio quæ qualis atque quanta sit æternitas.

Den kan suppleres efter Marm. Dan. 2, 280.

33) Hic jacet Mgr Petrus Johis qnda Canonicus Roskn, qui ϕ Ano Di M.CDXXXVIII cui aia i X reqviescat.

(Goth. Charakterer.) Jvfr. Marm. Dan. 1, 21.

34) Christus est spes mea, unicus et verus
Salvator meus.

Christus er død for vore Synder og opstanden til vor Retfærdighed:

Her under ligger begraven erlig og velbyrdig Mand Sal. Holger Gagge til Førsløff, Dom=Provst til Roeskild Capitel, som Gud kalte udi Roeskild denb 6. Martii 1630, med hans kjære Frue erlig og velbyrdig Frue Bialæ Ulfeldt til Bolstoft, som oc Gud henkalte her udi Roeskild d. 11 Januarii Anno 1630. Gud give dennem en glædelig Opstandelse.

Jvfr. Marm. Dan. 1, 43.

35) Her ligg begra... rkart..... døde i Kiøffvenhagen thr inb skrev Gudz aar MDXXXVL.

(Goth. Bogst.)

36) **Hans Pedersen, Christian IV. Kammertjener.**

Her ligger begrafven Erlig og Velfornemme Mand Hans Pedersen Cannick til Roeskild Domkirke som var Kong Christian 4des fordum Kammer-tjener; oc siden hands Kongl. Majest. Tolder udi Øresund. Han var Fød d. 1. Augusti Anno 1591. Gud hafver Saligen heden kaldet hannem denb 11. Mai 1645. Hans gandske Alder var 54.

Her ligger og under begrafven Hands Kjære Hustrue Erlig og Gudfrygtige Qvinde S. Anna Luct, som var fød den 5. Martii Anno 1605 oc lefvede udi det hellige ecteskab tilsammen udi 18 Aar oc een Maaned. Imidlertid velsignede Gud dennem med 5 Sønner og 6 Døttre oc er hun saligen hensofvet udi Herren den 5. Julii Anno 1644. Hendis gandske Alder var 39 Aar oc 5 Maaneder. Gud gifve dennem en ærefuld oc glædelig opstandelse for Jesu Christi Skyld. Amen.

Christus er død for vore Synder oc opstanden for voris retfærdighed. Rom. 4. De retfærdiges Sjæle rc. Sap. 3. Saa siger den Herre rc. Ezech. 37.

37) **Johannes Olai, Cantor, død 1540.** Randindskriften er med gothiske Bogstaver og lyder saaledes:

Liigsteen i midterste Gang.

Anima Domini Johannes Olai quondam Canonicus Roskildensis et Cantoris hujus Ecclesiæ hic sepulta per misericordiam Dei requiscat in pace. Anno Jesu Christi 1540.

Denne Steen er flyttet herhen 1722 fra Funtens Kapel.

38) Herunder hviler Salig hos Gud Falle Pedersen, som hensov Aar 17.. d.' .. ubi sin Alders .. Aar og hans Hustru Elisabeth Eschilds Dotter Dahlhuus, henfaldet Aar 17......... forventende en glædelig Opstandelse (Fader til Etatsraad Fallesen, tilfvier Cantor Gjessing).

39) Ole Pedersen, Amtsskriver i Roskilde, død 1701. Denne Steen og Begravelse tilhører Kongel. Majest. Amtsskriver over Roskilde Amt og Horns Herred Ole Pedersen samt Hustru og Arvinger, bekostet og forfærdiget 1701.

40) Mag. Laurentius Andreæ, Rector her ved Skolen og Professor i Theologien. — Af Indskriften er kun tilbage de fire sidste Ord. Den er suppleret efter Manuscr. Nr. 1406 af Thottske Samling:

Reverendo viro M. Laurentio Andreæ Canonico Roeschildens. Scholæ ibidem Rectori et S. Theologiæ Professori Anno Christi CIƆIƆCV Æt. XL pie mortuo Marito clariss. ac Barbaræ Annæ et Dorotheæ filiabus dulciss. Barbara Gnofi, vidua liberis orba Moer. post tenebras
Spero lucem.

41) Herunder hviler Anders Rasmussen Lange, fordum Raadmand i Roskilde i 32 Aar, fød Aar 1684 d. 6 November, døde 1749 ubi sin Alders 64 Aar 3 Maaneder og 14 Dage, Tilligemed sin Hustrue Margrethe Davids Datter

Jesch, fød Aar 1687 d. 28. Jan., død 1753 udi hendes Alders 66 Aar 8 Maaneder og 9 Dage, levet udi Ægteskab tilsammen udi 45 Aar og velsignet af Gud med elleve Børn af hvilke tvende Sønner og Døttre allene har overlevet forældrene.

Resurectio salvatoris hominum Jesu Christi etiam est vita horum fidelium æterna.

42) Af Indskriften er Intet tilbage.

43) Herunder hviler sal. Henrik Matthiasen Schoubye, fordum Kloffer her til Kirken i 37 Aar.

Fød i Christiania 15 Sept. 1703

Død 18 Febr. 1799

Tilligemed sin Hustru

Gjertrud Samuelsdatter Stænder

Fød i Sønderborg 12 Martii 1706

Død 9 April 1785

Levede i et kjærligt Ægteskab tilsammen i 37 Aar og i samme avlede en Søn.

Det her er saaet i Forkrænkelighed
Skal opstaae i Uforkrænkelighed
Det her er saaet i Skrøbelighed
Skal opstaae i Kraft. 1 Cor. 16, 5.

D. O. M. S.

44) Elias Eisenberg Halæ Saxon. Hon. Stephaniæ (forsan: die St. Stephani) natus Fred. IIdo Dan. et Norv. Regi potentiss. a Secretis præpositus et canonicus Roesk. (Det Følgende er ulæseligt og suppleres efter Manusc. Nr. 1406 af Th. S.) .... totidemque conjugii ac viduitatis annos pie completos mortui hujus exuvias a genero Elia et filia huc illatas depo-

suit Anno 1585. 5 Kal. Novembr. Thala Eliæ filia decumestris obiit Anno 1586. prid. Non. April et Aviæ adjuncta. Elias Eisenberg prid. Kal. Maji Anno 1590 in Domino obdormivit et hic reconditus, Thala Holstenia Conjux Eliæ Eisenbergii virginitatis XXIV conjugii XVII .... viduitatis XXII fere ætatis suæ LXIV ... completis 8 Febr. Anno 1612 pie obdormiens, hic sepulta est.   Jvfr. Marm. Dan. 1, 29.

45) Niels Jørgensen Grovsmed, død 1743. Denne Steen laa tidligere over Hermann Johannes Høyer omtrent paa samme Sted, men kjøbtes af bemældte Smedemester, der lod Indskriften afslibe og en ny indhugge. — Høyer var Præst og Vicarius her til Kirken, død 1635 (117).

46) Peder Andersen, Kannik, død 1713.
   (Med goth. Charakterer.)

Søndre Sidegang. (d.)

1) Ridder Stig Pors i fuld Rustning. Randindskriften med gothiske Bogstaver.

   Qui fuit illustris virtutis amore Stigotus
Nomine Pors moriens hâc requiescit humô.
   Sic horrenda suo mors omnia conterit ictu
Destruit et toto quicquid orbe viget.
   Non tamen est homini mors hæc metuenda fideli,
Præbet enim vitæ prosperioris iter.
   Omne quod in toto semel exstitit orbe creatum
Mors abolet, salvat gratia sola Dei
   Obiit Anno ætatis suæ LIX, Domini MDLIII.
      Jvfr. Marm. Dan. 1, 32.

2) Morten Jensen, Ridder, død 1411, af de gamle Krigelinschers eller Güstringers Slægt (118) og Broder til Naume Jensen, der var Biskop først i Westeräs siden i Odense. Indskriften er med gothiske Charakterer.

Hic jacet strenuus Miles Dnus Martinus Johannis, qui obiit anno Dni MCDX..VIII die beati Vitalis martyris, cujus anima in pace requiescat.

3) Niels Rosengaard, Ridder, Kannik i Roskilde, i fuld Rustning og med adelige Vaaben.

J. H. S.

Quicquid facies mortem respice.

Nobilis et doctus vir Nicolaus Rosengaard quondam Canonicus Roeschildensis hic sepultus est, qui obiit in prædio suo Togeröd d. 1 Apr. Anno 1570.

Jvfr. Marm. Dan. 1, 26.

4) Eximius et nobilis vir Dominus Johannes Lessen Decretorum Doctor hujus quondam ecclesiæ Decanus hic in pace sepultus Anno Dni MCDXIX (119).

Jvfr. Marm. Dan. 2, 280.

5) Tezo Rosengaard, Erkedegn i Roskilde, død 1476 (120) samt Broderen Johannes Tezonis, død s. A. Paa Fodenden en dansk Indskrift over Christopher Rosengaard, som døde paa sin Gaard Herlufstrup 1593.

Jvfr. Marm. Dan. 1, 26.

6) Alhedt Urne, Enke efter Tezo Rosengaard, samt hendes Datter Anna, død 1544. Gothiske Bogstaver og adelige Vaaben. Jvfr. Marm. Dan. 1, 40.

Liigsteen i søndre Gang.

7) Erlig og velbyrdige Jomfruer, Jomfrue Tale Rosengaard, som døde paa hendes Gaard Herlufstrup den .... og hendes Søster Jomfrue Margrethe Rosengaard, som og døde paa Herlufstrup 30. Dec. 1601. Gud gifve dennom Himmerige, evig Glæde og Salighed. Amen.

Jvfr. Marm. Dan. 1, 41.

8) Her ligger begraven erlig og velbyrdige Mand Jens Rosengaard, som døde i Roeskilde Aar MDLXI. IX Dag Aprilis og boede paa Aagerop med sin kjære Hustrue Frue Margrethe Nielsdatter, hvis Sjel Gud have evindelig.

Jvfr. Marm. Dan. 1, 26.

9) Dr. med. Mathias Paulsen i fuld geistlig Habit.

Superna curato.

Exuviæ Pii Doctissimi et multarum rerum et nationum experti viri D. Mathiæ Pauli Ripensis Cimbri, artis medicinæ Doctoris, Canonici quondam Roeskildensis et Oeconomi in Duebrødre pie in D^{no} obdormientis XI Jan. Anno MDLXXIX hic requiescunt ætatis anno 47.

Jvfr. Marm. Dan. 1, 27.

10) Jacob Wind til Grundit, Erkedegn i Roskilde, død 1607, samt Hustru Else Høeg, død 1649.

Jvfr. Marm. Dan. 1, 32.

11) Maren Madsdatters Liig er her begrafuen then 28. Aug. Aar 1578.

12) Dr. Matthias Paulins lille Søn, Paul Matthisen, død MDLXXVI.

Superna curato.

Parvulus obtinui coelorum gaudia Regni quæ mihi pro meritis sunt data, Christe, tuis. Paulo Mathiæ filiolo suo Math. Paulinus D. posuit III Sept. Anno Domini MDLXXVI.

13) Biskop Niels Skawe.

Nicolaus Skawe
Eps Roskildensis
Obiit Anno Dni MD.

Propter nomen tuum Domine propiciaberis peccato meo, multum est enim.

(Gothiske Bogstaver.)

Paa Væggen hænger Familiens Vaabenskjold. Op til Muren neden under stod fordum det af denne Biskop stiftede Alter for den hellige Jomfru (121).

Jvfr. Marm. Dan. 1, 18.

14) Op til Chormuren ligger en meget gammel Steen, af hvis Randindskrift kun kan læses:

Hic jacet Mat. Nicolaus ..... requiescat in pace.

15) Her gjemmes udi Jorden hvad Jorden i Dagenes Ende skal gjengive til Himmelen af den ædle og velfornæmme nu salig Mand Niels Lunde, fordum Stiftsskriver i Sjællands Stift, Borgermester i Roeskilde og Domkirkens Verge, som begyndte at leve Aar 1680 Christi Himmelfartsdag, men lod af at døe d. 9. Juli 1734. Til hans magtpaaliggende Embeder bragte hand en sund Fornuft, et redeligt Hjærte. Kirkens og Fattiges Midler trivedes under hans Forvaltning, thi de handledes med rene Hænder; Retviished sad jevnsides hos ham i

Raadstuen og Stadens Velstand, hvis Øvrighed hand var, laae ham mere paa Hjertet end hans egen. I sit første lyksalige Ægteskab, det hand Aar 1714 indgik med den ædle og gudfrygtige Jomfrue Maren Larsdatter Weyle, saae han sig Fader til en Søn og 3 Døttre. I det andet, hvilket Himlen Aar 1724 stiftede imellem ham og den velædle Jomfrue Johanne Bjørnsen fandt han den uskyldige Fornøielse, hvilket Gud hjemler dem, der elske hannem. Han gik den rene Vey imedens hand levede. Hand gik det rette Maal da hand døde. Ingen Enkes Graad, ingen Faderløses Taare skal forureolige hands Aske, Men de Embeder hand betjente, takker Hannem, det staaer derhen om de vist finder hands Liige som han i de Førstefødbes forsamling allerede har fundet sine Lige.

De oprigtige skal boe for dit Ansigt. Ps. 146, 14.

16) Her findes neblagt i Jorden hvad nu allerede er optagen i Himlen af den fordum ædle og gudfrygtige nu salige Matrone Maren Larsdatter Weile, født til Verden Aar 1684 d. 7. Nov., samlet i Ægteskab med ædle og høiagtbare Niels Lunde Borgermester i Roskilde og Stiftsskriver i Sjælland Aar 1714 d. 27. Juni og saligen i Herren hensovet Aar 1722 d. 23. April. Hendes uskyldige Omgjængelse, fuldkomne Dyd, uovervindelige Troe og mageløse Taalmodighed gjorde hendes Liv elskelig og hendes Død begrædelig for alle meest for hendes Mand og 4 umyndige Børn, men tilsidst forhvervede hende en glad Henfart fra alle Ting under Solen til Gud høilovet over Alle og alle Ting.

Begge disse Indskrifter ere forfattede af Biskop Worm (122).

17) Jacob Andersen, Kannik, død 1542.

Sepultus hic venerabilis vir Dominus Jacobus Andreæ, hujus ecclesiæ Canonicus, qui obiit pridie Divi Martini Epī Anno Domini 1542.

Disce mori.

(Gothiske Bogst.) Jvfr. Marm. Dan. 1, 24.

18) Her hviler hæderlig og høilærde Mand S. M. Søfren Nielsen fordum Conrector siden Rector her i Roskilde Dom=skole, derefter Succentor og Vicarius her til Dom-kirken, Sogne=præst til St. Ibs og St. Jørgens Kirker med sin sal. Hustru Anne Jacobsdatter, oc levede tilsammen i 26 Aar og udi deres Ægteskab har Gud velsignet dem med 5 Sønner og 2 Døttre, af hvilke 2 Sønner og 1 Datter ere døde i Herren. Oc døde den Sal. Mand d. 27. VIII^{ber} 1653 i sin Alders 68 Aar. Oc døde hans sal. Hustrue d. 21. Augusti 1658 i sin Alders 58 Aar. Gud give dennem med alle troe Christne en glædelig Opstandelse. Amen.

Jvfr. Marm. Dan. 2, 279.

19) Mag. Morten Frederiksen Dresselbergh, Kannik, død 1536.

Martinus jacet hoc Frederici marmore tectus
Dresselbergh claro stemmate nomen habens.
Hujus Canonicus templi fuit arte Magister.
In vera vixit religionis fide,
Qui obiit 20 die Augusti Anno 1536.

(Gothiske Bogst.) Jvfr. Marm. Dan. 1, 44.

20) Mag. Morten Pedersen, Sognepræst her ved Dom=kirken.

M. A. P. E.   M. A. P. E.
Jesus salvator meus.
Scio quod Redemptor meus vivit. Job. 19.
1575.

Hic jacet sepultus pius et doctus vir Mag. Martinus Petri Cimber Grenaaensis, quondam Professor Coenobii Sorensis Anno 1562. Deinde ejusdem loci Abbas Anno 1565. Tum pastor primarius Cathedralis ecclesiæ Roeskildiæ Anno 1572, qui pie obiit Anno 1595, die 16 Juni, ætatis Anno 59, pastoratus sui 23, Conjugii 22 sub Regé Christiano 4 cum sua Conjuge Dorothea, filia optimi viri Severini Paludani Scribæ Consulis Coldingensis, quæ obiit 27 Martz Anno 99, ætatis suæ Anno 44.

Πιστεον και Ελπιςον.   D. O. S. E.

Jvfr. Marm. Dan. 1, 44.

21) Niels Pederſen, Præſt.

Hic jacet Nicolaus Petri Sacerdos, qui obiit Anno Dni MCCCLXXX.

(Gothiſke Bogſt.)

22) Ole Anderſen, Kannik.

Anno Dni MDXXVII obiit Dns Olavs Andreæ hujus ecclesiæ Canonicus, patronus miserorum, promissum semper adimplens, veri et amator et (tu) Christe memento sui — amen.

(Gothiſke Bogſt.)   Jvfr. Marm. Dan. 1, 23.

23) Jacob Haye, Cantor (123).

Hic sepultus est Jacobus Hegæ; hujus ecclesiæ Cantor qui subita et inauspicata morte obiit Anno Dni MDLIV 4 Calendas Septembris.

(Gothiſke Bogſt.)   Jvfr. Marm. Dan. 1, 24.

24) **Peter Korlp, Hører her ved Skolen.**
Viro honestiss. eruditiss. Pedro Korlp, sac. minist. Candidato et Collegæ Scholæ Roesk. marito desideratiss. nat. Anno 1675, denat. Anno 1705. Saxum hoc posuit Gundela Petri f.

25) **Mag. Jens Laurizen, Kannik.**
Mag. Johannes Laurentzii Nestvedensis hujus ecclesiæ olim Canonicus hic sepultus est Anno Dni MDLVII 24 Aprilis. Disce mori.
(Gothiske Bogst.)   Jvfr. Marm. Dan. 1, 24.

26) **Cunibert Jacobsen, Provst.**
Anno Dni MDXXXI Venerabilis Dominus Cunibertus Jacobi, Præpositus Roeschildensis, cujus anima requiescat in pace (124).
(Gothiske Bogst.)   Jvfr. Marm. Dan. 1, 23.

27) **Magnus Lagonis, Ridder.**
Hic jacet Magnus Laghonis Miles cum fratre suo Nicolao Laghonis Canonico Roeschildensis orate pro eo (125).
(Gothiske Bogst.)   Jvfr. Marm. Dan. 1, 43.

28) **Pigen er ikke død men hun sofver. Math. 9.**
Her er begrafven Anne Morten Sogne Præstis Døtther, som døde d. 7. Dec. aar 1584 i hendis Alders 7 Aar.

29) Alhier ruhet der Vohlgebohrner Johan Gietzbert von Versabe Dero Konigl. Majest. zu Dänm. u. Norw. bestalter Ritmeister, gestorben zu Landz Krohn d. 4. Marts Anno 1677.
Jvfr. Marm. Dan. 1, 43.

Liigsteen i søndre Gang.

30) Anno MDLX then XIII Dag Novembris døde Erlig Mand Niels Andersen Raadmand her i Rostyld, hvis Liig her er begrafvit. Gud give hannem en Salig opstandelse og os Alle. Amen.

(Gothiske Bogst.)

31) Anne Søfrens Daatter som var Søfren Nielsens Daatter her i Roschilde døde d. 2. Septembris 1602 der hun var 4 Aar og 3 Dage oc ligger her begrafvit. Hendis siel er i Guds Haand. Her er oc begrafvit salig oc gudfrygtig piige Anne Søfrens Dotter som døb 13. Julii 1619. Hendis Alder var 15 Aar 14 Uger oc 1 Dag. Hendis siel hos Gud hviler.

32 og 33) Ved Opgangen til Prædikestolen ligge tvende Steen, der begge ere ulæselige.

34) Her ligger begraven Erlig og Velagt Mand Søren Nielsen fordum Borgermester her i Rocskilde, som døde 17. Juni 1621, rc.

35) Her ligger beg.... Svend Hansen ....rius her y Ro.... som lefde XX.... døde then 16.. Aar 1564 hvis ... Gud hafve ævin... Amen.

36) Hic jacet Dominus Boruths Matha prior .... p..torum — anno domini MCCCC. — See Anm. 126.

(Gothiske Bogst.)

37) Indskriften paa den følgende Liigsteen er ulæselig.

38) Vive ut vivas.

Pius honestus vir Matthias Petri Canonicus Roesk. et Præses coenobii Duebrödre, Margretam filiam suam .. pietate atque pudicitia insignem hic sepelliri fecit, quæ mortua est 2 die Februarii Anno Dni MDXLV.

(Gothiske Bogst.) Jvfr. Marm. Dan. 1, 26.

39) Indskriften paa den følgende Liigsteen er ulæselig.

40) D. O. M. S.

Johanni Bartholini nato in Duebrödre Anno Christi MDCXVIII Mane I die Augusti hora 4 et ibidem cum vixisset menses IV &c. demortuo filiolo dilectissimo moesti posuere parentes.

Bartholomæus　　　　　　Barbara Nic. f.
Johannis Dalby.　　　　　　Schavenia.

Jvfr. Marm. Dan. 1, 46.

41) Unum necessarium Luc. X, XLII.
　　　　Coelum non solum.
　　　　D. O. M. S.

Et beatæ memoriæ Magni Bartholini nati in Collegio Roeschildensi suburbano fratrum sine felle die IIII Novembris Anni MDCXII ejusque loci die XX Augusti Anni MDCXXIIII demortui filioli desideratissimi lugens lubens fieri fecit uterque parens.

Bartholomæus　　　　　　Barbara Nicolai f.
Johannis Dalby.　　　　　　Schavenia.

Jvfr. Marm. Dan. 1, 46.

Liigsteen i nordre Gang. 229

42) Dominus Laurentius Ohlmand Archidiaconus Roeschildensis vir admodum probus liberalis et apud omnes gratiosus mortem obiit Sabbatho Domcæ Lætare Anno 1538 hic sepultus.

(Gothiske Bogst.)   Jvfr. Marm. Dan. 1, 23.

43) Ved Indgangen ligger en Steen i Nord og Syd, af hvis Indskrift kun kan læses: .... Tumulo requiescit Johannes Nicolai .... cuique chare parentibus vir pius Scriba Dioceseos. — Stenen har ligget i vor Frue Kapel (See Note 127).

Nordre Sidegang. (e.)

1) Hans Andersen Gutzow, Borgermester i Halmstad, død 3. Jan. 1655 og hans Hustru Boel Mogensdatter, død 1658; samt deres Sønnekone Apollone Marci=Dotter, gift med Mag. Anders Hansen Guntzow, som "sine Sl. Forældre og Sl. Hustroe til ære hafver dette Leierstæd oc overhængende Epitaphium bekoestet aar MDCLV".

2) Uden Indskrift.

3)   Semel calcanda est via lethi.
Venerabilis et honestus vir Johannes Laurentii Svinburgensis, olim hujus ecclesiæ Canonicus hic sepultus est anno Domini MDLXXXXII die V Dec.

(Gothiske Bogst.)   Jvfr. Marm. Dan. 1, 29.

4) Christine Bentzdatter, død 1583 22. Sept. og begraven her hos sin kjære Husbonde Hans Lauritsen. "De

lefde sammen erligen og kjærligen ubi ecteskafe stedt 20 Aar. Gud unde thenem det evige Lif."

(Gothiske Bogst.)

5, 6 og 7 have ingen Indskrift.

8) Søren Olsen, Præst her ved Kirken og Stifteren af en mild Stiftelse her i Byen, der endnu bærer hans Navn.

Severinus Olai Roeschildensis, olim apud Roeschildenses Minister evangelii Jesu Christi, in hoc loco sepultus quiescere voluit, vixit annos LXIX et XI menses. Diem autem suum obiit anno a partu Virginis MDCI XI Augusti.

Dan. 12 &c.

Under denne Steen hviler ogsaa hans Hustru, Karine Andersdatter, født i Assens 1526, død 7. April 1596.

Jvfr. Marm. Dan. 2, 277.

9) To Figurer i fuld Positur.
Mag. Nicolaus Colding, Hofpræst hos Frederik II og Kannik; født 1524; død 1578 den 25. August; tilligemed sin Hustru Anne Jacobsdatter, død 1574.

Jvfr. Marm. Dan. 1, 27.

10) En qvindelig Figur i fuld Corpus.
Mag. Niels Nielsen Coldings anden Kone, Maren Lauris Bangs Datter, født i Ribe 1554, levede 3 Aar i Ægteskab med ham; død tredie Dag efter ham 1578.

11) Kirstine Jensdatter, Peder Pedersons Hustru her i Roskilde, død 1629.

12) Hic sepultus est Nobilis Vir Dominus Nicolaus Friis hujus ecclesiæ Cantor, ipso die Epiphaniæ Domini, Anno Dni MDLVII.

(Gothiske Bogst.)   Jvfr. Marm. Dan. 1, 25.

13) Stenen har ingen Indskrift, men Stedet er betegnet af Biskop Lago Urne som vor berømte Historieskriver Saxo Grammaticus's Hvilested. Vi vide ikke om Lago Urne har havt nogen anden Grund end det blotte Sagn at støtte sig til ved denne Angivelse, men selv i dette Tilfælde finde vi ikke tilstrækkelig Anledning til at betvivle sammes Rigtighed. At her skulde have fundet en Forvexling Sted, og at det er en anden Saxo, Domprovst i Roskilde, hvis Grav Liigstenen dækker, derimod taler Stenens Simpelhed, hvilken vel vilde passe for Absalons Haandskriver, men ikke for Domkirkens Provst, en af Stiftets fornemste Prælater, der ofte var Kongens Cantsler i den catholske Tid. At selve Epitaphiet gjør sig skyldig i den historiske Feil at gjøre Absalons Haandskriver og Provst Saxo i Roskilde til den samme Person (See Epitaphiets Overskrift), vidner om en høist paafaldende Ukjendskab med Forholdene hos en Mand som Lago Urne.

Jvfr. Marm. Dan. 1, 19.

14)   Nascendo morimur.

Memoriæ Clarissimi Viri pietate, sapientia et virtute præstantis D. Severini Olai Canonici Roschild. ac Scholæ Mæcenatis optimi, qui XVII die Augusti anno a Christo nato MDLXIIII pie atque feliciter mortuus est amici gratitudinis ... posuerunt.

(Gothiske Bogst.)   Jvfr. Marm. Dan. 1, 25.

15) Indskriften ulæselig.

16) Anno Domini 1567 dominica Palmarum obiit Nobilis et optimæ indolis puer Jacobus Friis de Hesselager, Henrici filius, cui cum monumentum pararetur, præsens hoc scriptum, in plumbeam laminam incisum et in sepulchro, huic ab oriente proximo, positum reperiebatur.

Anno MCCXXXIII regnante Rege Waldemare secundo præsidente ecclesiæ Roschildensi Episcopo Nicolao, filio Sitig, die nonas Julii bene confessus et rebus suis bene dispositis obiit Wilhelmus civis Roschildensis et humatus in loco præsenti in Domino.

Nascendo morimur.

Jvfr. Marm. Dan. 1, 20 og 2, 274.

17) Nos Christi mors vivificavit, nos resurectio erexit, nos Christi ascensio consecravit.

Dilectissimis suis pignoribus Alexandro et Helenæ Johannes Lælius et Catharina Danequardi parentes moestissimi posuerunt 1582.

I—L.

18) Lago Johannis Reverendi Viri M. Johannis Lagonis Episcopi Ripensis unicus filius, matre Dorothea filia M. Johannis Tausani Episcopi quondam ejusdem loci (qui primus in Dania Doctrinam fidei intrepide et constanter instauravit) sub hoc marmore recubans moestos parentes consolatur.

O pater, o genetrix quæ vos in funere nati &c.

Jvfr. Marm. Dan. 1, 45.

Liigsteen i nordre Gang.

19) Credo carnis resurectionem.

Jacobus Fossius, M. Desiderii Johannis Fossii Filiolus,
Qui 4 Septembris Anno Dni 1578 obiit
Infans fatur:
Hospes in hunc veni mundum novus, ast ego mundum
Non reperi, hinc dixi: Tu modo munde vale!
Nam redeo ad Christum, proprio qui sangvine mundum
Me lavat, et pueris gaudia munda parat.

Jvfr. Marm. Dan. 1, 27.

20) *Τα ἄνω.*

Venerandus in Christo Senex, Dom. Severinus Nic. Lyngby quondam Vicarius et Symmista Roeskilden. Primarius post annos $\begin{cases} 80 \text{ ætatis} \\ 50 \text{ ministerii} \\ 50 \text{ conjugii} \end{cases}$ cum unica thori socia Anna Nicolai Rentz matrona pientissima, ex qua 2 filios et 3 filias casti amoris pignora suscepit, quæ obiit Anno MDCCXXIII ætatis 81. Quicqui mortale habuit heic deposuit Anno MDCCXVII 13 May.

Consumar dum Consummor &c.

Jvfr. Marm. Dan. 2, 283.

21) Niels Sørensen Lyngby, Vicarius her ved Kirken.

Optimo parenti haud impar filius et Successor. Venerandus olim, nunc venerandæ et beatæ memoriæ Dn Nicolaus Severini Lyngbye, quondam Vicarius et Symmista Roeskild. Primarius, post exantlatos fideliter labores in pulvere scholæ hujus Cathedr. ultra octennium, æde hac sacra quadriennium mortales heic deposuit exuvias, anima coelo reddita d. XIII Junii Anno Reparatæ salutis MDCCXXI, ætatis XXXX, toto vitæ curriculo pie meditatus monitum Augustini: Si vita amatur, talis quæratur, quæ nunquam finiatur.

Uti et desiderium Apostoli Philipp. 1, 23.

Τψν επιδυμιαν εχω εις το αναλυσαι και συν χριστω ειναι.

Paa denne Steen er Opstandelsen afbildet.

22) Erasmus Bernhard Øgler, Vicarius her ved Kirken og hans Hustru Sophie Severini Lyngby.

Sacellum hoc trium Pastorum unius officii uniusque generis successive olim in hac ecclesia .... Dei militantum, jam vero simul inter coelites triumphantium Patris cum matre uxore ipsius et filii ipsorum, quorum beatæ memoriæ documenta saxea hæc .... declarant monumenta uti et generi Dni Erasmi Bernhardi Øgleri devote defuncti Anno MDCCLII $\begin{cases} \text{officii XLII} \\ \text{ætatis LXX} \end{cases}$ cum filia, uxore ipsius Anna Sophia Severini Lyngbye beate denata Anno MDCCXLVII $\begin{cases} \text{conjugii XXXIV} \\ \text{ætatis LXXII.} \end{cases}$

Dum vicit Christus tandem bona causa triumphat. Nobis etiam, qui ut municipes coelorum exspectamus inde Servatorem Dominum Jesum Christum. Philipp. III, 20.

23) Jomfru Karine, Niels Ludvigsens Datter til Høgsbro.

Aar 1568 then 22 Octobris døde Erlig og Velbyrdig Jomfrue Karine Niels Ludvigsens Daatter til Høgsbro her udi Rostylb hos Erlig og Velbyrdig Fru Dorrethe Låge Jørge Rosenkrantz Hustrue, hvilke .... lode hinde her erlig begrafve. Gud gifve hinde en glædelig opstandelse og os alle amen.

(Gothiske Bogst.) Jvfr. Marm. Dan. 1, 40.

24) **Frederik Gotsche** med sin Hustru **Berte Brandt**. Paa Stenen er udhugget adelige Insignier.

Christus est spes mea, unicus et verus Salvator meus. Christus er død for vore Synder ic.

Her ligger begrafven Erlig og Velbyrdig Mand Frederich Godsche, som døde udi Herren Aar .... den .... med hans kjære Hustrue Erlig og Velbyrdig Frue Fr. Berte Brandt, som døde udi Herren Aar .... den ...... Gud gifve dennem en glædelig Opstandelse.

Den hertil hørende Trætavle, der hængte paa Muren, er borttaget. Den indeholdt nogle Bibelvers samt Aarstallet 1600.

Jvfr. Mørm. Dan. 1, 40.

25) **Niels Olsen Halveg**, Rector i Roskilde 1566, Provisor i Duebrødre, Kannik. † 1610.

Christus nostra salus.

Hoc tumulo exuvias condit Nicolaus Olai
Halvegius, coeli gaudia mente capit.
 Extulit hunc Halsnæs, Schola Roskildensis alumnum
Fovit et huic studiis servet ipse scholæ.
 Hic docuit pueros Hypo - quinque - didascalus annos,
Post annos octo Ludi magister erat.
 Hinc tribus in Duebrödre annis Provisor egentum
Quos ibi munificus Rex Fridericus alit.
 Munere Canonici functus, pietatis alumnus
In Gnato posuit spemque fidemque Dei.

Obiit autem die 18 Octobris Anno Salutis MDXC ætatis vero 56.

N. O. H.   S. H. F.   G. D.

(Gothiske Bogst.)

Paa samme Steen:

In te domine! speravi, non confundar in æternum.

Her ligger begrafven Erlig og Gudfrygtig Qvinde Gyde Esbensdaatter Barnfød i Roskilde, som levede med sin kjære hosbonde M. Niels Olsen udi 23 Aar og aflede XI Børn, 4 Sønner og 7 Døttre oc er hun hensofvet i Herren d. .... Aar .... i hendis Alders .. Aar.

Søren Nielsen oc Maren Niels-Daatter ere oc under denne Steen begrafne.

Joh. XI.

Christus er Opstandelsen oc Lifvet, hvo som troer paa hannem Hand skal lefve alligevel at hand døer.

Jvfr. Marm. Dan. 1, 28.

26) Indskriften ulæselig.

27) Niels Olsens tvende Døttre Dorothea. — Paa det tilbageværende Fragment af Stenen staaer:

Her ligger begrafven paa steden denne
Mester Niels Olsens Døttre tvenne
Den tredie som levede 6 Uger og eet Aar
Och den fierde siuff maaneder gammel var
De hedde Dorette baade sammen
Gud give dem en glædelig Opstandelse Amen.
Obiit autem illa XI Augusti Anno Domini 1574
Hæc vero III ejusdem mensis die 1577.

Det sidste er suppleret efter Manuscr. Nr. 1406.

Liigsteen i nordre Gang. 237

28) En Søn af Niels Olsen.

Christus nostra salus.

Filius hoc tumulo Nicolai parvus Olaus
    Halvegi positus, talia fatur ovans:
Christus nostra salus, in Christo vita perennis,
    Per Christum nobis coelica Regna patent.
Me puerum Christus puerorum dulcis amator
    Transtulit ad superæ regna beata plagæ
Me præmiserunt, non amisere parentes,
    Nos aliquando Deus junget in arce poli.

Obiit 21 Septembris Anno Christi 1583 cum vixisset annos 8 Septiman. 11. dies 2.

O. N. S. D. ɔ: Olaus Nicolao suo dilecto.

(Gothiske Bogst.)   Jvfr. Marm. Dan. 2, 283.

29) Paa Stenen er udhugget en Mand i ridderlig Dragt.

Her liger Her Lage Wrne Ridder som bode i Boserup oc war Lantz-Dommer ii Schone, oc døde Anno MDXXX St. Dionisii Dag utii Roschild, hvis Siel Gud hafve.

Ecce! ego, dicit Dns, aperiam tumulos educam et vos de Sepulchris Vestris, populus meus Ezec1. 37.

J. C. F.

Jvfr. Marm. Dan. 1, 40.

30) Paa Stenen er udhugget en Mand i ridderlig Dragt, som skal forestille Andreas Barby, Kong Chr. III. Secretair.

Hic sepultus est reverendus in Christo .... Andreas Barbye Regiæ Majestatis Consiliarius, electus Episcopus (128) .... et hujus et Viburgensis Ecclesiæ Propositus, vixit an. LI dies X, demortuus Hafniæ III. die Augusti. Anno MDLIX.

Jvfr. Marm. Dan. 1, 19.

31) Ulæselig.

32) Erlige Velbyrdige Peder Bilde til Svanholm oc Frue Birgitte Rosenkrantz til Walloe lode her begrafve tvende deres Døttre, Erlige og Velbyrdige Jomfrue Karine Bilde, som var paa tiende Aar gammel og Jomfrue Hylleborg, som var nii Aar gammel, hvilke her døde paa Roskilde Gaard (129) then 16., oc then anden 18. Oct. Anno 1565. Gud gifve thennem en erefuld och glædelig Opstandelse. Amen.

Jvfr. Marm. Dan. 1, 40.

33) Michael Rasmussen, Vicarius her ved Kirken og Præst i Sengeløse.

Pius et Honestus vir Dns Michael Erasmi, hujus Ecclesiæ Cathedralis quondam Vicarius et Pastor ruralis parochiæ Sengelöse hic sepultus est, qui in vera fide et ardenti filii Dei invocatione placidissime obdormivit anno domini 1577 mensis Aprilis die 25, suæ vero ætatis ann. 39.

(Gothiske Bogst.)   Jvfr. Marm. Dan. 1, 27.

34) Ulæselig.

35) Hic sepultus est venerabilis vir Dominus Laurentius Asceri Vicarius Roeschildensis et Prior vicariorum qui obiit 1 die Febr. Anno Domini MDLXII.

(Gothiske Bogst.)

Denne Steen har ligget som et Fodtrinstykke ved Indgangen til Funtens eller vor Frue Kapel.

36) En Indskrift med gothiske Characterer langs Midten af Stenen.

Hic jacet Eilardus Jacobi Canonicus Roeschildensis.

Liigsteen i nordre Gang.

37) **Niels Black**, første Rector ved Roskilde Skole efter Reformationen. Den gothiske Indskrift er halvt udslidt og suppleres her efter Mag. Hans Buchs Roeschildia subterranea, en skreven Fortegnelse over Begravelserne i Rosk. Domkirke, der haves paa det store Kongl. Bibliothek.

  Confectus senio Nicolaus Blackius ossa
  Hic ponit; castus Spiritus astra Petit
   Is primum rexit mores studiaque Juventæ
  Deinde sacer (?) jussit (?) nomen habere Canon (??)
   Charus erat cunctis curam pietatis habebat
  Discentiumque gregi munera larga dedit
   Qui obiit 15 die Maji Anno 1562 (130).

38) For største Delen ulæselig.

  .... M... Petri
  .... ab annis
  .... manus

med flere saadanne Slutningsord af Linierne, hvoraf ikke kan uddrages noget Heelt.

39) Ulæselig.

40) **Magdalena Bendt Guldsmeds** døde then 10. Sept. Aar 1583. Hendis Legeme er her begrafven. Gud unde hende oc Vos alle en glædelig opstandelse. Amen.

  (Gothiske Bogst:)

41) Herunder hviler Erlig Actbare Velfornemme och nu Salig Mand **Herman Haes** fordum Raadmand i Roeskild som Saligen udi Herren er hensofved d. 14. Febr. anno 1658 udi hands Alders 67 Aar. Jligemaade hans kjære Hustrue, Erlig Dyderig, Gudfrygtig oc nu Salig Matrone Anne Madß

Datter, hvilche lefde med hverandre tilsammen et kierligt echteschab udi 31 Aar oc desmidlertiid af Gud velsignet med tvende Dottre: derefter henkaldte Gud Hinde d. 4. Nov. 1656 udi Hindes Alders 62 Aar. Gud gifve dennem med alle troe Christne en glædelig oc ærefuld Opstandelse.

42) Ulæselig.

Sacristiet. (f.)

1) **Johannis Syndonis, Kannik.**

Johannis Syndonis Canonicus Roskildensis † anno Domini MCDLXXIV in die Beati Blasii Martyris.

(Gothiske Bogst.)   Jvfr. Marm. Dan. 1, 21.

2) **Ole Worms Kone Susanne Mathiesen.**

Olaus Worm D. Medicinæ Professor P. Susannæ Mathiæ F. Conjugis Carissimæ, quicquid mortale erat hic deposuit d. XXIIX Augusti Anni MDCXXXVII.

Jvfr. Marm. Dan. 1, 46.

3) **Borgermester i Roskilde Gert Schrøder.**

Non moriar, vivam, Christi magnalia dicam.

Denne Steen tilhører ærlig og Velagte Mand Gert Schrøder Borgemester her udi Roeskilde, som levede udi Ægteskab med sin kjære Hustrue ærlige og Gudfrygtige Qvinde Kirstine Albertsdatter udi 28 Aar og 3 Maaneder, blev af Gud imidlertid velsignet med tvende Børn en Søn og en Datter, hensov udi Herren Anno 1643 d. 1. Januari i hans Alders 54 Aar. —

Herunder ligger og begrafvet hans kjære Hustrue Sl. Kirstine Albertsdatter, som var barnføb her ubi Roestilde hvilken i en sand troe og Gudspaakaldelse salig hensov d. 28. Augusti 1642 hendes Alders 64 Aar. Gud give dennem med alle troe Christne en glædelig og ærefuld Opstandelse.

 Erumpet tandem gelido pia turba Sepulchro
 Et tolletur humo quod modo vermis erat.
 Alma dies optanda bonis, metuenda malignis
 O! ades! et parvum suscipe Christe gregem.

 Im Grabe liege ich ohn alle klag
 Und schlaffe bis an den Jüngste tag
 Den wird Christus meine Grab entdecken
 Und mich zur ewige freude erwecken.
 I Dag mig imorgen Dig.
Jvfr. Marm. Dan. 2, 280.

4) Christopher Nielsen, Oeconom ved Duebrødre.

Jeg er Opstandelsen og Livet.

D. O. M. S.

Viro singularis pietatis, honestatis prudentiæ Christophoro Nicolao, Scribæ Ecclesiæ hujus olim Vicario et coenobii Duebrödre Oeconomo fideli Marito suo amantissimo una cum tribus filiis totidemque filiabus Versus austrum nonnihil ab hoc loco sepultus, poni curavit Elisa Petreja, vidua et mater moestissima. Obiit autem ille XXIV Martii Anno Christi MDCII. Illa Otthoniæ, annum 48 agens, 23 May Anno 1616 obiit, ubi cum IIdo marito Mag. Volphio Theol. Lectore in æde St. Canuti quiescit.

5) Dr. Preusmans Kone Catharina Freitag.

Hic quiescit pia ac honesta Matrona Catharina Freitags Lub. Henrici Preusmans Medic. Doctoris uxor quondam perdilecta, quæ ætatis suæ XXXVIII placide obiit Roeskildiæ MDCLIII die XXV Martii.

Non confundar in æternum.

6) Niels Pedersen, Kannik.

Anno Dni MD decimoque obiit Dns Nicolaus Petri Canonicus Roeskildensis, cujus anima in perpetua pace requiescat.
(Gothiske Bogst.)   Jvfr. Marm. Dan. 1, 22.

7) Spera in Domino et fac bonitatem. Sap. 37.

Her er begravet Hederlig, Høviske, Gudfrygtige og Salige Qvinde Marine Mads Seurensens Datter, født ubi Lanskrone som var Nicolai Hemmingii Doctoris Theologiæ Hustrue og hensovede Hun ubi Herren her ubi Rostildt den 7. Dec. Anno Domini 1580 ætatis 70.

Hendes Rim
Hvo Gud frygter er riig og viisf
Ubi Dødzens Kry hand fanger Priis rc.
Jvfr. Marm. Dan. 1, 31.

8) Augustinus Sandt, Kannik og Vicar her til Domkirken.

Venerandus Senex Dominus Augustinus Sandt Canonicus et Vicarius Roeskildensis in hoc Sepulchrum illatus est cum conjuge carissima Anna Rhumanna, quorum hæc prior post 34 annorum et trium mensium cum ipso conjugium extentumque vitæ spatium X die Decembris Anni 1648 ætatis 82.

Ille autem Anno 1649, ætatis 83 pie placideque in Domino obdormiverunt gloriosam mortuorum resurectionem exspectantes.

In domino recubo quævis mundana valete
Perlustrans Superos, te Duce Christe, palos.
A. S. A. R.

Hertil hører den før anførte Sandsteen med Portraitter.
Jvfr. Marm. Dan. 2, 288.

9) Tvende Sønner af Mathias Avog.

Hic duo sunt pueri Mathias, Avog sepulti
Et placide Recubant cum Genitore suo
Mens tamen in Christo vivit remanetque Superstes
Exuvias rursus est habitura suas.

Avo obiit 20 die Augusti Anno Domini 1564
Mathias vero 29 die Novembris 1560.

Math. 1, 18.

Non est voluntas apud Patrem vestrum, qui in coelis est ut pereat unus de pusillis istis.

Marc. 10.

Sinite parvulos venire ad me, talium enim est Regnum Dei.

10) Johannes Henriksen, Øconom i Duebrødre og Kannik her ved Domkirken.

Hic placide Dominus requiescit morte Johannes
Civis Pater Henricus civis honestus erat
Grammata Svenburgi didicit rudimentaque prima
Namq. ibi versatus, natus et ortus erat.
Hunc Avo dilexit, Bildorum gloria vera
Inter præcipuos extuleratque viros.
Vir fuit in lingvis prudens, moderatus honestus
Nec non synceræ religionis amans.
Est illi appositus Mathias homine gnatus,
Filius hic dormit cum genitore suo.

244 Liigsteen i Sacristiet.

Anno 1562 — 9 die Novembris obiit in Duebroder, fuit enim istius loci Oeconomus et hujus ecclesiæ Canonicus (131).
Jvfr. Marm. Dan. 1, 37.

11) Bifkop Peder Jenfen, hans Broder Andreas Jenfen og Softer Cecilia.

Denne Liigsteen har oprindelig ligget over Biskoppens Grav i det af ham stiftede St. Sigfreds Kapel i Foden af det nordre Taarn, men flyttedes til Sacristiet, da dette Kapel indrettedes til Begravelseskapel for Familien Trolle i Aaret 1667. Ved Aabningen af hans Grav sammesteds fandtes Biskoppens Liig liggende i fuld Ornat med Krumstav og Kalk. Behrmanns Rosk. Domk. Beskrivelse, Pag. 28. Det er en blaa Sandsteen af 4 Al. 20 Tommers Længde og 2 Al. 20 Tommers Bredde. Inskriptionen danner en Ramme, i hvis fire Hjørner Evangelisternes vanlige Sindbilleder ere anbragte i fire Rosetter. Indskriften lyder saaledes: Hic jacet venerabilis pater et dominus, dominus Petrus, quondam episcopus roskildensis una cum dilectissimo fratre suo andrea ioh. et sorore sua cecilia, qui obiit anno domini MCDXVI crastino festi Lucce evangelist. orate pro eis. Inden for denne Rammeindskrift er udhugget en Figur i fuld bispelig Ornat med Bispestav i venstre Haand. Planetaen eller Messekaaben har sin ældre Form uden Huller til Armene paa Siderne. Handskerne høre, som bekjendt, med blandt de indviede Stykker af den bispelige Dragt. Familiens Vaabenmærke sees at være en rundpuldet Hat. Hjælmen, der er prydet med tvende Bladornamenter, ender foroven i et skjægget Mandehoved og en Hat af fornævnte Form. Dette Skjoldmærke har sandsynlig givet Anledning til Peter Jensens Tilnavn Lodehat (132) eller Jødehat? Paa Figurens venstre Side sees Domkirkens Vaaben, et Kors, der er lagt over tvende Nøgler med Kammene opad. Over Figuren sees en Baldakin med Ornamenter af Egeløv og Blomster. Den ene Arm af Baldakinen støtter sig til tvende korslagte Nøgler. Fra Skjoldet med Domkirkens Vaabenmærke udgaaer ligeledes tvende

Blabornamenter. — Det Portrait af Biskop Peter Jensen, der hænger i Sacristiet, skal være taget efter Liigstenen. Hosføiede Afbildning af Stenen er med stor Troskab udført af Elev af Kunstacademiet Hr. J. Kornerup og xylographeret hos DHrr. Kittendorff & Aagaard.

12) Det Læselige paa denne Liigsteen indskrænker sig til:
Canonicus Roskild. qui obiit Anno Dñi ....

13) **Jens Andersen, Kannik.**

Anno Domini 1577. 1 Febr. Pius et Doctus vir Dominus Johannes Andreæ, Canonicus Ecclesiæ Roskildensis in vera invocatione filii Dei ex hac ærumnosa vita in coelestem patriam commigravit cujus ossa in hoc monumento placide obdormiunt et requiescunt.

Ezechiel 37.
Ecce aperiam tumulos vestros &c.

Jvfr. Marm. Dan. 1, 27.

14) **Peder Jensen Asminderød, Rector og Kannik i Roskilde.**

Hodie mihi cras tibi.

Hic sepultus est Reverendus, Pius et Doctus vir Mag. Petrus Johannis Asminderödensis olim Ludimagister et Canonicus Roeskildensis, qui obiit Anno Christi MDXCII Maji die X.

Symb. P. J. A.
Vincam mea fata precando.

Jvfr. Marm. Dan. 1, 29.

15) Under denne smale blaa Steen, der ikke synes at have havt nogen Indskrift, er det almindelige Sagn, at en Helhest er begraven, hvorfor Almuen i forrige Tider pleiede at spytte paa den, naar de gik over den. Manuscr. Nr. 1406 i Thottske Samling.

16) **Jacob Jensen, Vicar her til Kirken.**
Hic jacet Jacobus Johannis quondam perpetuus vicarius Roskildensis q̄ ob anno Dmn. MCDLXXX Cujus āia viva.....
(Gothiske Bogst.) Jvfr. Marm. Dan. 1, 21.

17) **Jacob Landhers Døttre Gesche og Dorothea.**
Hic jacent cujusdam Jacobi Landhers filie Gesche et Dorothea quarum animæ ... Anno Dni MCDL (?).
(Gothiske Bogst.) Jvfr. Marm. Dan. 1, 22.

18) Indskriften ulæselig. Næst ved ligger en liden Steen, hvorpaa staaer: Andreas Peter Stær. † 1728.

19) **Catharina Wust, Apotheker Johannes Berthesis Hustru.**
Novissimum desideramus judicem, qui saxeam hanc molem sua tandem voce late aperiet Beatæ Matronæ Catharina Wust, quæ suo ævo illibatæ virginis, pudicissimæ Conjugis ac dispensatricis non minus providæ quam sedulæ exemplum, omnibus sui sexus cum facem ad omnem pietatem honestam candorem et patientiam prætulerat Anno 1668 Mense Aprili animam coelo corpus humo restituit, relictis Deo ac mundo unica Filia et carissimo marito Johanne Berthesis, Pharmocopola experientissimo, Cive spectato qui .....

20) Borgermester Bernt Mejer og Hustru Maria Schrøder.

Bernt Mejer Borgemester udi Roeskilde med sin Hustrue Maria Schrøder haver tilkjøbt sig denne Grav hvori deres døde Been hviiler.

Christus er mit Liv at døe er mig en Baade.

Anmærkninger.

1. Ved et opofrende Tilbud af en blandt vore ansete yngre Architecter og ved Imødekommen af denne Bogs høitagtede Forlægger har jeg seet mig istand til at forøge Afbildningernes oprindelig fastsatte Antal med trende værdifulde Blade. Det første af disse, Gjennemsnitsprofil af Kirken, giver et tro Billede af Kirkens trende Skibe, samt dens halvrunde Chorbygning. Jeg maa beklage at dette lige saa smukke som instructive Blad ikke fulgte med 1ste Hæfte, til hvis Pag. 6 det nærmest hører, og med hvis Angivelser af Heiderne i alle tre Skibe det kan confereres. — Det var vel ikke paatænkt at levere nogen anden Grundplan af Kirken end den, der findes i Begyndelsen af 1ste Hæfte, men da den paa hiint Blad angivne Maalestok ved en Misforstaaelse fra Xylographens Side er bleven forvansket, ansaae jeg det for Pligt at besørge en ny Afbildning af Samme, hvilken hermed følger i Tab. I. Jeg haaber at dette Blad vil være enhver Ynder af den byzantinsk-gothiske Kirkebygning velkommen som den eneste correcte Grundplan, der hidtil er præsteret. Den valgte Maalestok er stor nok til baade at vise alle architectoniske Detailler og de Side 6 antydede Uregelmæssigheder i Bygningsplanen. Navnlig vil den mærkelige Brydning af den rette Linie ved 7de Pillepar her være iøinefaldende. Jeg behøver ikke at tilføie, at saavel Profilering af Piller, Dør- og Vindueskarme, som hvert Maal her er givet med den størst mulige Nøiagtighed, saaat dette Blad vil være en sikker Veiledning

til Optagelse af alle horizontale Maal baade i Kirken og dens Tilbygninger. Blandt andre Uregelmæssigheder skal jeg her kun gjøre opmærksom paa Constructionen af 7de Hvælving paa Syd= siden, samt at baade det sydvestre Vaabenhuus og Christian IV. Gravkapel ikke staae i Retvinkel med Kirkens Muur. — Som Vei= ledning til at gjøre sig bekjendt med de i Kirken og dens Til= bygninger anlagte Kjælderpartier med deri værende Begravelser, samt til at orientere sig med Hensyn til Liigstenene i Kirkegulvet er Tab. II vedføiet. Maaske vil dette Blad bidrage til at bevare disse interessante Levninger paa den Plads, de nu indtage, og saaledes forhindre hvad jeg i Aaret 1851 erfarede var skeet i Ribe Dom= kirke, hvor disse Fortidsminder have maattet vige Pladsen for et characteerløst Flisegulv ligesom her i Chorpartierne. Jeg kan ved denne Leilighed helleriske unlade at berøre den forkastelige Maade, hvorpaa man til anførte Tid var sysselsat med at uniformere Kirke= muren udvendig, idet man overstrøg alle Blandinger med Cement og den øvrige Muur med Rødsteensfarve. Fugerne restaurerede man ved Hjælp af Kalkpensel og Lineal. Jeg henviser til hvad jeg herom har yttret i Slutningsbemærkningerne til 1ste Hæfte Nr. 6.

Ved en Reparation, der i disse Dage foretoges paa Tagene mellem Kirken og de søndre Tilbygninger, viste det sig at Rummet mellem Kirken og Frederik V. Kapel ikke er udfyldt af en compact Muur, saaledes som Grundplanen udviser, men at Kirkemuren er afskilt fra Kapelmuren ved et mellemliggende Rum, i hvilket flere Partier af Kirkens Ydreside viste sig paa selv samme Maade, som er bleven antaget ved Afbildning af Kirken i dens oprindelige Tilstand Side 9.

2. Museet for nordiske Oldsager blev stiftet i Aaret 1807. Den nærmeste Impuls til Grundlæggelsen af dets herlige Samlin= ger gav netop et fra Domkirken solgt Christusbillede, i hvis Hoved fandtes et prægtigt Guldkors, hvilket Fund fremkaldte Udnævnelsen af en kongel. Commission til Oldsagers Opbevaring og den der= paa fulgte Oprettelse af Museet. (Annal. for nordisk Oldkynd. 1842—43 P. 19—22.) Foruden dette Smykke tilligemed det halve

Hoved af den tilhørende Christusfigur forevises sammesteds en Bispe=
stav af Hvalrostand, der skal have tilhørt Absalon; en Mindesteen
over Kong Niels's Raad Helgi, beskreven af Nyrup; St. Lucii
Hoved med en Bedækning af Guldbrokade; Domkirkens ældste Sigil
af Hvalrostand, aftrykt i denne Bogs første Hæfte, foruden adskillige
andre mindre vigtige Stykker, Alt fra Roskilde Domkirke.

3. Indskriften over Chorstolene taler vel ikke om hvori
Chorets Udvidelse har bestaaet, men et flygtigt Blik paa Ring=
murens Ydreside samt paa Høichorets Søiler vil overtyde om, at
de nævnte Forandringer have fundet Sted. Basis, hvorpaa Søi=
lerne ere stillede, angive Høichorets oprindelige Gulvhøide.

4. Det er allerede omtalt i denne Bogs 1ste Hæfte, at hiin
ældste Tværmuur sandsynligviis har baaret en Kolonnade af mindre
Granitsøiler, hvortil de tvende Kapitæler under Lisenerne paa 8te
Pillepar antages at have hørt.

5. Harald Blaatands og Svend Tveskjægs Liig maae først
være begravne i den ældre af Træ opførte Trefoldighedskirke; thi
Steenkirkens Bygning var ikke paabegyndt ved deres Død. Deres
Liig maae da senere være flyttede fra Trefoldighedskirken over i
St. Lucii Kirke, da denne var færdig. Om Harald Blaatand
bemærker Knytlingesaga, at han var den første Leirekonge, der
blev begraven i viet Jord. Adam af Bremen og Saxo berette
begge, at hans Liig blev ført til Roskilde og begravet i Choret i
den af ham selv opførte Kirke. (Adam. Brem. lib. II cap. VIII
p. 55. Saxo ed. P. E. Müller I, 490-91. S. r. d. Tom. I p.
117.) Wolffs Epcom r. d. S. 453 er det første Sted, hvor
Chorpillen omtales som Haralds Gravsted. Hans Been siges her,
"udi samme Pilleren at være nedsat og indmuret udi en Tinkiste".
Den Aabning, i hvilken Kisten er bleven indsat, findes paa et
Kobber fra anden Halvdeel af 17de Aarhundrede, der forestiller
Kongens Billede paa Pillen". Under Billedet læses følgende Ind=
skrift: Haraldus VI. Gormonis filius, Rex Daniæ, a Svenone filio
interfectus 980: Roschildiæ in Templo S. Trinitatis a se fundato
tumulatus. (Citer. af Conferentsr. Werlauffs "De hell. tre Kon=
gers Kapel" S. 38 Anm. ee.)

17*

Svend Tveskjæg døde i England 1014. Hans Liig blev nedlagt i vellugtende Urter og ført til Danmark, hvor hans Sønner begrove det in monasterio, in honore Stæ Trinitatis ab eodem Rege constructo, in sepulchro, quod sibi paraverat. Script. rerum dan. II, 480. Trefoldighedskirken, der vistnok var opført af hans Fader Harald Blaatand, siges her at være bygget af Svend. Muligen har denne Konge fuldført eller udvidet Faderens Kirkebygning; thi Ordene monasterium Stæ Trinitatis taale vist ikke at tages i nogen anden Betydning end om Kirken, skjøndt Andre mene at herved maa forstaaes Kannikeklostret. See Petersens Danmarks Historie i Hedenold II, 240. Men baade Petrus Olai og Th. Geismer have forstaaet Beretningen anderledes, og betegne Stedet nøiere, idet de sige, at Kong Svend Tveskjæg blev jordet i Choret i Roskilde Domkirke ved Høialteret. Script. rer. dan. I, 117 og II, 351. Hertil kommer, at Domcapitlet i Roskilde næppe er ældre end fra Slutningen af 11te Seculum, da Biskop Svend Norbagge stiftede de første 15 Kannikepræbender, og lod opføre et Kannikekloster for Brødrene (claustrum lapideum). Script. rer. dan. I, 378. Om noget ældre Kannikekloster tier Historien ganske. Ordet monasterium er især hos engelske Forfattere eensbetydende med ecclesia cathedralis fra den Tid Kannikerne tillige bleve Klostergeistlige. Ogsaa denne Konges Been skulle efter Wolffs Enc. 453 være indmurede i en af Høichorets Piller i en Tinkiste, men her er Svend Tveskjæg uden Tvivl forverlet med Svend Estridsen.

6. Efter en for nogle og 20 Aar siden foretagen Undersøgelse af disse indmurede Grave befandtes den største af dem at være 10½ T. dyb, 20 T. høi og 29 T. bred. Behrmanns Beskrivelse af Roskilde S. 78.

7. Saxo p. 566 ... inque ipsa Trinitatis æde, accercitis, qui terram ad solidum foderent, prius regi, deinde sibi tumulum exstrui jubet. Quam vocem fossoribus &c. Og i Fortællingen om den senere foretagne Flytning hos samme Forfatter p. 578 hedder det, at da Jorden var opgravet, fandtes hans Kaabe heel og holden mellem de i Jorden hensmuldrede

Been. Da denne sidste Begivenhed foregik i Saxos egen Tid og saa at sige under Absalons Øine, synes Enkelthederne i Saxos Beretning herom ikke at kunne drages i Tvivl.

8. Danske Magazin 4, 258. Hvidtfeldt 1, 530.

9. Wolfs Enc. regn. dan. 454; Thuras Vitruvius II, 138. Suhms D. H. XIV, 184; Behrmanns R. B. 2c. 2c.

10. St. Lucii Alter antages almindeligt at være det samme som "summum altare" eller Høialteret i Choret, der omtales hos Th. Geismar og andre blandt Middelalderens ældste Forfattere. Anonymus Roschildensis kalder det majus altare.

11. I en skreven Fortegnelse over Kirkens Mærkværdigheder i Thottske Samling Nr. 1466 beskrives dette Alter saaledes:

"Der inden for er en gammel Monche Altertafle med dob=
"belte Dørre for, nembl. 2 paa hver Side, ubi bemhte tafle sees
"mange stillerumme ubi hvilche siges at have været de 12 Apost=
"lers Lignelser giort af Sølf, hvilke siges at være bortkomne ubi
"Regis Erici Pomerani Tid.

"Paa den yderste Dør ved den nordre Side er afmalet S.
"Canutus Dux et St. Canutus Martyr. Inden paa samme Dør er
"Lucius Pappa, hvilchen ligesom tillbedes af 2 Monche og om=
"kring hans Hofuet er skrefuet med forgyldte Bogstaver: Sancte
"Lnci! ora pro nobis. Neden paa Døren staaer: Imago Sti Lucii
"Pappæ et Martyris. Uden paa den inderste Dør er afbildet den
"hellige Trefoldighed (Christus) med ofuerskrift: Miserere mei Deus.
"Neden under er skrefuet: Sancta Trinitas, unus Deus, miserere
"nobis Uden paa den yderste Dør paa den søndre Side er tvende
"den ene St. Olivarius den anden St. Magnus malet. Inden paa
"samme Dør er det Miracel, hvorledis Diefuelen kom til dem som
"førte Lucii Pappæ Hofuet ofuer og vilde vælte Skibet, men der
"Hofuet blef fremviist foer hand bort. Derunder staaer skrefuet:
"Miraculum de translatione capitis Sti Lucii. Uden paa den
"inderste Dør ved samme Side er malet en Jomfrue ubi en Bruds
"Lignelse med langt udslaget rødt Haar som blifuer kronet af den
"hell. Trefoldighed (o: Christus) med saabanne Ord under: O quam
"speciosa es in diliciis tuis sancta Dei genetrix." — Fortegnelsen

er nedskreven i sidste Halvdeel af 17de Seculum (1683?). Flere af de her anførte Malerier ere afbildede i danske Vitruvius. Jvfr. Wolffs Enc. r. d. 452.

I dette Alterskab forvaredes ogsaa St. Lucii Hoved, der nu forevises i Museet for nord. Oldsager.

12. Den pommerske Krønikeskriver Kantzow † 1512 nævner, efter et gammelt Sagn blandt de af Kong Erik bortførte Skatte "ein Jesusbild so groß als ein Knabe von fünfzehn Jahren von "lauterm arabischen Golde, Zwolff Apostel, wie Kinder groß von "lauterm Silber, ein Monstranz von eitelm arabischen Golde" ꝛc. Men han paastaaer, at disse Sager tilhørte Kongen og ikke Kirken. Monstrantsen skjænkede Kongen siden til Kirken i Rügenwalde. Cit. efter Werlauffs "De hell. tre Kongers Kapel". Jfr. Lagerbrings p. 65.

13. Fornævnte Fortegnelse i Thottske Samling: "Ved søndre "Side af dette Altar er et lidet Altar op til Muren, hvorpaa staaer "en Trætavle med en Jomfru som krones af Trefoldigheden (Christus), "hvorunder staaer "Christus vincit". Ubi samme Alter er et lidet "Skab". — I dette Alterskab gjemtes blandt andre Reliquier Mariæ Magdalenæ Haand, der havde tilhørt Landskrone Kloster, men skjænkedes her til Kirken af Kong Christian I. N. Danske Magazin 6, 39—41; Pontop. Annal. Tom. II, 605.

14. Fundationsbrevet er aftrykt i danske Mag. 4, 298. Paa Altertavlen saaes Dronning Margrethe knælende med foldede Hænder og med Guldkrone paa Hovedet, hvorunder stod: Memoriæ nobilissimæ Danorum Reginæ Margarethæ, hujus altaris fundatricis. Oven over Alteret paa Pillen hangte et gnult Skjold med 3 Løver og nogle Hjærter. Nævnte Msc.

15. "Ubi Jernlencher henger paa Muren paa hver Side af "Alteret en stor Billede med 6 Vinger fulde af Øjne malede." Nævnte Msc. i Thottske Saml.

16. Ifølge oftenævnte Fortegn. i Thottske Saml.

17. "Offuen ofuer Skillerummet mellem det yderste og "inderste Chor henger et Crucifix under Hvelfuingen. Paa dets "høire side staar et stort Billede som træder paa en slange, paa

"den venstre Side, en som træder paa en Mands Arel. Under alt
"dette paa en Bielche staaer disse Ord:
"Ecce pro te morior fili mi, præbe mihi cor tuum Prov. XXIII".
Samme Manusc. Infr. Wolffs Enc. r. d. 452.

18. Kjælderhvælvingerne under Høichoret ere altsaa ikke, hvad man ellers kunde være tilbøielig til at antage, Levninger af nogen Krypte. De vilde ganske have forhindret Anbringelsen af Grave i Høichorets Gulv, hvorom vi have saa hyppige Efterretninger.

19. Fortegnelsen i Thottske Saml. omtaler, med Undtagelse af disse 5, ikke en eneste Liigsteen i Høichoret, hvor heller ikke nogen vides at være begravet efter Aaret 1420.

20. Paa Pladen var udstaaret en Biskop i fuld Ornat med Kalk og Disk i Haanden. Over hans Hoved saaes Christus med Englene. Ved høire Side et Pavehoved, ved venstre Side en Mandsfigur med et draget Sværd. Paa hver Side stod 6 Apostle og Ulfeldternes Vaabenskjold (hvilket ogsaa var udstaaret i Træ og hængte paa Pillen). Omkring Pladen stod: Hic jacet Reverendus in xsto pater et Dominus Dnus Nicolaus D. G. Episcopus de Roeschild, qui obiit Anno Dni MCCC nonagesimo quinto decima octava die Mensis Jannarii cujus anima per misericordiam Dei requiescat in pace. Amen. Pladen med sin Ornamentrigdom var et Sidestykke til dem, der ligge over Kongegravene i Ringsted Klosterkirke. Abildgaards Afbildning af Pladen haves paa Museet.

21. "Vest for Niels Jepsens Monument ligger en Steen,
"hvorpaa er en Ørneklo med en Bispehat ofuer og Bispestaf. Der
"omkring staaer skrefuet: Venerabilis Episcopi Roeschildeusis Dni
"Lagonis Urne sepulchrum. Orate Deum pro eo. Obiit autem
"Anno Dni 1529; die 29 April. Ofuer Vaabnet: Miserere mei
"Deus quoniam in te confidit anima mea. Under Vaabnet: Deus
"propitius esto mihi peccatori." Fortegnelsen i Thottske Saml.

22. "Derhos ligger en Steen, hvorpaa staaer en Qvindes
"Person med tvende Børn ved hver Side og følgende Randind-
"skrift: Anno Dni MCDLXX in nonis Novembris obiit Catharina
"Nicolai Dott. Fundatrix hujus capellæ, relicta Johannis Petri de

"Meldorph cum suis filiis et filiabus aliisque descendentibus cujus "anima in pace requiescat. Denne Steen er kommen fra den "Capel som Kong Christian IV og Frederik III ligger". Samme Fortegnelse. — Den 4de Liigsteen havde Aarstallene 1501 og 1539 med Indskrift over Eyler Hach til Egholm og Søn Christopher Hach, begge udhugne i fuld Rustning. Den 5te havde Aarstallet 1518 og Indskrift over Georg Urnes Enke Christina.

23. I Auctionsforretningen 1806 anføres under Nr. 3, 4, 5 en stor Messinglysestage med en stor og tvende mindre Arme, Vog. 13 Lpd. 2 Pd.

24. Da Choret skulde forandres i Aaret 1689—94 fandtes i Ydrechorets Gulv kun trende Liigsteen. Den ældste af disse ligger nu i søndre Gang op til Chorets Ringmuur og er betegnet med Tallet 2 paa Planen II. Paa Stenen er udhugget følgende Randindskrift: "Hic jacet strenuus Miles Martinus Johannis, qui obiit Anno Dni MCDXI octavo die nativitatis, cujus anima in pace requiescat". Den anden Steen flyttedes ogsaa til søndre Gang, hvor den endnu er beliggende mellem begge Indgange til Kapitlet. Den er paa Planen II betegnet med Tallet 4 og har følgende Randindskrift: "Eximius et nobilis vir Dnus Johannes Lessen Decretorum Doctor, hujus quondam ecclesiæ Decanus hic in pace sepultus Anno Dni MCDXIX". — At begge disse Steen, der ere ældre end Chorombygningen 1420, ere blevne liggende i Gulvet efter dettes Forhøielse, maa vel hidrøre deraf, at disse Begravelser vare saa nye i Aaret 1420, at de Afdødes nærmeste Paarørende sandsynligviis have foranlediget, at deres Gravsteder med tilhørende Liigsteen ved denne Leilighed bleve skaanede. — Den tredie Steen havde følgende Indskrift: "Hic jacet venerabilis Pater et Dominus Dnus Johannes quondam Episcopus Roeschildensis, qui obiit anno Dni MCDXLVIII profesto exaltationis sanctæ crucis". Scr. rer. dan. VII, 162. Hvor denne Liigsteen er bleven af vides ikke.

25. En Copi heraf findes i danske Vitruv II, 120.

26. Under de udskaarne Figurer, der vare belagte med Guld og Farver, læstes følgende Navne:

Sanctus Philippus. S. Jacobus Minor. S. Matthias.
S. Jacobus Major. S. Paulus. S. Petrus. S. Stephanus.
S. Lucius. Sancta Trinitas (ɔ: Christus). S. Johannes Baptista.
S. Laurentius. S. Johannes. S. Andreas. S. Bartholomæus.
S. Simon og S. Judas. Under dette Billedværk læses følgende i Træ udskaarne Vers.

>Fac Domus ista Deus sit in hostes inclita victrix
>Qua sacra voce canit tibi clerus honore perenni.
>Livor, Avaritia fugat hinc, simulatio mentis
>Exulat invidia, concordia crescat amoris.
>Pax vigeat Christi, sit procul omne malum,
>Summa Trinitas unus Deus nos protegat MD80.

See Note 127.

27. Forfatteren til den strevne Fortegnelse tilføier, at disse tvende knælende Personer skulle forestille Kong Christian II og hans Dronning, og det samme bemærker Wolff i sin Enc. r. d. Fra Dragternes Side (See den danske Vitruv) er der Intet til Hinder herfor.

28. Wolffs Encom. 455. De ere Begge afbildede i den danske Vitruv, Tom. II Tab. 78 og 79.

29. Brev fra Mag. P. Schade i Roskilde til Biskop Jens Birkerod 10. Marts 1694: "Nu ere de ifærd med at nedbrive vores Chor, saaat det nu bliver Alvor med Alteret at flytte" o. s. v. Birkerods Dagbog 1694, Appendix til Marts.

30. Overalt, hvor Pillernes fremspringende Granitbasis paa en af Siderne er borthugget, har uden al Tvivl ogsaa været anbragt et Alter, til hvis Tavles Anbringelse den gamle Jernkrog endnu sees over mangfoldige saadanne Steder. Man betragte til Exempel begge de vestre Piller i Ybrechoret ud mod Kirken. Andre Steder og navnlig til de større Altere har man opført en heel Muurbrystning til Pillen, for at stille Alteret op til samme. See Høistibets søndre, 6te Pille mod Vest.

31. Suhms Saml. I, 2, 166. Sammesteds omtales hvor Vor Frue Alter har staaet.

32. Afbildet hos Behrmann i hans Roskilde Beskrivelse og i den danske Vitruv II, 120.

Glasmaleriet omtales i Michel Hansen Jernskjægs Roskilde Domkirkes Beskrivelse (Manusc. Nr. 718 i Thottske Samling) saaledes:

> O Lucius dit Navn ved denne Kirke lever
> Om du end aldrig stod i Böger eller Brever
> Paa tvende Steder staaer dit Billede stafferet
> Saa herlig som du har i Pave-Pral hofveret
> Dog ichun udi Glase dit Billede er prentet
> Var Pavens Stoel af Glas den havde længe skræntet
> Af Stedet som den staaer og ligger nu i stöcher
> Og Paven havde self ret styltet frem paa Krycher.

33. Bugenhagen forsikkrede Kongen i et andet Brev, at han aldrig havde seet et grueligere Billede i en Kirke. Vilde man afmale den gamle Pave Lucius som den lede Djævel, kunde man ikke have gjort det bedre, han troede forøvrigt, at Domherrerne nok fandt sig deri, naar de fik et Par Læs Brænde til Erstatning og det kunde Kongen saa meget lettere indlade sig paa, som Afguden var stor nok til at betale det rigeligt i Kakkeloven. Gelehrter Männer Briefe 1, 13—19. Cit. efter "Den danske Kirkes Historie af Helweg 1, 18".

34. Om Arnoldus, Biskop i Roskilde fra 1089 til 1124, anføres, at han var en eenfoldig Mand og forsømmelig i sit Embede, dog — tilføies der — opførte han Steenmuren om Kirkegaarden (murum lapideum circa monasterium Roschildense) og opfriskede Malningen i Kirken. Scr. Rer. Dan. I, 379. Jeg forudsætter, at monasterium ogsaa paa dette Sted er brugt i Betydning af "Domkirke"; thi Roskilde havde ikke eet men flere Klostre, da den unavngivne Forfatter (i Waldemarernes Tid) skrev sin danske Krønike.

35. Han er fremstillet med opløftet Høire, Glorie omkring Hovedet og denne Underskrift: Hæc est altitudo salvatoris.

36. Hvitfeldt II, 895; jvfr. Staatsbürgerl. Magaz. X, 280.

37. Scr. Rer. Dan. V, 590: moneri etiam vos facit, ut reliquias et alia pretiosa Roskildensi Ecclesiæ, quæ ab eo (Jacob Erlands.) recepistis, ... restituatis.

38. Paul Eliasens Brev til Hertug Christopher af Oldenburg, dateret 28. Oct. 1534 i Nye danske Mag. V, 142, 143. Forfatteren klager heri over at Kirkens Skat ikke mere er hvad den har været, thi den er bortført først i Kong Christian II. og siden i hans Eftermand Kong Frederik I. Tid. Til Hertugen siger han er sendt 16 Kalke med hvad der var tilbage af Sølv. Kirken havde vel flere Altere og altsaa flere Bægere, men disse have baade Adelsmænd og Borgere borttaget med den Paastand, at de tilhørte dem, saasom de havde ladet dem forfærdige som Alter-Patroner. Hertil kommer at Tyvehaand nylig havde berøvet Kirken 9 Kalke af Sølv og sat andre forgyldte Kobberkalke istedet. Endnu er kun tilbage her i Kirken dens Patron St. Lucii Hoved belagt med tynde, forgyldte Sølvblade (argentea sed tenui bractea). Men dette Minde om denne Helgen er hos os saa helligt, at vi aldrig ville skille os ved det; og som vi troe, at ingen nok saa ugudelig Fjende nogensinde vilde berøve os det, saameget mindre kunne vi formode det om Dig, der har paataget dig at være vor Forsvarer. Fremdeles forefindes her St. Magnus's Statue af Træ belagt med en tynd Sølvplade, hvilken ikke kan borttages uden offentlig Bud paa Orden medmindre dine Betjente ere tilstede rc. rc.

39. Nye Danske Mag. VI, 42 og 43. Den omtalte "gamle Skorsteenspibe" gjenfandtes paa det i Documentet angivne Sted i Vestibulen til Sacristiet — Tab. I, b — da dette Locale restaureredes i Aaret 1847. I Begyndelsen af 17de Aarhundrede var det indrettet til Begravelseskapel for Landsdommer Ehm.

40. Nye Danske Mag. VI, 44 og 45.

41. Ogsaa dette Sted troer man at have fundet 1847, idetmindste fandtes i en til Kirkemurens Ydreside hørende Pille i samme Rum (Tab. I, a) som Skorsteenspiben, et saadant tilmuret Gjemme, der havde Udseende af at kunne have været brugt til at skjule Noget i.

42. Udbrag af J. Bircherods Dagbøger S. 139; jvfr. N. Danske Mag. II, 344.

43. De hellige tre Kongers Kapel af Werlauff. S. 15, Anm. h.

44. Saxo p. 598.

45. Saxo p. 612.

46. Hvitfeldt II, 942 og 947.

47. Carmen Elegiacum in Haraldum Regem
Hujus sacri domicilii primum Auctorem.

Tergeminus fuit Haraldus dum sceptriger omni
Temporis excursu pace beatus erat.
Cæsaris innumerum donec fuerit agmen, et inde
Climata Jutonica dilaniata jacent.
Concilium nimium fælix, Rex gurgite sacro
Mersus init superis foedus, et arma tacent.
Funditus hasce Jovi summo tunc condidit ædes,
Quosque per id memores fecerit esse sui.
Sveno etiam abluitur præter placitum sua proles,
Præcipiti rabie quo strepit armipotens.
Imperii siquidem generosi fata parentis
Coeca libido parat, spicula missa necant.
Post natale Dei, dum scripsimus octoaginta
Anno 980 Nongentos, meruit scandere celsa poli.

48. Paa dette Pergamentsblad læstes:

In piam Margaretam Daniæ Principem
Carmina Glyconium et Asclepiadeum.

Estridem placidam potens
Ingo Rex generat Sveticus: hanc dedit
Et Dano comitem thori,
Gottenses Scanicis addidit urbibus,
Divorum decorat lares,
Quibus tam vario munere profuit,
Pallas et clamydes enim
Perbellas teneris texuit artubus,
Egit namque dies pios,
Faustos, post cineres perpetuum valet.

49. Saxo (ed. P. E. Müller) p. 566 og 568.

50. Paa dette Pergamentsblad stod:

Regum Sveno Decus, magno quo Dania Rege
Floruit et sceptris imperiosa fuit.

Non virtute minor Sveno, quam nomine Magnus.
Nam dici poterit magnus utroque modo.
Hunc soror illustris Regis Præclara Canuti
Estridis genuit prole beata parens.
Anglos marte premens, Norvegica Regna subegit,
Fit tria sceptra tenens unica Dana manus.
Res miranda nimis, quem vix tria regna valebant
Imperio capere, jam Petra parva capit.
Et, quia stare diu nequeat Terrena Potestas
Terrarum Reges querite Regna Dei.
                           Obiit anno 1074.

51. I Mikkel Hansen Jernskjægs utrykte Beskrivelse af Ros=
kilde Domk. (1685 — Thottske Saml. Nr. 718):

Den Bispekiste staaer indmuret blandt de Stene
Mit Øie haver seet og sølet paa hans Bene,
Nu Stenen er udstødt hvor Kisten er indproppet
Jeg har min halve Haand i Hullet selv indstoppet.

Ifølge Saxos Beretning flyttedes Biskop Wilhelms Gravsted Dagen før Kirkens Indvielse c. 1080, da det stod i Veien for An=
bringelsen af Pulpituret. Anden Gang i Biskop Absalons Tid for at give Plads til Erkebiskop Ascers Grav. Tredie Gang i Aaret 1420 flyttedes det til nærværende Pille. — Neden for Indskriften var ogsaa her anbragt et Pergamentsblad med følgende Inscription:

Epitaphium Wilhelmi olim Episcopi Roeschildensis, carmine
jambico trimetro hyponaitico conscriptum:

Vilhelmus olim Episcopus Roeschildensis
Præstantibus Dei relucebat donis,
Pietate, Religione, percelebri vita
Et sancta et omni virtutum genere illustri,
Adeo ut in incerto erat, isne officio tali
Dignior erat, an illo officium. Tam spectatum
Episcopatus præstitit sui exemplum.
Hic fretus innocentia atque item justo
Injusti homicidii dolore permotus,
Quod a Rege factum erat, libidine magis quam
Ratione, Regem ipsum quamvis magnum, et tali
Regno potentem comitatuque stipatum
Magno repulsum baculo prohibuit templo
Rebusque sacris, donec poenitens facti

> In gratiam cum Ecclesia ac Deo offenso
> Rediisset. His actis tempore non ita multo
> Post, mortui jam Regis huc deferebatur
> Funus. Quod ut rescitum est appropinquare
> Urbi, duo sepulchra confici jussit,
> Duobus etiam feretris adornatis, ibat
> Wilhelmus obviam; postquam ad funus ventum est
> Oratione facta, ut illi (quem in terris
> Deo patri jam lucrifecerat sanam
> Per admonitionem) commori posset.
> Mox membra collapsus, animam sanctam coelo
> Reddidit, atque inde uterque suo loculo impositus
> Hanc sacram ad ædem pariter (mirabile dictu)
> Magno omnium stupore deportati sunt
> Vilhelmo honorifice sepulto ac de more
> Episcopalibus insignibus una cum illo
> Terra reconditis, novo Deus funus
> Miraculo hominum memoriæ consecravit.
> Hæc ipsa namque ut obruta tumulo terra
> Ultro sepulchrum reddidit. Translatum ergo
> Hoc funus est et magna cum religione
> Hoc in loco commendatum sepulturæ.

> Vilhelmus autem obiit Anno millesimo
> et septuagesimo additis quatuor.

53. Det er formodentlig den samme Kunstner, der har anbragt et Dødningehoved med forslagte Dødningebeen paa Fodenden af Dronning Margrethes Monument. Ogsaa Puden under Dronningens Hoved med de moderne Qvaster har stor Lighed med den her paa Laaget anbragte.

54. Hans Sygdom begyndte i Januar 1695 med Podagra, men fra Jan. 1698 blev hans Gang meget besværlig. Sine Parforcejagter vedblev han alligevel til det Sidste. Paa en af disse blev han 19. Oct. 1698 i Jægersborg Dyrehave omkastet og slaaet af en til Døden jaget Hjort, som Kongen selv vilde give det sidste Stød, efter hvilken Tid han næsten ikke mere kunde gaae. Kongen havde sin Bevidsthed og Talens Brug lige til det Øverste. En vedvarende Diarrhoe udtømte hans sidste Kræfter.

55. Under den Pude, hvorpaa Rigsinsignierne ligge fandtes ved den 1845 foretagne Reparation Bogstaverne D * G * D * Meis*) udhugne paa Laaget over Frederik IV.

56. Anførende dette Aar, skriver Mag. Hans Buch saaledes i sin Roeschildia subterranea (Msc. fra Kongens Bibliothek): Lige ud for disse prægtige Monumenter (Christian V og Charl. Amalias) i Vest er lavet Stæd for de Monumenter som skal oprættes over Salig og Høylovligste Ihukommelse Kong Frederik IV og hans Dronning Lovisa, til hvilken Ende Hvælvingen under den understaaende Begravelse er forstærket og istandsat Aaret 1733. Imidlertid ere disse kongelige Liig nebsatte i den derunder indrettede Gewölbte Begravelse og er den høipriseligste Konges Liigkiste af Eeg med sort Fløyel Overtrukket, Garneret paa Kanterne og Logget med Guld Point d'Espagne. Paa Logget er med Guldtrædsse virket den salige Konges Navn i Ziffer mid paa og ligeledes Oven derover: Natus 11 Oct. Anno 1671, samt neden under: Obiit 12 Oct. 1730. Kisten staaer paa et sort Fløyels Klæde, hvilket er belagt med et Kors af hvidt Sølmoor rc. rc. Under denne i Choret indrættede Begravelse er i lige Længde og Brædde anrættet en gewolbt Begravelse, hvor Indgangen er bag ved Choret rc.

57. Den daværende franske Gesandt ved det danske Hof, Camillys Brev til sit Hof.

58. See Aarstallene over Kirkens vestre Gavlvindue MDXXI, 1736, 1828.

59. Monumentet stod midt paa Ydrechorets Gulv og har vist aldrig staaet i Høichoret.

60. Forinden den sidste Overmaling stod paa det ene Blad i Bogen: Im Anfang war das Wort og paa det andet: Gott sei mir armer Sünder gnädig. Trækkene i disse Bogstaver, siger Behrmann, henvise til en Tid, der ikke ligger meget langt tilbage.

61. Da dette Snitværk er forblevet aldeles ubeskadiget under begge de senere Ildebrande, der traf Kirken i Aarene 1443 og 1523, troe vi deraf at kunne slutte, at Kirkens Monumenter og Inventarium ikke have lidt sønderligt, idetmindste hvad Choret angaaer.

62. Det oplodes ikke til at see, siger Wolff i Enc. R. D. S. 456, uden paa de tre store Høitider og Søndagen Jubilate, som er aarlig Markedstid. Dog tillodes det Reysende og Fremmede at see det. — Sagnet beretter, at en hollandsk Skipper, der vilde føre det gjennem Sundet, angav Prisen saa lav, at Kong Frederik II kjøbte det, da han herpaa blev gjort opmærksom; men for dette Sagns Paalidelighed haves ingen videre Hjemmel. Kunstværket har et bestemt nederlandsk Præg.

63. Ove Schade har stiftet et Legat i Roskilde paa 300 Rbd., hvis Renter skulle tilfalde 3 Trængende.

64. I Mandfolkestolen Nr. 4 synes Bagklædningen saaledes at være dannet af et Stykke af et Alter med trende rundbuede Billedtavler og mellemliggende Korstræer til Anbringelsen af Crucifixer. De Spor af de gamle Billedtavler, som Høvlen har sparet, ere tilintetgjorte ved senere Oliemaling. I samme Rækkes Nr. 18 er paa Endestykket anbragt den hellige Martin udskaaret i Træ paa sædvanlig Maade, skjærende en Flig af sin Kappe. Maaskee har dette Stykke tidligere hørt til St. Mortens Alter.

65. De til denne Dør hørende Stabler kunne endnu tages i Øiesyn paa Kirkens vestre Muurpille. Forøvrigt vil det erindres, at dette Locale modtog betydelige Forandringer i Dronning Margrethes Tid, da hun 1411 stiftede Kapellet Bethlehem i det søndre Taarn og tilstødende Parti mod Nord. Ved denne Leilighed opførtes inde i Kirken det Stykke af Hahnernes Kapel, der ligger Øst for Hovedportalens Søiler.

66. "Et Dæksel af Malm v. 1 Skpd. 11 Lpd. 7½ Pd., tilslaaet Gjørtler Jensen for 120 Rbd. 3 Mk. 12 Sk." Udskrift af Auctionsforretningen 1806. I Mag. Hans Buchs Roeschildia subterranea (Manusc. i det Kongl. Bibliothek) siges om dette Laag, mens Funden stod i vor Frue Kapel, at det hængte i en Jernkjæde over Funden og havde forgyldte Knopper. Omkring Randen stod: In morte ipsius baptizati sumus quicunque baptizati sumus in Christo Jesu. Sammesteds siges Prædikestolen at have kostet 700 Rbd. Restaurationen 1844 kostede 1100 Rbd.

Anmærkninger. 265

67. "MCCCCI døde Oluf Mortensen..... han lod ochsaa ferge orewerchen" rc. Suhms Saml. I, 2, 166.

I Wolffs Enc. R. D. (1654) S. 469 siges, at et lidet Orgel fandtes i Biskop Olufs eller vor Frue Kapel. Det er vel det af Oluf Mortensen malede Orgel, der her menes, og som er flyttet herhen, da Kirken i Aaret 1555 fik et større og bedre.

68. Manuscr. Nr. 1406 i Thottske Saml.

69. Det er ret paafaldende, at den folkelige Kong Chr. IV byggede sig en pragtfuld Stol afsides i Kirken, medens Kong Chr. V lod sig nøie med en Stol paa Gulvet, der kun er kjendelig fra de andre ved det kongelige Navneziffer paa Endestykkerne.

70. Som et Modstykke til denne Lovtale over Biskop Jens Jepsen anføres følgende Sted af en dansk Krønike, aftrykt i Suhms Saml. I B. 2 H. 166: "MDXII döbe Biskop Johan Jepssön aff Roskylb paa hjortholm paa S. Tiburcii martiris Dag, y stor fattigdom och armod, dy hand var mogitt ödsle y sin liffs tiib, och hiolt stor praal med sønger, lieger och andre forfengelighed meer en Kong Hans, dog var hand arme fattige folck goeb och runde lig hjalp bennom."

71. Indskrifter over Kirkens trende Blokke:

1. Din hjelp du Christen Mand
   Bete mod Ildebrand
   Gud vogte din formue
   Fra Ildens graadig Lue

2. Aabne hjerte du hvis Øye
   Denne Blok og Kasse seer
   Og til Medynk lad dig bøye
   Veed (pr. viib) af hvad her ligger neer
   Det udi Guds Kiste kommer
   Hand paa Rendte tager det
   Som dig siden ævig frommer
   Christen Sjæl forglem ey det.

3. Kommer hid I som omvanker
   Og vor Tempels Skjønhed seer
   Øyne vender hid og tenker
   Og den Arme hjelp beteer

18

Her vil Gud af ier indhente
Og indsamle sig en Skat
Af den Capital og rente
Som Hand har hos jer indsat.

72. Lago Urne har antaget at Danmarks berømte Historieskriver Saxo Grammaticus er den samme Person, som den Saxo, der c. 1160 anføres som Provst i Roskilde, og Saxos berømte Udgiver, Stephanus, har antaget det samme, men O. Sperling har i sine Noter til Absalons Testamente (S. R. D. V, 424) viist det Ugrundede i denne Mening. Saxo Grammaticus var Absalons Haandskriver lige til hans Død, thi som saadan nævnes han i dennes Testamente. Et andet Spørgsmaal bliver det derimod, om det er Provsten eller Historieskriveren af dette Navn, der her er begraven. For den sidste Mening taler foruden Sagnet og Epitaphiet ogsaa den simple Liigsteen, der ligger over Gravstedet uden Indskrift eller Ornamenter; thi man havde vistnok udstyret en Liigsteen over en saa høi Prælat, som præpositus Roeschildensis, ganske anderledes. Gravstedet vides ikke at have været aabnet.

73. I Biskop Harboes Liigtale over Biskop Hersleb, holden paa Roskilde Landemode (Conventhuus) 15. Juni 1757 p. 72 anføres, at Biskop Hersleb havde ladet samle de Portraiter af Sjællands Bispper, der findes paa Landemodshuset ophængte.

74. Den indhugne Figur paa Erkebiskop Absalons Liigsteen i Sorøe Klosterkirke var allerede i Christian III. Tid stærkt udslidt. Denne Konge skal derfor have ladet hugge en ny Liigsteen, men ganske i Lighed med den gamle, og denne Copi er det, som endnu er at see i Kirken. Vort Maleri af Erkebiskop Absalon bliver altsaa en Copi efter en Copi i Steenhuggerarbeide.

75. Hos Christian III stod han i høi Gunst, saaat det ikke var denne Konges Skyld, at han forlod Danmark Aaret efter. Kongen indbød ham 1543 forgjæves til at vende tilbage til Danmark i følgende gemytlige Linier: "Vi ere i Naade betænkte paa at begjære, at I dersom det var muligt, igjen vilde begive Eder til os; thi vi ville nok have saadan gammel Pommerink (B. var

født i Pommern 1485) eller Flæsteæder, som ogsaa maaskee bedre kunde taale Luften her tillands end andensteds. Vi skulle ogsaa nok sørge for samme Mand saaledes, at han skulde vide os Tak derfor". Pont. Ann. III, 238.

Den 2. Sept. indviede Bugenhagen de 7 Superintendenter i Frue Kirke i Kjøbenhavn. Hist. Aarbog af Molbech 3, 76.

76. Michel Hansen Jernskjæg omtaler denne Dør saaledes:

"Men ellers seer jeg noch at Bispen har været Kellen
Og visseligen haft Podager uti Hellen
Thi har han gjort en Gang fra Sallen ind i Coret.
Maaskee det Siette Bud er ofte ofuer Sporet
I samme lønlig Gang; thi Munchen maa ei giftis
Mens ellers uformerckt maa Evæ Døttre stiftis".

Da Palaiet nu ikke længere er bestemt til Aftrædelse for de kongelige Personer, naar Bisættelse af fyrstelige Liig skal finde Sted i Roskilde Domkirke, saa synes denne Dør at kunne bort= falde; og det var da muligt, at hele den saakaldte Absalons Bue, hvorved Palaiet staaer i Forbindelse med Kirken, kunde blive nedbrudt. Kirkens reneste og originaleste Parti vilde derved vinde betydeligt.

77. Nyt hist. Tidsskrift fjerde Binds andet Hæfte Pag. 532. Suhms Nye Samlinger III, 29.

78. Denne Dronning synes hidindtil i mange Stykker at være bleven miskjendt og uretfærdig beskyldt. Vist er det, at hendes Opførsel medens Frederik V levede var pletfri og ædel. See Molbech til Christian VII. Historie i Nyt hist. Tidsskrift fjerde Binds andet Hæfte.

79. Struensee var allerede de facto regjerende Cabinets= minister fra 13. Sept. 1770.

80. ..... fundavit capellam in ecclesia Sti Lucii Roskild. ad partem meridionalem, in qua etiam suam eligit Sepulturam, bonis aliquot in sustentationem capellani assignatis, qui missam ibidem pro anima ipsius, parentum, prædecessorum ejus et de- functor. omnium ter qualibet hebdomade dicere debuit, lampade omni nocte ardente. Datum Id. Junii tertio, ipsius Capellæ

Dedicationis die, consentiente Olao Byornsen Decano et Mag. Johanne Præposito Roskildensis 1310. — Inter Roskildensia ex Arnæ Magn.

81. Danske Mag. 4, 298.

82. Diplom. Langeb. XXXIV—19. Jvfr. Hist. Tidsskrift 1840 p. 480.

83. Efter at have omtalt de berømteste Kongegrave i Europa saasom Zaarernes i Kreml, de østrigske og preussiske, de franske i St. Denis, de engelske i Vestminsterabbediet og endeligen de polske i Krakau, hvilke sidste især fremhæves, vedbliver Kohl saaledes i sin "Reisen in Dänemark", I, 419: Die Ruhestätte der dänischen Könige hält wol, sowol in Bezug auf Geschmack, Pracht und Anzahl der Monumente, welche sie enthält, als auch in Bezug auf die Fülle der historischen Erinnerungen, welche beim Anblick dieser Monumente in der Seele aufsteigen, als endlich auch in Bezug auf Schönheit und Großartigkeit des ganzen Gebäudes, in der Lage desselben an der westlichen Spitze des Isefjords (urigtigt) in der fruchtbarsten Centralgegend der Insel Seeland den vergleich mit allen übrigen genannten königlichen Ruhestätten aus, und man schwankt, ob man ihr den Lorbeer oder einer Andern geben soll". — Side 427 siger den samme Forfatter om Dronning Margrethes Monument: "Die Statue der schlafende Königin machte auf mich einen tiefen Eindruck und ich sagte zu meinem Begleiter, daß mir dies das beste Marmorbild schiene was ich noch bisher in der Kirche gesehen habe. "Das hat Thorwaldsen auch gesagt', er= widerte er mir, "und ich habe ihn lange an diesem Monumente stehen sehen". — Sammesteds Side 432 siger Forfatteren om Christian III. og Frederik II. Monumenter: ".... und sie gehören vermuthlich zu den reichsten Königsmonumente die es in Europa gibt". — Sammesteds siges disse Monumenter urigtigen at være udførte i Italien efter Tegninger af Tycho Brahe. Forfatteren anfører dette efter T. Hoffmann i hans Danske Adelsmand III, 140, eller maaske snarere efter Cores Reise durch Preußen, Rus= land, Sweden und Dänmark III, 139; "men uden videre Hjem= mel", tilføier Confer. Werlauff i sit her ofte citerede Skrift, S. 55

Note ö. Frederik I. Monument i Slesvigs Domkirke, samt Dronningerne Elisabeths og Maria Stuarts Monumenter i Westminsterabbediet, afbildede i Old England II, 54 og 74, ere alle udførte i samme Stiil og sandsynligviis af nederlandske Kunstnere.

84. Ved at citere Cornelius de Vrients Dødsaar efter Werlauff, S. 84, har jeg anført dette urigtigt til 1578 istedetfor til 1575, som Sprengler har i hans Bidrag til den danske Kunsthistorie. Det bliver saaledes forstaaeligt, at hun var Enke i Aaret 1576 da hun under Antwerpens Plyndring betalte de 1000 Dlr. i Løsepenge for Monumentet. Hos Sprengler, S. 80 og 81, hedder det: "Cornelius de Vrient kaldet Cornelius Floris, Billedhugger og Architekt, Søn af Cornelius Floris, Steenhugger i Antwerpen og Broder til Frants Floris kaldet den nederlandske Raphael, født i Begyndelsen af 16de Aarhundrede, død 1575. Af ham skal Kong Christian III. Monument i Roskilde Domkirke være, som hans Søn Kong Frederik II lod bestille ved en Danziger Kjøbmand i Antwerpen".

85. "I en Ansøgning til Kongen paa Plattydsk uden Dag, Aar og Sted, fra "Elisabeth Wedewe wilen (weiland) Cornelis Floris Bildehower", som flere Gange havde anholdt om, at "das Sepultur van E. M. Heer Vader" maatte blive afhentet, hvilket dog endnu ikke var skeet: "is daer dorch grötlich beschadicht". Under Antwerpens Plyndring d. 4. Nov. 1576 havde hun maattet laane 1000 Gylden til at erlægge i Løsepenge, "in Respect van so kostelicken Sepulture" (Langebeks Dipl. i Geheim-Archivet), Werlauff S. 54, Note u.

Kong Frederik II. Brev til Peder Oxe om at forstyde Mesteren, hos hvem "Wii hafue ladit bestille udi Nederlandene enn Begrebnis till høgborne Förste, wor kiere Fader......, hvilcken will komme ath staa fast i IIIm Daler", med 1000 Daler, "ther mett forne Arbeide strax maa forethagis och gaa for sig", er af 30. Nov. 1569. Hist. Tidsskr. IV, S. 669. — 7. April 1578 fik Tolderen Henrik Mogensen Ordre at betale 500 gamle Daler til en Danziger Kjøbmand ved Navn Johan Maria, da der endnu resterede "Mester Floris Stenhuggers Qvinde" en Sum Penge for den i Nederlandene bestilte "Begreffnis aff Alabastitt"; og 11. Mai 1579 fik han Ordre at betale 1000 Daler til samme Johan Maria, der havde udlagt denne Sum "till den Sepultur, som er ankommen". Werlaufs Note v, Side 54. — Endelig beordredes 29. Marts 1580 udbetalt 1000 Daler til fornævnte Kjøbmand, som han havde udlagt for Monumentet og for dets Transport m. m. her ind i Riget. Nye Danske Mag. I, 52. — Af disse Citater fremgaaer ikke ganske, at Omkostningerne ere løbne op til den anførte Sum.

86. Afbildninger findes i Resens Frederik II. Historie, i Pontoppidans danske Atlas, i den danske Vitruv af Thura, i Behrmanns Roskilde Beskrivelse, o. s. v. Ved H. Rantzaus Understøttelse udkom et Kobberværk i 21 Blade, Optogene ved Frederik II. Liigbegængelse i Roskilde, paa hvis Titelblad (det udkom kort efter Bisættelsen) allerede findes Forestilling af et Monument, der fuldkomment ligner det nuværende. Werlauff S. 53, Note r og S. 54, Note y.

87. Werlauffs ofte anførte Værk S. 54.

88. Monumentet er 14 Tommer længere, 7 T. bredere og 24 T. høiere end Christian IIIs.

89. ...... Postridie quum jam compositum est cadaver, pictor vocatus Antworschoviam in arcem, gypo faciem et totum caput usque ad humeros expressum diligentissime formavit et expressit &c. Hans Olufsen Slangerups Liigtale over Kongen, holdt ved Universitetet 1588. I den danske Oversættelse med Tillæg og Forandringer af N. H. Sarild hedder det: "Anden Dagen derefter blev en Contrafeyere henkaldt til den salig Herres Liig, hans Naades Ansigt flittelige at beskue og det siden at afmale og contrafeye". Hvo denne Maler har været vides ikke med Vished, bemærker Werlauff S. 52, maaskee, tilføier han, Tydskeren Gemperlin, som 1586 malede Tycho Brahes Portrait eller den kongelige Maler Hans Knieper fra Antwerpen, som var her samme Aar.

90. Efter en i nogen Tid tiltagende Svagelighed blev han den 23. Dec. sengeliggende af en Byld, som med stor Smerte var brudt op paa det høire Been. Hvitfeldt I, 1544. Schlegel

I, 227. Under sit Ophold paa Koldinghuus skal Kongen kort for sin Død have hørt en Stemme, som sagde, at det vilde blive bedre med ham næste Nytaarsdag, hvilket Kongen udtydede saaledes, at det vilde blive hans Dødsdag, hvad ogsaa slog ind.

91. Man tilskriver hendes alt for store Indflydelse hos Kongen at Peter Oxe maatte flygte ud af Riget. Schlegel I, 231.

92. Endnu paa sin Dødsdag lod Kong Frederik II holde Gudstjeneste for sig i Salen paa Antworskov "og sang med høi Røst for og efter Prædiken". Resens Frederik II.

93. Conferentsr. Werlauffs Skrift om Sophia af Mecklenborg. Hist. Tidsskrift for 1842, S. 1—80.

94. Nedsættelsen af Dronning Dorotheas Liig 30. Mai 1581 i Christian III. Gravhvælving har vel foranlediget følgende Skrivelse fra Frederik II til Lehnsmanden paa Roskilde Gaard, Lauge Beck, dateret Frederiksborg 26. Mai 1581, aftrykt i Hist. Tidsskrift IV, 669.

Wiid, att, effther som Thu haffuer ladet giffue Oß tilkjende attu effther wor Befalling haffuer opthagit hochborne Furstis, høgløfflig eviglig Ihukomelse, Koning Christian thend Förstes graff ther ubi Roskyld, och att hans Ligkiste endnu er heel holden og uforderffuit, tha, effther Wi gierne wille wide hochbete Heris Lengelse hvor høg och lang hand haffuer weret, bede Wi Theg och wille at thu hans Ligkiste behendelig lader opthage, och atthu siden forschaffer Oß itt wiff Maal ther paa, hvor lang hochbete Heris Liig egentlich er, och atthu Kisten ther effther egen lader tilslae. Wi sende thill Theg thet Sverd, som Thu Oß haffuer tilschickit att besigte, som haffuer legit paa hochbete Heris Ligkiste, atthu thet ther effther egen paa Kisten lader indlegge. Ther met ɔc.

L. Becks Svar haves ikke, men det er ikke at formode, at Kisten er blevet optaget, eller at noget meget nøiagtigt Maal af Kongen ved denne Leilighed er erholdt.

95. Det er ene og alene paa Grund af et indhugget Mærke paa den store Granitpille midt i Kapellet, at man har tillagt Christian I en Høide af 3 Alen 8 Tommer eller vel endog

3 Alen 10 Tommer; thi dette Maal angives ikke hos For= fatterne for den Tid, hvorimod disse vel omtale Kongens ualmin= delige Høide. Peter den Store besøgte Domkirken 1716 og skal have ladet indhugge et Mærke efter sin Høide paa samme Pille, hvilket Mærke viser 6 Tommer lavere end Christian I. Dette saavelsom Frederik VI. Høidemærke paa Pillen kunne antages for rigtige, siger Werlauff, der fremdeles tilføier, at Frederik II 1579 skal have ladet sin Høide mærke paa Raadhuset i Krempe, Chri= stian IV paa Augsvaldsnæs Kirkemuur, samt at Christian V. 3tie Søn, Christian, der 20 Aar gammel døde i Ulm 1695, skal kun have været 2 Tommer lavere end Kong Christian I. Maal, ifølge Gustav Schrödters utrykte Beskrivelse af Roskilde Domkirke.

96. Aarsagen til at disse Graves Undersøgelse har givet et saa ringe Udbytte, siger fremdeles Werlauff, er den, at Ligene ikke have været balsamerede, hvilket maa ansees som noget særegent, da denne Skik alt dengang var stærkt i Brug hos fyrstelige Personer. Hvit= feldt I, 556. Om Frederik II berettes det hos Resen 357.

97. See Liigstenene Nr. 2 og 4 i søndre Gang.

98. J Wolffs Enc. r. d. 454 og Manuscr. Nr. 1406 i Thottske Samling betegnes Stedet nøiere, nemlig i Choret inden= for det Gitter, der afskilte Chorpartierne, under den Pille, paa hvilken Banneret var ophængt, som den svenske Kong Albrecht til Spot skal have sendt Dronning Margrethe.

99. Efter en kobberstukken Afbildning af Waldemar Atter= dags Monument i Sorøe Kirke i dets oprindelige Form laa hans Metalfigur i fuld Rustning oven paa Monumentet. Puden under Hovedet, Hjelm og Ringkrave ligne de hervarende.

100. Dette synes at have Tvivlen om at Christopher tillige har været Hertug af Halland. Scr. R. D. III, 272 og I, 310.

101. Af hvilken Beskaffenhed dette Portrait har været vides ikke, siger Werlauff i sit Skrift om Kapellet.

102. J Cantor Gjessings skrevne Fortegnelse over Begra= velserne i Roskilde Domkirke nævnes følgende her begravne:

Catharina Bartholin, Rector Peter Schades Hustru, død 42 Aar gammel i Aaret 1698, Moder til 7 Børn; Charlotte Amalia Braem, Rector Jesper Schades Hustru, født paa Ringsted Kloster 1690, død i Roskilde 1714, Moder til tvende Børn; Johannnes Schade, Resident ved det polst-sariske Hof, født 1664, død 1696 (I hans Gravskrift hedder det: .... Tandem in regali hac urbe, horis nocturnis præter opinionem sica confossus occubuit); Martinus Rahn, Postmester og Apotheker i Roskilde, født i Stargardt 1660, død 1718; Tolerantze Schade, gift med Capitain Stephan de Bergeries, født 1677, død 1702.

103. Dette Præbende anføres flere Steder urigtigen benævnt snart Roma, snart Rosa. Den hellige Catharinas Martyrdød paa et Hjul, har givet Præbendet Navn af Rota. En Bogsamling skjænkedes her til Kapellet af Laurentius Johannis Decanus, som døde i Marts 1419. Scr. R. D. I, 323.

104. Denne Scene skal være fremstillet i et Loft-Maleri paa Frederiksberg Slot.

105. Skjøndt han ikke udtrykkelig nævnes som Alterets Stifter, er herom dog ingen Tvivl. Det omtales første Gang i Aaret 1386, Dipl. Arnæm. XLII, og doteredes af Biskop Niels i hans Testamente 1395. Pladsen, hvor det har staaet i Kapellet, er kjendelig nok.

106. Pont. An. II, 60 og 61. Han var af Ulfeldternes Familie og Broder til Folmar Jacobi, miles, og Andreas Jacobi, som stiftede St. Catharinæ Alter og Præbende i Sigfreds Kapel, hvorom siden.

107. Werlauff i Hist. Tidsskrift III, 59.

108. Ved dette Uhrværk sattes ogsaa St. Jørgens i Træ udskaarne Rytterfigur i Bevægelse. Hans Hest stampede paa Dragen og denne udstødte Skrig hvergang Klokken slog heelt Slag. Men da den derved frembragte Spectakel forstyrrede Menigheden under Prædiken, siger Mag. Hans Buch i sin skrevne Roschildia subterranea, saa blev dette Spilleværk nedtaget og henstaaer nu i det til Uhrværket hørende Rum paa Omgangen.

109. Mag. Hans Buch har Indskriften saaledes:

Mors absorpta in victoriam. 1 Cor. 15.
Hoc Pater exuvias lacrymans Eulnovius, Annæ
Filiolæ charæ condidit in tumulo
Sed gaudet puris coelestia regna patere
Quod nos voce docet Filius ipse.
Die obiit autem d. 28 Sept. Anno Dni 1564.

110. Dens ældre Indskrift:

Mag. Henricus Plate, natus Marstrandiæ, pietate et doctrina clarus post Oeconomiam Helsingoræ 8 annis fideliter administratam, et conjugium cum vidua dilectissima Medea Barfod pie et concorditer transactum abiit ad Batavos, Gallos, Anglos 3 annis reversus et Conrector Roeschildiæ constitutus, obiit anno Conrectoratus 26, ætatis 68, Christi 1711 d. 18 April. — Mag. Hans Buchs skrevne Fortegnelse over Gravstederne i Roskilde Domkirke af Aaret 1734; Cantor Gjessings skrevne Fortegnelse over Liigsteen af Aaret 1774 paa Roskilde Stiftsbibliothek.

111. Ved Siden ligger en Steen halvt inde under Kirkestolene med gothisk Randindskrift fra 14de Aarhundrede, hvoraf kun kan læses følgende Ord:

..... Jacobus — quodam Caoicus Roskild. qui .....

112. Da denne Steen optoges i Anledning af Dronning Marias Bisættelse 10. April 1852 for at fylde Graven, der var sammensunken, fandtes paa Laaget af en i Graven senere nedsat Kiste en Tinplade med Epitaphium over Hans Christian Sartorph, Rector her ved Skolen, død Natten mellem 28. og 29. Juni 1787. Tinpladen har følgende Indskrift:

Her gjemmes Støvet
af
Hans Christian Sartorph,
Han blev født den 13. Febr. Anno 1726,
blev Hører ved Nykjøbings latinske Skole 1757
og Conrector i Roskilde den 5. September 1760,
indlod sig i Ægteskab 1. Mai 1761
med Maria Abigael Kielstor,

Anmærkninger.

blev Rector i Roeskilde 4. Mai 1775
og Justitsraad den 7. Febr. 1782,
døde Natten mellem 28. og 29. Juni 1787
og begrædes af hans efterladte Mage og trende Børn,
tvende have allerede forend ham taget Afsked fra det Timelige.

    Dig gjemmer Graven dog! Dit Navn skal den ei gjemme;
    Den Frommes Navn lig Tiden varer ved,
    Og mange Frommes Graad, erkjendtlig Veemods Stemme
    Skal skjenke Dit sin gyldne Evighed.
    Ei dine Egne blot, hvis Ven, Velgjører, Fader,
    Du stedse omsorgsfuld utrættet viste Dig
    Beklage jamrende — At han os nu forlader,
    Der gjorde hver af os saa glad, saa lykkelig:
    Nei ogsaa Manden, han, hvis Ungdom Du har ledet
    Ad Kundskabs, Viisdoms, Dyds den skjønne Bane hen,
    Og hvis usikkre Trin, saa tidt hans Fod var gledet,
    Du kjærlig styrede paa Fredens Vei igjen.
    Taus tankefuld og rørt han ogsaa tidt skal yde
    Dig bidhenfarne Ven! dit velfortjente Krav
    Og ofte skal en blid og skjønsom Taare flyde
    Ved Tanken om din Dyd, dit Navn ned paa din Grav.
                        M. K.

113. Ifølge Cantor Gjessings Optegnelser paa Stifts=bibliothekset.

114. See om Begravelserne i dette Kapel Note 127.

115. Da Graven ved Siden i Aaret 1753 aabnedes, faldt Mulden omkring denne ud, og Arbeidsfolkene tog af Nysgjerrighed et Par Steen ud af den murede Grav, der var af samme Beskaffenhed som Morten Jensens eller Nr. 2 i søndre Gang, "ved hvilken Leilighed", skriver Cantor Gjessing, "jeg saae det sceleton ligge med sammenfoldede Hænder, hvori det holdt en Tinkalk og Disk; der fandtes og endnu nogle Stykker af hans Pallium og Overlæder af Skoene, som Beviis paa at han var begravet i sin fulde ordens habit". —

116. Gjessing bemærker: "Denne Steen har Cancelliraad Hartmann kjøbt og ladet Indskriften afslibe".

117. Den ældre Indskrift findes hos Pont. 2, 283.

118. Danske Mag. S. 259 og 260. I den skrevne Fortegnelse over Gravstederne i Rosk. Domk. Nr. 1406 i Thottske Samling anføres baade denne Steen og Nr. 4 som liggende i Kannikechoret inden den nordre Chorsdør. De maae da være flyttede til deres nærværende Pladser i det 17de Aarhundrede ved Anlægget af Gravhvælvingerne under Choret. I Cantor Gjessings Optegnelser berettes, at denne Grav aabnedes i Aaret 1753, og at Apotheker Stærs Liig deri nebsattes. Morten Jensens Skelet fandtes heel og holden i en Liigkiste med et skarprygget Laag (altsaa ligesom den Egetræeskiste, hvori Hertug Christoffers Marmorstatue ligger), indmuret i en snæver Hvælving. I de 4 Leerkrukker, der stod ved Hoved= og Fodenden samt ved begge Sider, fandtes Kul, der vare meget klæbrige, saa at det synes som Legemet har været balsameret og Indvoldene forbrændte til Kul.

119. I samme Fortegnelse anføres ogsaa denne Steen som beliggende i Kannikechoret. Den er altsaa flyttet samtidig med den forrige.

120. Det er sandsynligviis denne Rosengaard, der har ladet Kapellets smukke Brevskab forfærdige, hvorom mere siden.

121. Suhms Samlinger I, 2, 167. MD døde værdige Fader Bystop Niels Skaffue den Søndag næst efter St. Martini Dag i Roskilde og blef begrafuet hos vor Frue Alter, som hun staaer i Solgispell (o: Solgissel, Solglands) næst Kapitlets Dør.

122. Ifølge Gjessings Optegnelser.

123. Om Jacob Haye Cantor, see Religionsdisputatserne i Kjøbenhavn 1543 og 1544 ved Steen Friis.

124. Denne Steen er ifølge Gjessings Optegnelser flyttet fra Funtens Kapel.

125. Ifølge Gjessings Optegnelser har denne Steen ligget i nordre Gang ved 8de Pille.

Omtrent uden for Nedgangen til Hvælvingerne under det nye Kapel fandtes ved Gulvets Reparation 1825 da Stolene borttoges ¾ Al. under Gulvet en muret Hvælving. Ved Hoved= og Fodenden saavel som midt paa hver af Siderne fandtes indmurede

Aabninger, og i hver af disse simple Leerkrukker med Kul. I Graven fandtes ubetydelige Levninger af Been og nogle Stumper mørkt Klæde. Paa høire Side af Skelettet laa et Tinbæger og paa venstre Side en Patel. Krukkerne, Bægeret og Fadet samt Tegning af Graven, forfattet af Conducteur Tiedemann, indsendtes til Museet for nordiske Oldsagers Opbevaring. Ved samme Leilighed fandtes under Jorden den Liigsteen, som ligger tæt op til Christian I. Kapel og er betegnet paa Planen med Tallet 36.

126. See den forrige Note.

127. I det 1774 nebrevne "Vor Frue Kapel" fandtes følgende Liigsteen og andre Sager:

Biskop Olufs Liigsteen med Indskrift.

Erasmus Rotterdamus, malet paa en Trætavle med en Bog i Haanden og Inscription af Mag. Johannes Laurentii.

En Liigsteen med Indskrift over Mag. Christopher Cnoffius samt Hustru og Arvinger.

En Liigsteen over Boëtius Anthonii, Canonicus. † 1523.

En Liigsteen over Cantor Jens Olsen. † 1540.

En do. over Cannik Hans Jørgensen. † 1558.

Biskop Jens Andersens Liigsteen, hvorpaa Daaben stod, men som var flyttet herhid fra Hahnernes Kapel.

En Liigsteen med følgende Indskrift:

Hic sepultus est Dominus Marquardus Henrici quondam Canon. hujus ecclesiæ, qui obiit anno Domini 1504. Orate pro eo.

En Liigsteen over Hans Nielsen, Stiftsskriver, med følgende Indskrift:

  Hoc tumulo requiescit Johannis Nicolai
   Conjuge cum chara Prolibus atque piis
  Scriba diocesis fuit atque Vicarius olim
   Roeschildensis, agens omnia mente pia
  Vixit amore Dei plenus, benefecit egenis.
   Hinc igitur felix coelica regna colit.

Qui obiit MDLXXIV 4 die Decembr.; Anna autem uxor demigravit MDLXII 9 die Februarii; Jacobus obiit MDLIII, die 16 Aprilis; Helena vero MDLVI Dominica Adventus. — Søndre Gang Nr. 44.

Til Kapellets østre Væg var hæftet den først fra St. Laurentii Kapel, siden fra Choret flyttede Messingplade med Biskop Niels Jepsen i fuld Ornat, en Mængde Forziringer, som tidligere omtalt, og tilhørende Randindskrift. (See Note 20). — Paa dette Kapels søndre Side hængte det fra Høichoret flyttede Fader Søn og Helligaands Alter og Mariæ Magdalenæ Alter, hver paa sin Side af Vinduet; fremdeles paa den vestre Væg det sammesteds fra flyttede Høialter eller St. Lucii Alter, samt Vor Frue Alter paa den østre Væg, stiftet af Niels Skawe. Her hængte endvidere de 17 i Træ udskaarne Apostel- og Helgenbilleder, der vare anbragte over den vestre Opgang til Choret. (See Note 26). "Forend de herind bleve flyttede", siger Mag. Hans Buch, "vare de satte sammen i en Rad og Pave Lucius midt imellem hvor Chorsdøren nu er uden paa et Pulpitur, som Disciplene samles at betjene Sangen". Tværmuren har altsaa baaret et Pulpitur hvorpaa Chordrengene havde deres Plads og hvor der, ifølge Mscr. Nr. 1406 i Thottske Samling, fandtes et Værelse med Seng til Brug for den eller de Disciple, der havde Vagt i Kirken. Fremdeles hængte her ogsaa de fra Chorets Tværmuur nedtagne Tavler med Billeder af St. Knud, af St. Lucius's Henrettelse og de knælende, kronede Personer for Madonna. (See Note 27.)

128. Hos Pont. 1, 19 læses "Princeps Lubecensis".

129. D. e. Bispegaarden i Roskilde.

130. Niels Blacke ansees for 1ste Rector ved Roskilde Skole efter Reformationen. Skoleprogram om Religionsdisputatserne i Reformationstiden af Steen Friis.

131. Et Sagn fortæller, at Dødningehovedet med Laasen for Munden nederst paa Stenen skal have Hensyn til, at Johannes Henriksen havde røbet, hvor Domkirkens Skat var gjemt; men da denne Skat først eftersøgtes og fandtes et heelt Aar efter hans Død d. 24. og 28. Mai 1563, skulde dette Symbolum, der forøvrigt er et almindeligt Sindbillede paa Døden, der paalægger evig Taushed, være tilsat længe efter hans Død, hvilket ikke er troeligt.

132. "Lodehat" skal vel være det samme som Lodbenhat.

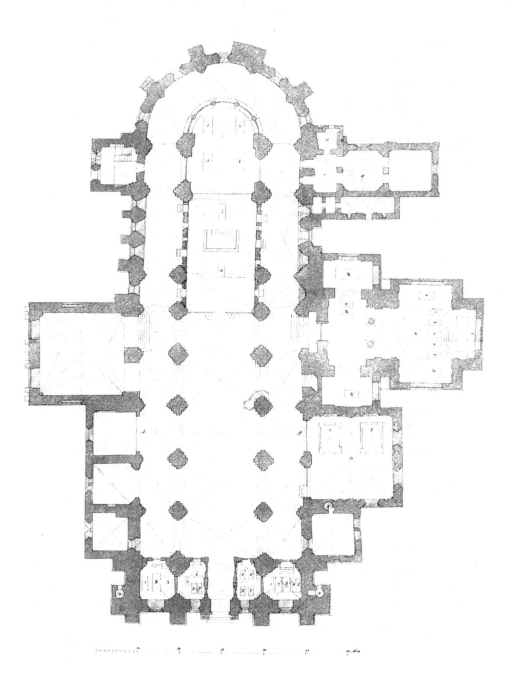

PLAN AF ROSKILDE DOMKIRKE OG DENS TILBYGNINGER.

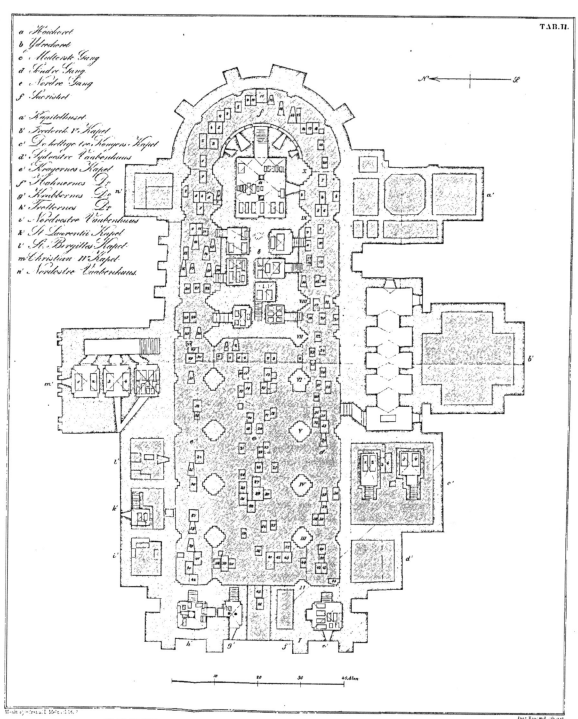

PLAN AF KJELDERPARTIERNE OG KORT OVER LIGTENENE I ROSKILDE DOMKIRKE

Paa C. A. Reitzels Forlag er udkommet:

Thorvaldsen og hans Værker.

Texten forkortet efter Thiele ved

F. C. Hillerup.

1-2 Deel, med 158 Kobbertavler.

st. 4to. 1842-43. Papb. 14 Rbd.

Thorvaldsen og hans Værker.

Texten forkortet efter Thiele ved

F. C. Hillerup.

3-4 Deel. 4to. Heraf er udkommet 1-8 H. à 6 Kobbertavler.

Et Hefte udkommer maanedlig. Priis for hvert 48 β. Denne Samling kan ogsaa faaes under Titel af:

Thorvaldsens Arbeider og Livsforhold 1828-44.

1—2 Deel.

Thorvaldsens Ungdomshistorie 1770-1804.

Efter den afdøde Kunstners Brevverlinger, egenhændige Optegnelser og andre efterladte Papirer, udgivet af

J. M. Thiele.

st. 8. 1851. 2 Rbd.

Thorvaldsen i Rom 1805-19. I.

Efter den afdøde Kunstners Brevverlinger, egenhændige Optegnelser og andre efterladte Papirer, udgivet af

J. M. Thiele.

Med Thorvaldsens Portrait.

st. 8. 1852. heft. 3 Rbd.

Om den danske Billedhugger

Bertel Thorvaldsen;

tilligemed en ordnet Fortegnelse over de Værker, han har udført,

udgivet af

J. M. Thiele.

Anden Udgave. 8. 1849. heftet 20 β

Thorvaldsens

Bisættelse den 30 Marts 1844,

indeholdende Taler af

Prof. N. H. Clausen og Stiftsprovst E. C. Tryde.

8. 1844. heft. 16 β

Afbildningerne.

Pag.

1. Gjennemsnitsprofil af Domkirken, tegnet af Melbahl og lithogr. af Hansen. (Foran i Hæftet.)
2. Dronning Margrethes Monument, tegnet og raderet af J. Kornerup   89
3. Parti af Chorstolene, tegnet og raderet af J. Kornerup   93
4. Biskop Niels Skaves Chorstol, tegnet af Henriksen, skaaret i Træ af Kittendorff & Aagaard   112
5. Parti af Kapellets Brevskab, tegnet af Kornerup, skaaret i Træ af Kittendorff & Aagaard   131
6. Christian III's Monument, tegnet af F. C. Lund, raderet af Petersen   148
7. Øverste Parti af Figuren paa Christian III's Monument, tegnet af F. C. Lund, raderet af Petersen   148
8. Øverste Parti af Figuren paa Frederik II's Monument, tegnet og raderet af J. Kornerup   152
9. Biskop Oluf Mortensens Liigsteen, tegnet af J. Kornerup, skaaret i Træ af Kittendorff & Aagaard   182
10. Liigsteen over Franciscus Hispanier, tegnet af J. Kornerup, chemityperet af Kittendorff & Aagaard   211
11. Biskop P. Jensens Liigsteen, tegnet af J. Kornerup, skaaret i Træ af Kittendorff & Aagaard   244
12. Plan over Domkirken, tegnet af Melbahl, lithogr. af Hansen. (Tab. I bag i Hæftet.)
13. Kort over Liigstenene og Kjelderpartier i Kirkegulvet, tegnet af Melbahl, lithogr. af Hansen. (Tab. II bag i Hæftet.)

CPSIA information can be obtained
at www.ICGtesting.com
Printed in the USA
BVHW090738270620
582323BV00002B/102